유예된 — 존재들

별도의 표시가 없는 한 교육공동체 벗이 생산한 저작물은 크리에이티브 커먼즈
[저작자표시-비영리-변경금지 4.0 국제 라이선스]에 따라 이용하실 수 있습니다.
http://creativecommons.org/licenses/by-nc-nd/4.0

유예된 존재들
— 청소년인권의 도전

ⓒ 공현, 2020

2020년 3월 16일 처음 펴냄
2022년 8월 12일 초판 3쇄 찍음

글쓴이 | 공현
기획·편집 | 이진주, 서경
출판자문위원 | 이상대, 박진환
디자인 | 이수정, 박대성
제작 | 세종 PNP

펴낸이 | 김기언
펴낸곳 | 교육공동체 벗
이사장 | 최은숙
사무국 | 최승훈, 이진주, 설원민, 서경, 공현
출판등록 | 제2011-000022호(2011년 1월 14일)
주소 | (03971) 서울시 마포구 성미산로1길 30 2층
전화 | 02-332-0712
전송 | 0505-115-0712
홈페이지 | communebut.com
카페 | cafe.daum.net/communebut

ISBN 978-89-6880-128-0 03300

유예된 존재들

―― 청소년인권의 도전

공현 씀

교육공동체벗

책을 펴내며
유예된 존재, 유예된 문제들

 청소년 때 청소년(인권)운동을 시작해서 계속 활동하는 사람들은, 스무 살이 넘고 나서 누구나 한 번씩은 이런 말을 들어 보았다. "언제까지 청소년운동 할 거야? 이제 다른 일/활동을 해야지." 그 속에는 청소년운동은 청소년기에 잠시 하는 운동이란 생각 또는 청소년 당사자만 해야 한다는 생각이 깔려 있다. 나는 청소년운동을 10년도 넘게 해 왔지만 요즘도 그런 말을 듣곤 하니, 과연 안 들을 날이 오긴 할지 모르겠다.
 이런 인식은 청소년인권 문제를 '일시적인 것'이라고 생각하는 경향과도 맞닿아 있다. 청소년의 인권을 제한하고 짓밟는 일은 몇 년만 참으면 된다는 이유로 쉽사리 정당화된다. 어린이·청소년은 차별받는 '소수자'로 인정받기보다는 그저 '유예된 존재들'로 여겨질 뿐이다. 바로 그것이 차별과 억압의 논리임에도. 그리고 그런 논리 탓에 청소년인권 문제의 해결은 정말로 오래도록 유예되어 왔다. 정치와 사회가 민주화되어도 학교와 청소년들의 삶에는 민주주의가 오지 않았다. 두발 자유화라는 어찌 보면 소박한 목표조차도, 문제가 제기된 지 20년이 지나도록 달성하지 못하고 있다.

청소년인권 문제는 청소년 시절 몇 년만의 문제라 생각하고, 청소년운동을 '청소년들이 나서서 말하고 행동하는 장면'으로만 기억할 때, 청소년운동의 가치와 의미 역시 인정받기 어렵다. 청소년운동도 하나의 사회운동으로서 경험과 자원을 축적하며 발전하고 성장해야 하고, 그러면서 청소년인권에 대한 이야기도 더 깊어지고 풍부해져야만 한다. 그런데 청소년기에만 하고 마는 운동, 스쳐 가는 운동처럼 여겨진다면 운동의 발전은 더딜 수밖에 없다. 청소년인권에 대한 주장이나 이야기도 비슷한 내용만을 반복하게 된다.

나를 비롯해 청소년운동 활동가들은 청소년운동에 대한 이런 인식을 극복하기 위해 애써 왔다. 같은 주장을 반복하는 인내심을 가짐과 동시에, 같은 주장을 더 잘 다듬어서 말하기 위해, 주장의 넓이와 깊이를 더하기 위해 도전해 왔다. 이 책에 실린 글들은 17세에 청소년운동을 시작한 15년 차 활동가가, 그러한 노력과 도전을 이어가면서 청소년인권 문제에 대해 공부하고 이야기한 성과라고 할 수도 있겠다.

어쩌면 청소년인권 또는 아동인권 이야기가 다소 식상하게 느껴질지도 모르겠다. 아이들을 위해서 뭔가를 하자거나 청소년의 인권을 보호하자는 말은 너무나 흔하고 당연하게 들리기도 한다. 하지만 정작 청소년의 인권을 보장하는 법을 만들자거나, 청소년의 자유와 사생활을 존중하라고 하거나, 청소년이 인간으로 시민으로 함께 살아가고 정치·사회에 참여할 수 있게 하자는 주장을 하면 반대와 우려가 더 많이 돌아오곤 한다. 그래서 청소년인권은 마치 많은 지지를 받는 듯 보이지만 실제로는 우리 사회에 뿌리내리지 못하고 겉돌고 있다.

청소년인권 문제를 고민하고 청소년인권이 보장되는 사회를 지향한다는 것은, 좋은 어른이 되자는 이야기가 아니다. 청소년인권 논의는 청소년이 인간답게 살기 위해 사회가 어떻게 변해야 할지 생각하고 변화시키자는 이야기이다. 사실 청소년들에게 좋은 어른이 되어 주고 싶다는 사람들은 많지만, 청소년의 사회적 지위를 개선하고 정당한 자리를 마련하려는 사람들은 적다. 내가 활동하고 있는 단체 청소년인권운동연대 지음에서 청소년운동의 의미를 이렇게 표현한 적이 있다. '우리는 좋은 어른이 많은 세상이 아니라, 나쁜 어른을 만나도 두렵지 않을 수 있는 세상을 만들고자 합니다.' 이 책의 글들이 청소년운동이 만들고자 하는 세상이 어떤 것인지 윤곽을 그리게 해 주면 좋겠다. 청소년인권의 문제의식을 가지고 우리 사회와 여러 문제들을 바라본다는 것이 어떤 것인지, 그 관점과 태도, 사고방식이 독자들에게 전해지길 바란다.

책의 1부 〈한국 교육은 불법이다〉는 학생인권과 교육 제도에 관련된 내용이다. 경쟁 교육과 너무 긴 학습 시간 등 교육 제도의 문제에 대해 인권의 기준으로 살펴보았고, 체벌이나 두발 규제, 학생인권조례, 그 외 학교 규칙의 문제 등을 다루었다. 2부 〈예비인 삶은 없다〉에서는 가족 안에서의 청소년인권 문제를 짚고, 노키즈존, 청소년 보호주의, 국가주의와 나이주의 등에 대한 문제의식을 담았다. 청소년을 '예비' 인간으로 보는 등 사회 전반의 청소년관을 비판하기도 했다. 3부 〈학교와 사회의 민주주의는 함께 간다〉에서는 주로 참정권과 민주주의, 참여할 권리에 관련된 글들을 모았다. 오랜 운동의 결과로 이루어 낸 18세 선거권의 의미를 묻고 여전히 제한되어 있는 청소년의 참정권 문제를 지적했다. 학생회나 학교 민주주의에 관련된 내용도 3부에 묶었다.

2005년, 고등학교에 다니던 중 청소년운동을 시작하고 청소년인권에 대해 공부해 보려 했을 때, 읽을 만한 책이 마땅치가 않았던 기억이 있다. 그때는 학술서를 제외하면 《인권은 교문 앞에서 멈춘다》(배경내) 정도가 학생인권 문제를 다룬 거의 유일한 책이었다. 그래서 한때는 청소년인권의 이야기를 정리하고 모아서 책으로 펴내는 것이 청소년운동의 목표 중 하나로 꼽히기도 했다. 그 시절에 비하면 청소년인권이나 청소년운동에 관련된 책들은 많이 늘었다. 그중 몇몇에는 나도 기여를 하기도 했다. 그래도 아직 청소년인권을 주제로 삼은 책들이 그리 다종다양하지는 않다. 특히 청소년운동 활동가가 쓴 책은 손꼽을 만큼밖에 없다. 부족하나마 이 책이 청소년인권에 대한 이야기를 좀 더 풍부하게 해 줄 거라는 마음으로 책을 내놓는다.

이 책에 실린 글들은 과거 〈한겨레〉, 〈전북일보〉, 〈프레시안〉, 《한겨레21》, 《오늘의 교육》 등의 지면에 실었던 글들, 활동하면서 여러 기회에 썼던 글들을 보충하고 재구성한 것들이 많다. 새로 쓰다시피 한 글들이 대부분이지만, 몇몇 큰 수정 없이 실은 것들도 있다. 과거 지면을 내주었던 매체들이나 토론과 기고의 기회를 마련해 주었던 단체들에 다시 한 번 감사의 인사를 드린다.

현재 재직 중인 직장에서 저자로서 책을 내는 것이 직업 윤리상 문제가 있지는 않은가 망설이기도 했다. 이 책을 기획하고 출간할 수 있었던 데는 동료 편집자들의 지지와 열의 덕분이 컸음을 밝힌다. 청소년인권에 대한 책을 꾸준히 만들어 펴내고 있는 교육공동체 벗에 이 기회에 감사의 인사를 드린다.

글과 책이라는 형식상 나의 이름으로 세상에 발표하게 됐지만, 이 글들은 사실상 나의 개인 작업이라기보다는 공동 작업의 결과물이다. 청소년운동을 하며 행동하고 참여한 청소년들이 있었기에 이토록 많은 이야깃거리들이 탄생할 수 있었다. 또한 나 이전에 그리고 동시대에 청소년운동을 했던 동료 활동가들이 내 글의 내용을 같이 채운 것이다. 함께한 토론과 공부의 과정을 통해 아이디어를 얻었고 때로는 다른 활동가들이 내 글을 봐 주면서 모자란 점을 채워 주기도 했다. 이 책이 청소년운동이 함께 만든 성과인 만큼, 이 책으로 얻게 될 영광이나 이득이 있다면 그 역시 청소년운동에 공유되도록 노력할 것이다.

  이 책이 그 누구보다도 청소년으로서 자신의 인권 문제를 고민하는 이들에게 도움이 되고 영감과 용기를 주기를 바라며. 더 많은 이들이 청소년인권과 청소년운동에 대해 관심을 가지고 생각해 볼 계기가 되기를 바라며.

2020년 3월

공현

| 차례 |

책을 펴내며 … 4

1부/ 한국 교육은 불법이다

"왜 어른보다 어린이가 자유 시간이 적은지" … 16
  '하루 6시간 학습'은 불가능한가

적절한 방학은 중요하다 … 22
  청소년의 권리로 본 방학 일수 문제

사교육의 뿌리는 공교육이다 … 28
  〈SKY 캐슬〉이라는 마법의 성을 지나

한국의 교육은 불법이다 … 36
  국제 인권 기준으로 살펴본 한국 교육의 문제

체벌 금지는 '맞을 만한 존재'가 아니라는 선언 … 44
  과연 체벌은 사라졌는가

필요한 마침표를 제대로 찍지 않는 문제 … 55
  잘못을 인정하고 사과하기 전까진 체벌은 끝난 게 아니다

값싼 교육 … 60
  상벌점제가 체벌의 대안이 될 수 없는 이유

그 '사소한' 두발 자유 … 65
  두발 문제에 집착하는 건 정작 누구인가

"사람이 되어라"와 "학생도 사람이다" … 71
  사람대접을 받지 못하는 학생들

학생인권이 학교에 던지는 질문 … 76
  학교의 규칙과 교육 방식은 어떻게 변해야 하는가

바로 여기 함께 산다 … 83
  차별 금지는 지극히 현실적 이유로 필요하다

'스쿨 미투'가 도전하는 학교의 질서 … 89
　　성폭력·성차별을 낳는 학교의 권력관계

학생, 교육에서의 상품 … 95
　　입시 경쟁 교육 속에서 주어지는 위치를 거부하자

안전을 권리로 생각하기 … 100
　　누구에 의한, 어떤 안전인가

교육 수요자 또는 소비자라는 환상 … 107
　　소비자의 권리보다는 주권과 참여권이 필요하다

용이 안 돼도 괜찮은 사회 … 115
　　차별을 정당화하는 능력주의

2부/ 예비인 삶은 없다

오늘을 살 권리 … 122
　　'예비 고3', '예비 5살', '예비 시민'이란 말들에 반대하며

'노키즈존'에 없는 것 … 127
　　차별에 무감각한 사회

친권의 사회화 … 134
　　가족은 인권의 예외 지대가 아니다

가정 안 청소년도 종교의 자유가 있다 … 140
　　종교 강요는 아동학대가 될 수도 있다면?

아동수당은 아동의 권리인가 … 147
　　어린이·청소년의 경제적 권리와 주체성을 강화하는 제도가 되기 위해

숙박은 권리다 … 155
　　청소년의 이동과 외박의 자유

청소년도 성性적 자기결정권이 있다 … 161
　　청소년의 성에 대한 호들갑은 이제 그만

청소년을 '가해자'로 생각하게 만드는 〈청소년 보호법〉 … 167
　　청소년 주류 구매, 처벌은 답이 아니다

정말 게임이 문제인가 … 176
　　중독 예방 정책과 청소년 통제

함부로 '아이들을 사랑한다'고 하지 말 것 … 183
　　어린이·청소년과 그 관련 직업에 대한 잘못된 편견

지문 날인은 당연하지 않다 … 190
　　강제적 지문 정보 수집 제도는 청소년인권 문제

'사랑'을 강요하는 국가 … 196
　　국기에 대한 경례·맹세를 거부하며

위계와 차별을 낳는 '나이' … 201
　　청소년운동이 문제 제기하는 나이주의

3부/ 학교와 사회의 민주주의는 함께 간다

아직도, 독재다 … 212
　　청소년에게는 아직 민주주의가 아니다

'정치적'이면 안 된다? … 218
　　청소년 시설에서 '정치적'이라고 대관을 거부한 일에 대해

학생의 결사의 자유, 교사의 노조할 자유 … 224
　　한고학연의 경우, 전교조의 경우

학생들의 파업권 ⋯ 231
    학업 거부를 통한 정치적 의사 표현

학생회와 민주주의 ⋯ 238
    학교와 사회의 민주주의는 함께 간다

학교 민주주의와 '학생 사회' ⋯ 249
    학생들에 의한 민주주의는 어떻게 가능한가

청소년에 의한 정치를 위해 ⋯ 259
    청소년 참정권, 의미와 현실

청소년이 함께 만든 민주주의 ⋯ 266
    청소년 참정권 보장은 우리 민주주의의 숙제

18세 선거권, 오랜 노력 끝에 이룬, 어쩌면 생각보다 중요진 않은 ⋯ 273
    선거권 연령 하향 운동의 역사와 의의

학교는 '정치판'이 되어야 한다 ⋯ 285
    18세 선거권 시대, 학교는 준비되어 있는가

청소년이 대선 후보를 선출하는 세상을 꿈꾼다 ⋯ 293
    청소년의 정당 활동을 보장하라

교육감 선거만 청소년도 하게 하자는 주장의 함정 ⋯ 300
    참정권과 청소년에 대한 고정 관념과 오해

선거권 없는 청소년의 참여권은 어떻게 보장해야 하는가 ⋯ 308
    청소년 참여 기구의 진짜 역할

'성숙한 시민'을 넘어서 ⋯ 316
    지금, 여기에서 시민으로 살아가기

1부

한국 교육은 불법이다

"왜 어른보다 어린이가
자유 시간이 적은지"

'하루 6시간 학습'은 불가능한가

약 130년쯤 전, 미국의 노동자들은 하루 8시간 노동을 요구하며 파업과 시위에 나섰다. 하루 10시간을 훌쩍 넘는 장시간 노동에 시달리던 그들은 자신의 시간을 돌려받고 인간답게 살고 싶다고 요구했다. 이 사건은 5월 1일 노동절의 유래가 되었고 그 후 20세기에야 하루 8시간이라는 상한선은 노동 시간에 대한 보편적 약속으로 자리 잡았다. 이제 법정 노동 시간이 주 35시간인 프랑스, 주 38시간인 벨기에 등 40시간보다 더 줄어든 곳들도 있다. 한국의 노동 운동에서도 노동 시간 단축은 주요 요구 중 하나였다. 한국은 비록 OECD(경제협력개발기구) 국가 중 노동 시간으로 1, 2위를 다툴 만큼 장시간 노동이 일반화된 나라지만, '하루 8시간 주 40시간'의 노동 시간에 대한 규범이 있기에 그나마 장시간 노동이 억제되고 있다. 문재인 정부 출범 이후 이슈가 된 '주 52시간 노동' 역시 본래는 '주 40시간 노동'에 추가로 연장 노동이 1주일에 최대 12시간까지 가능하다는 것을 의미하는 것이다. 법이 명시한 기준은 분명 주 40시간이건만, 초과 노동 상한선인 52시간조차도 논란의 대상이 되는 현실이 씁쓸하다.

학습 시간도 규제가 필요하다

노동자 말고도 또 다른 의미에서 자기 시간을 돌려받아야 하는 이들이 있다. 바로 한국의 초·중·고등학교 학생들이다. 2015년 통계청이 발표한 〈2014년 생활시간조사〉 결과에 따르면 한국 고등학생들은 평일 학습 시간이 평균 10시간 13분에 이르며, 주당 학습 시간은 약 60시간이다. 중학생은 평일 평균 8시간 41분, 주 50시간에 이른다. 자연히 여가 시간, 수면 시간은 적다. 2019년 한국청소년정책연구원의 조사 결과로는 초·중·고생 중 43%가량은 평일 여가 시간이 2시간 미만이다.*

---

* 한국청소년정책연구원(2019), 《아동·청소년 권리에 관한 국제협약 이행 연구 – 한국 아동·청소년 인권실태 2019 총괄보고서》.

학생의 학교 급별·요일별 학습 시간(9월)*   단위(시간:분)

	초등학생			중학생			고등학생		
	학습	학교 학습	학교 외 학습	학습	학교 학습	학교 외 학습	학습	학교 학습	학교 외 학습
요일 평균	5:23	3:26	1:57	7:16	4:26	2:49	8:28	5:59	2:29
평일	6:49	4:35	2:14	8:41	6:01	2:40	10:13	8:21	1:52
토요일	1:42	0:19	1:24	3:39	0:12	3:27	4:52	0:55	3:57
일요일	1:05	0:07	0:58	3:03	0:02	3:01	4:03	0:16	3:47

그 결과 당연하게도 청소년들의 학업 스트레스는 세계 최고 수준, 행복지수는 바닥을 긴다. 2002년 학업 스트레스 속에 자살을 택한 어느 초등학생이 "왜 어른보다 어린이가 자유 시간이 적은지 이해할 수 없다"라고 절규했던 현실은 변할 기미가 보이지 않는다.

한국의 학습 시간 문제는 '세계적'이다. 사교육은 말할 것도 없고 학교에서의 학습 시간도 많은 편으로 총 학습 시간은 OECD 평균보다 훨씬 길다. 프랑스, 오스트레일리아, 핀란드 등의 사례를 살펴보면 대개 늦어도 3시에서 4시, 이르면 2시쯤에 학교 수업이 끝난다. 나라에 따라선 초등학교는 돌봄 기능 등을 하기 때문에 늦게까지 운영하기도 하지만 고등학교는 그보다 더 일찍 파하는 경우도 있다. 고교생이 될수록 학습 시간이 급격히 늘어나는 한국과는 정

* 통계청, 〈2014년 생활시간조사〉. 초·중·고 학생 부분 발췌(초등학생은 만 10세 이상만 포함).

반대인 셈이다. 2014년 예능 프로그램 〈학교 다녀오겠습니다〉에 출연했던 터키 출신의 한 연예인은, "고등학생이 2시면 끝나서 집에 가야지!"라고 말하며 한국 학교의 현실을 꼬집기도 했다.

생존을 위해서 힘들게 일해야만 하는 노동과 학생 자신의 발전을 위해 하는 공부를 동질적인 문제로 비교할 수는 없다고 생각할지도 모르겠다. 그러나 현재 한국의 현실에서 대부분의 학생들이 요구받는 공부는, 스스로의 성장을 위한 자발적 활동이라기보다는 생존을 위한 의무에 가깝다. 학교나 가정, 사교육 등을 통해 타인의 감독하에서 강제적으로 해야 하는 비중도 높다. 노동이 자아실현과 성장의 과정이기도 하고 일하는 과정에서 보람을 느끼기도 한다고 하더라도 장시간 노동이 문제가 되지 않는 것은 아니다. 또한 쉴 시간이나 자유 시간을 가질 수 있느냐 하는 점에서는 너무 긴 학습 시간의 문제도 노동 시간의 경우와 별로 다르지 않다.

노동자들이 인간답게 살기 위해서 노동 시간을 사회적으로 규제하는 것이 필요했다면, 학생들이 인간답게 살기 위해서도 학습 시간을 규제하는 것이 필요할 것이다. 특히 학교나 학원 등의 교육 기관에서 이루어지는 학습이라면 더욱 그런 기준이 필요하다. 나는 세계 평균 등을 고려할 때 적절한 학습 시간 상한 기준은 하루 6시간, 주 35시간 정도라고 본다. 본인이 원해서 '시간 외 연장 학습'을 한다 해도 여기에 주 2~3시간을 더한 수준일 것이다.

공교육이든 사교육이든

청소년인권행동 아수나로에서는 2015년 무렵부터 '내 시간을 돌려줘! - 학습 시간 줄이기' 운동을 했다. 이는 교육 제도의 문제를 교육과정상의 내용이나 공교육을 강화해야 한다는 등의 점이 아니라, 실제로 그 교육을 경험하고 있는 학생의 삶의 문제로 바라보자는 문제의식에서 시작된 운동이다. 노동자들의 인간다운 삶을 위해 노동 시간 단축을 이야기했듯이, 학생들의 인간다운 삶을 위해 학습 시간 단축을 이루어야 하며, 교육 개혁 역시 이러한 전제하에 추진되어야 한다는 것이다. 이러한 문제 제기의 성과로 문재인 대통령은 2017년 후보 시절 '적절한 휴식권 등을 명시한 아동인권법을 제정하겠다'고 공약하기도 했으나, 대통령 당선 이후 공약 이행 소식은 들려오지 않는다.

시간에 대한 권리는 곧 자기 삶에 대한 권리이다. 교육 제도 속 학생들의 삶의 문제에 관심을 갖는다면 장시간 학습은 가장 중요한 문제 중 하나일 것이다. 과도한 사교육 문제가 심각하다는 이야기를 흔히들 한다. 맞는 말이다. 하지만 공교육, 학교교육의 과도함 역시 심각한 수준이다. 그리고 과도한 사교육은, 학교교육에서의 너무 많은 학습 내용과 경쟁적인 방식이 낳은 결과물이기도 하다. 사교육, 공교육 할 것 없이 학습 시간과 학습 부담을 모두 줄여야 의미가 있다.

장시간 학습을 '교육열'이라며 미화하고 공부를 많이 할수록 좋은 일이라고 평가하는 '악습'은 그만두자. 경쟁과 불안의 논리 속에서 늘어나는 학습 시간을 사회적 합의를 통해 줄여 나가야 한다. 학습 시간의 상한선에 대한 기준은, 노동 시간에 대한 기준이 그러하듯이, 바로 현실이 되지는 못하겠지만 장시간 학습을 억제하는 장치가 되어 줄 것이다. '8시간 노동'이 일반적인 기준이 되어 온 역사처럼, 언젠가는 '하루 6시간 학습'이 학생의 인권을 위한 당연한 규범이 되리라 믿는다.

적절한 방학은
중요하다

청소년의 권리로 본 방학 일수 문제

2014년에 경기도의 한 고등학교에 인권교육을 가게 됐다. 한데 교육한 날이 보통은 한창 방학 중일 8월 첫째 주였다. 동네 식당들도 모두 문을 닫은 휴가철에 학교에 가고 있자니 기분이 묘했다. 방학 특강 같은 거라도 여나 보지, 그렇게 가볍게 생각하고 갔는데 그게 아니었다. 학생들에게 물어보니 바로 그날이 개학 날이라는 답이 돌아왔다. 방학을 시작한 것은 7월 22일인가 23일이었다고 했다. 여름 방학이 대략 보름밖에 안 됐다.

이 학교만 유별난 것이 아니었다. 2013년 8월에는 청소년인권단체들이 "내 이름은 방학, 짧죠!"라는 이름의 기자 회견을 한 적이 있었는데, 이때도 방학이 2주밖에 안 되는 사례들이 소개됐다. 방학 좀 길게 해 준다는 학교들도 대개 3주 남짓인 형편이다.

한국의 방학은 분명 짧다

교육부의 2013년 보고서를 보면, 한국 학교의 방학 일수는 약 78일(뒤의 표 참조). 이것도 초·중·고등학교 1개씩 샘플로 조사한 것이니 이보다 더 적은 곳도 부지기수일 터이다. 교육 당국은 주 5일제 때문이라고 변명하지만, 마찬가지로 주 5일제인 다른 나라들과 비교해 보면 별 설득력이 없다. 같은 보고서에도 프랑스 방학 일수는 120일, 미국 102일, 영국 91일이다. 공휴일 등이 다를 수 있겠지만, 그래도 너무 차이가 난다. 한국 초·중·고 학교들은 전 세계적으로 비교해 봤을 때 방학 일수는 적고 수업 일수는 많은 편이라고 해도 될 것이다.

한국의 수업 일수를 봐도, OECD 평균보다 10일 이상 긴 195~197일에 이른다(2012년 조사 결과, OECD 평균 수업 일수는 초등학교 187일, 중학교 185일, 고등학교 183일이었다). 더 많이 공부하고 덜 쉬고 있는 것이다. 현행 〈초·중등교육법 시행령〉은 법정 수업 일수를 "190일 이상"이라고 명시하고 있다. 190일도 그리 적은 편은 아닌데, 대부분의 중·고등학교는 190일보다 수업을 더 많이 한다. 하한선만 정해져 있는 법령은 마치 한국이 학생들의 방학 등 휴식을 보

OECD 8개국과 우리나라의 방학 기간 비교*

항목	학년도	방학 종류	방학 일수
미국	9월 초	겨울 방학, 봄 방학, 여름 방학	102일
캐나다	9월 초	크리스마스 방학, 봄 방학, 여름 방학	83일
영국	9월 초	학기 중 방학(3회), 학기 방학(3회)	91일
호주	1월 말	가을 방학, 겨울 방학, 봄 방학, 여름 방학	84일
뉴질랜드	1월 말~2월 초	가을 방학, 겨울 방학, 봄 방학, 여름 방학	90일
핀란드	8월 중순	여름 방학, 가을 방학, 크리스마스 방학, 겨울 방학, 부활절 방학	105일
일본	4월 초	여름 방학, 겨울 방학, 봄 방학	84일
프랑스	9월 초	투생**, 크리스마스 방학, 겨울 방학, 봄 방학, 여름 방학	120일
한국	3월 초	봄 방학, 여름 방학, 겨울 방학	78일

장하는 데는 별 관심이 없음을 상징하는 듯하다.

여기에 방학 중 운영되는 보충 수업 및 방과 후 학교 같은 것까지 헤아리면 수업 일수는 얼마나 늘어날지 두렵다. 보충 수업 등도 무늬만 선택이고 강제적인 경우도 종종 있으니까 말이다. 요즘처럼 여름 방학이 2주밖에 안 된다거나 겨울 방학도 1달밖에 안 된다거나, 방학에도 보충 수업을 시키는 등의 사례들을 접하다 보면, 한국의 방학은 멸종 위기에 처해 있다는 생각이 든다.

* 백경선 외(2013), 《교육과정 편제 및 수업 시수에 대한 국제 비교 연구》, 한국교육과정평가원.
** 프랑스의 가을 명절로 한국의 추석과 같다.

적절한 방학이 중요한 이유

한국의 청소년들은 평소 학교 안팎에서의 학습 시간 자체가 매우 길다. 이에 더해 수업 일수까지 많다는 것은 연간 청소년들의 학습 시간은 사실상 더 많을 수도 있다는 의미이다. 방학은 곧 적절한 휴식 기간을 뜻하고, 방학이 짧다는 것은 휴식이 적다는 것과 같다.

수업 일수가 많은 것에는 애초에 국가 교육과정에서 요구하고 있는 수업 시간과 수업 내용의 총량이 과다한 탓이 크다. 또한 입시 경쟁 등으로 인해 공부를 더 많이 시키는 것이 좋다고 여기고 청소년들의 휴식 및 여가의 권리를 경시하는 사회 분위기 속에서는 많은 학교들이 수업 일수를 늘리는 것을 선택하기 쉽다. 그러나 학생들은 수업 일수나 방학 기간을 결정하는 과정에 대해서 의견을 낼 통로조차 보장되어 있지 않다. 청소년의 휴식권, 여가권, 참여권 등의 인권이 열악한 현실이 방학 일수에서도 나타나고 있는 것이다.

방학은 학교에 따라 또는 국가별 교육 제도에 따라 알아서 할 수 있는 것 아니냐고 생각할 수도 있다. 한국의 방학이 본격적으로 짧아진 것은 주 5일제 시행이 계기였는데, 주 5일제를 해서 토요일 수업을 안 하게 되었으니 그만큼 방학이 짧아지는 것이 당연하지 않냐고 생각할지도 모르겠다. 그러나 애초에 우리 사회에서 주 5일제 시행은 시민들의 휴식과 여가를 늘리기 위한 취지였다. 이러한 취지에 맞게 주 5일제 시행 이후 수업 일수와 교육과정을 줄이는 것이 필요했다. 실제로도 법정 최소 수업 일수 등은 약간 줄어들긴 했으나, 정부의 불충분한 개혁 때문에 방학이 크게 줄어드는 결과를 낳게 된 것이다.

또한 방학은 그 나름의 의미가 있는 시간이다. 학생들에게 적절한 휴식과 여가를 보장하기 위한 것은 물론이며, 교육적인 의미 역시 있다. 근대 학교교육은 보편적인 교육권을 보장하기 위한 것이지만 청소년들을 사회로부터 격리하여 학교 안에서만 생활하게 한다는 문제점도 있다. 이는 청소년들이 지역 사회에서 함께 살아가면서 다양한 경험을 가질 기회, 삶을 향유할 기회를 박탈한다. 나는 학교 제도에서 적절한 방학 기간을 두는 것은 학교 안에서는 만날 수 없는 다양한 배움과 삶의 경험을 만나고 더 잘 성장할 기회를 열어 놓기 위한 것이라고 생각한다. 이러한 방학 기간을 충분히 보장하지 않는 것은 학교 안에 청소년들의 삶을 묶어 둠으로써 교육적으로나 청소년 개개인의 성장 면에서나 부정적인 영향을 미칠 수도 있다.

휴식의 가치를 인정하는 사회

온전한 방학이 줄어들고 사라져 가는 모습은 한국 교육과 청소년의 암울한 현실을 드러내는 표지다. 한국의 많은 노동자들이 법적으로 보장된 휴가조차 마음껏 누리지 못하고, 세계 최장 수준의 노동 시간을 자랑하고 있는 현실과 겹쳐 보이기도 한다. 한국의 일

터들을 보면, 여름휴가 기간은 보통 3일 내지 5일 이하이고, 연가를 쓰는 것도 어려운 경우가 있다. 이는 우리가 소위 선진국이라 하는 나라들에서 1주 이상 여름휴가를 가고, 1년 중 약 30일의 휴가가 보장되는 것과는 차이가 크다.

휴식과 여가의 가치를 인정하는 사회가 될수록 우리의 삶도 더 나아지지 않을까. 줄어드는 방학과 휴가 그리고 쉼과 여가 시간을 지키고 늘리기 위한 사회적 힘과 운동이 절실하다. 적어도 1년에 3개월 이상은 방학을 하자는 것이 무리한 주장은 아닐 것이다. 수업 일수에 대한 하한선만 있고 상한선은 없는 〈초·중등교육법 시행령〉을 개정하고 학생의 쉴 권리 등을 보장하는 장치를 만듦으로써, 충분한 방학을 보장하는 것부터 시작하면 어떨지.

사교육의 뿌리는
공교육이다

〈SKY 캐슬〉이라는 마법의 성을 지나

JTBC 드라마 〈SKY 캐슬〉은 방영 당시부터 사람들 사이에서 화제가 되었고, 2019년 2월 종영 이후에도 〈SKY 캐슬〉이 우리 사회에 남긴 메아리는 쉽게 사라지지 않았다. 종영 직후인 2~3월은 말할 것도 없고 여전히 교육 관련 언론 기사에서 인용되고 비유로 쓰이고 있는 것이다. 시민단체들도 〈SKY 캐슬〉을 소재로 여러 글을 발표하고 논의를 진행했다. 예를 들어 시민단체인 굿네이버스와 더불어민주당 국회의원들은 2019년 5월 31일, '우리나라 사교육과 부모 교육열에 대한 진단 및 대책 – TV 드라마 SKY 캐슬 열풍이 남긴 과제'라는 제목으로 국회에서 학술 세미나를 개최하기도 했다.

〈SKY 캐슬〉이 언론 등에서 언급될 때 가장 많이 짝지어지는 단어는 '사교육'이다. 그다음이 '입시 컨설팅' 또는 '입시 코디네이터'다. 결국 드라마가 묘사한 상류층·중산층의 고액 사교육 실태가 최대의 화제인 것이다. 좀 더 나아가면 고액 컨설팅에 좌우되는 학생부 종합 전형을 비판하는 기사, 입시 교육 현실이나 부모들의 교육열에 대한 익숙한 비판, 사교육으로 계급 대물림이 이루어지는 현상을 개탄하는 기사들 정도가 눈에 띈다.

드라마 〈SKY 캐슬〉은 이처럼 입시 사교육 현실을 상징하는 것이 되어 버렸다. 그런데 정작 드라마 본편은 설득력 없는 후반부로 인해 여러 시청자들에게 실망을 남겼다. 이는 어쩌면 이 드라마가 주제를 다루는 방식에 문제가 있었기 때문일지도 모른다. 영화 평론가 듀나의 지적이다.

> 유현미 작가 관점의 가장 큰 문제점은 현상의 표면만을 본다는 것이다. 한마디로 이 드라마는 대치동 전업주부 입시맘들에 대한 혐오 선동이다. 내가 이들을 굳이 좋아하거나 옹호해야 할 이유는 없다. 하지만 입시맘들은 기껏해야 최전방에서 뛰는 보병이다. 그 위에는 장교와 장군들이 있고 그 위에는 정치가가 있으며 그 위에는 그들을 버티게 하고 움직이게 하는 시스템이 있다. 좋은 비판물은 이 모두를 관통해야 한다. 하지만 유현미 작가는 처음부터 끝까지 입시맘들에 대한 증오로 눈이 멀어 그들 너머로 들어가지 못한다.*

정말 문제는 사교육인가

드라마 〈SKY 캐슬〉이 '전업주부 입시맘들'이라는 현상의 표면만을 보았다면, 이후 우리 사회의 논의도 '사교육 과잉'이라는 현상의 표면만을 보고 있다고도 말할 수 있지 않을까? 고액의 사교육을 비판하는 이야기들을 듣다 보면, 마치 사교육의 만연이 곧 한국 교육 문제의 중심이며 불평등을 심화시키는 핵심인 것만 같다. 심지어 과도한 사교육으로 학생들을 내모는 부모들의 교육열이 직접적인 문제의 원인인 양 지목되기도 한다.

사실 이처럼 사교육의 과잉 또는 과열을 교육 문제의 대표 격으로 지목하는 풍조는 예전부터 있어 왔다. 정책적으로도 사교육 감소는 교육 개혁의 중요한 목표로 꾸준히 거론되었고 사교육비 걱정과 부담을 덜어 주겠다는 것은 정치인들의 단골 공약이었다. 그리고 사교육을 줄이기 위해 '공교육 강화/정상화'를 주창하는 것은 종종 곧 공교육이 학생들의 학력 신장을 더 책임지라는 말로 연결된다. 교사들이 수업을 더 잘하게 만들어야 한다거나 보충 수업, 방과 후 학교 등에서 사교육 수요를 대신 충족시켜 줘야 한다는 이야기다.

분명 높은 사교육 참여율은 한국의 교육이 경쟁적이고 공공성이 약하다는 것을 보여 주는 지표일 수 있다. 그러나 사교육을 줄이는

---

* 듀나, "'SKY 캐슬' 유현미 작가만 알고 우리는 몰랐던 것들", 〈엔터미디어〉, 2019년 2월 2일.

것 자체가 목표가 되는 것은 현상의 표면만을 보는 것일뿐더러, 진단과 처방 자체가 잘못된 것일 수 있다. 단적인 예로, 2010년 김영숙 서울시 교육감 후보는 '사교육 없는 학교'를 표방한 중학교의 교장으로 재임하며 밤 9시까지 방과 후 학교 및 자율 학습을 운영했던 것을 내세웠던 바 있다. 밤 9시까지 공부를 시키는 것이 과연 좋은 학교일까? 또 다른 예로, EBS 강의와 수능을 연계시키는 정책은 사교육을 줄이는 데 기여했을지는 모르지만, 공영 방송 EBS가 수능 대비 강의를 확대하고 고등학교에서 EBS 문제집 풀이를 하게 만들었다. 사교육 감소를 위한 정책 때문에 공교육이 사교육화된 셈이다. 이렇게 되면 사교육과 공교육 사이의 차이점은 국가에 의해 학력을 인정받는 교육 기관인지 여부, 그리고 가격 정도만 남을 듯하다. 공교육의 공공성을 위해서는 무상 교육의 원칙도 중요하긴 하나, 그것이 전부는 아님에도 말이다.

사람들이 흔히 갖고 있는 오해가, 공교육과 사교육이 대립적이라는 것이다. 그래서 사교육이 늘어나는 것은 학교에서 잘 가르치지 못해서이고, 학교교육이 강화되면 사교육이 줄어들 것이라고 생각한다. 그러나 공교육과 사교육은 대립적이라기보다는 연속적이고 종속적이다. 대부분의 보습 학원이나 입시 대비 사교육에서 하는 것은 결국 학교 교육과정의 내용을 미리 또는 반복하여 배우는 것이며, 학교 시험에서 더 나은 성적을 올리기 위한 연습인 것이다. 그런 면에서 사교육의 뿌리이자 몸통은 현재의 공교육이라고도 할 수 있다. 지금과 같은 공교육이 정말로 공공성을 구현하는 '공교육다운' 것인지 따져 물을 수야 있겠지만 말이다.

따라서 학교교육이 사교육을 대체하려 애쓰는 것은 적절하지도 않고 실효성도 없다. 만약 수준 높은 시험에 대비하기 위해서라며 학교 교육과정의 수준을 높인다면 이를 따라가기 위해 오히려 사교육 의존도가 더 높아질 수도 있다. 학교 수업과 시험의 중요도를 높인다고 해도 사교육 감소에는 별 효과가 없을 수도 있다. 과거 공교육 정상화를 위해서라며 입시에서 학교 내 시험 성적(내신) 반영을 늘린 결과가 내신 대비 사교육의 증가로 나타나기도 했다. 공교육이 학생들을 경쟁시키고 서열화하고 차별하는 시스템을 갖고 있는 이상, 경제적 여유가 있는 가정에서 돈을 더 들여서라도 경쟁에서 유리해지고자 하는 현상은 나타날 수밖에 없다. 학교에서 더 많이, 더 잘 가르친다고 하더라도 부가적인 사교육이 사라지지는 않을 것이다.

청소년에게 권리가 없기에

그럼에도 여전히 우리의 논의는 사교육 담론을 맴도는 이유는 무엇일까? 물론 현상의 표면만 보는 태도, 고액 사교육 같은 자극적 모습들만 부각하는 경향 탓도 있을 것이다. 이에 더해서, 나는 정치권 등에서 교육 문제를 학생·청소년의 입장이 아니라 비용을 대는 학부모·보호자의 관점에서 주로 다루기 때문은 아닐까 하는 의심을 갖고 있다. 청소년은 참정권이 없기 때문에, 선거에서나 정책 논의에서나 사교육비가 부담스러운 학부모·보호자에게 호소하는 이야기가 더 큰 비중을 차지할 가능성이 큰 것이다.

그러나 이처럼 사교육을 교육 문제의 핵심으로 지목하는 관점으로는 학생들의 인권으로 교육 문제를 바라보지 못하게 되고, 학생들의 삶의 문제는 우선순위에서 밀리게 된다. 이러한 관점하에서 주된 폐해로 지목되는 것은 가계 사교육비 부담 그리고 사교육 때문에 계급 상승의 기회가 불평등해진다는 점이다. 교육의 내용이나 의미, 학생의 교육 경험에 대한 문제의식은 상대적으로 희미해진다. 또한 공교육을 포함하여 교육 제도의 잘못보다도 학부모들의 교육열이나 욕망에 더 책임을 묻게 되는 면도 있다.

공교육은 교육권을 실현하기 위한 제도이며, 인권으로서의 교육권은 단지 학교에 다니고 공부를 많이 하게 하라는 이야기가 아니다. 교육이 학생들이 더 나은 사람이 되고 인간답게 살 수 있도록 돕는 의미 있는 과정으로 이루어져야만 교육권이 보장된다고 할 수 있다. 〈유엔아동권리협약〉 등에 따르면, 학생들은 교육의 과정에서 인권을 존중받아야 하고, 성장하고 인격과 재능을 계발할 수 있어야 하며, 사회에서 책임 있는 삶을 살아갈 수 있게 되어야 한다. 〈교육기본법〉을 보아도 교육의 목적을 "모든 국민으로 하여금 인격을 도야하고 자주적 생활능력과 민주시민으로서 필요한 자질을 갖추게 함으로써 인간다운 삶을 영위하게 하고 민주국가의 발전과 인류공영의 이상을 실현하는 데에 이바지하게 함"이라고 밝히고 있다.

그러나 지금의 교육은 이와는 매우 다른, 왜곡된 목적에 봉사하고 있다. 모든 학생들의 평등한 권리 보장을 위한 제도가 아니라, 학생들을 선별하고 서열화하고 차별하는 과정으로, 인적 자원 계발의 수단으로, 계급 상승의 기회를 제공하는 경주로 여겨지고 있다. 이러한 모습은 교육의 공공성과 가치를 해치는 것이기도 하지만, 학생들의 권리를 이중으로 침해하는 것이기도 하다. 애초에 교육의 방향과 방식이 잘못되었기에 학생들은 학교에 다녀도 교육권을 제대로 보장받지 못한다. 또한 장시간 과잉 학습과 경쟁, 인권의 포기를 강요당한다. 한국 사회의 교육이 바뀌어야 하는 이유는 그것이 교육답지 못한 교육이자 그 교육을 경험하는 당사자인 학생들을 불행하게 만들기 때문이다.

〈SKY 캐슬〉이라는 마법의 성

> 마법의 성을 지나 늪을 건너
> 어둠의 동굴 속 멀리 그대가 보여
> 이제 나의 손을 잡아 보아요
> 우리의 몸이 떠오르는 것을 느끼죠
> 자유롭게 저 하늘을 날아가도 놀라지 말아요
> 우리 앞에 펼쳐진 세상이 너무나 소중해 함께라면
> 　　　　　　　　　　　　　- 더 클래식, 〈마법의 성〉 일부

1994년 히트한 더 클래식의 〈마법의 성〉 노랫말의 일부이다. 이 노래는 제목이 '마법의 성'임에도 실제 노랫말 속에서 마법의 성은 그냥 지나쳐 가는 곳일 뿐이라서, 노래 제목이 "어둠의 동굴"이 되어야 하는 것 아니냐는 우스갯소리가 나온 적이 있다.

나는 드라마 〈SKY 캐슬〉과 이어진 우리 사회의 논의를 보며 이 노래가 떠올랐다. 우리는 'SKY 캐슬'이라는 마법의 성을 지나, 사교육과 교육열이 문제라는 오해의 늪을 건너, 경쟁과 차별을 낳는 교육 제도라는 어둠의 동굴 속을 들여다봐야 하는 것 아닐까.

〈SKY 캐슬〉 이후 우리 사회의 논의가 학생들의 경험과 입장에 초점을 맞췄다면, 우리는 '어떻게 하면 사교육을 줄일까?'가 아니라 '어떻게 하면 학생들의 권리를 보장하고 실현하는 교육을 만들 수 있을까?'를 논제로 삼을 수 있었을 것이다. 만일 드라마 〈SKY 캐슬〉이 교육에 대한 더 나은 문제의식을 가졌더라면 현상의 표면인 '사교육'과 '교육열'을 넘어 교육 제도에 대한 논의가 촉진되었을지도 모를 일이다. 아니, 드라마를 보며 신종 고액 사교육 양태가 아니라 "더 이상 지옥에서 살기 싫다"라고 말하는 청소년 등장인물들의 고통과 냉소에 더 주목했다면, 적어도 지금보다는 나은 〈SKY 캐슬〉 담론이 가능했을 거라는 아쉬움이 남는다.

한국의 교육은
불법이다

국제 인권 기준으로 살펴본 한국 교육의 문제

한국은 유엔에서 만든 여러 다자간 국제 인권 협약들에 가입한 국가이다. 〈경제적·사회적 및 문화적 권리에 관한 국제규약〉, 〈시민적 및 정치적 권리에 관한 국제규약〉이 대표적이며, 아동의 인권을 보장하기 위한 〈아동의 권리에 관한 협약〉(〈유엔아동권리협약〉)에도 1991년 가입했다. 이러한 국제 협약은 〈헌법〉 제6조 1항에 따라 국내법과 같은 효력을 지닌다. 현실적으로 강제력은 약하지만 엄연히 지켜야 하는 법인 것이다.

〈유엔아동권리협약〉에 따라 한국은 정기적으로 유엔아동권리위원회에 보고서를 제출하고 협약을 잘 이행하고 있는지, 곧 아동의 인권을 보장하기 위해 잘 노력하고 있는지 점검과 개선 권고를 받게 된다. 한국은 1996년 1차, 2003년 2차, 2011년 3·4차, 2019년 5·6차로 유엔아동권리위원회의 심의와 최종 견해를 받았다(본래 5년마다 심의해야 하지만 심의 일정이 밀리게 되어 3차와 4차, 5차와 6차를 통합하여 진행했다). 그런 과정에서 아동인권 상황이 개선된 것도 있었으나, 매번 지적받는 부분도 있다. 대표적인 것이 심의 때마다 꼬박꼬박 포함된 '경쟁적인 교육 제도'에 대한 내용이다.

    유엔아동권리위원회는 1차, 2차 때는 한국의 교육 제도를 가리켜 "매우highly" 경쟁적인 교육 제도라고 표현했고, 3·4차 때는 "극심하게severely" 경쟁적이라고 표현했다. 유엔아동권리위원회는 3·4차 최종 견해에서 "협약 29조 및 교육의 목적에 관한 위원회의 일반논평 1호[*]를 고려하여, 교육 및 관련 시험 제도를 평가하라"라고 권고했고, 5·6차 최종 견해에서는 다시 "매우highly" 경쟁적이라고 표현했으나, 동시에 "아동의 아동기를 사실상 박탈하는"이라는 구체적 표현이 추가되었고 "깊게/심각하게deeply/seriously 우려한다"라고 서술했다. 비판의 강도가 높아졌으면 높아졌지, 완화되지는 않은 것이다. 그러면서 유엔아동권리위원회는 "협약 제29조 및 교육의 목적에 관한 위원회의 일반논평 1호를 고려하여, 현 교육 및 관련 시험 제도를 평가하라"(3·4차), "경쟁 완화라는 목표하에 교육과정 다양화, 대학 입시 제도 재검토 및 진로 상담 강화 등을 포함하여 교

---

[*] 유엔아동권리위원회(2001), 〈교육의 목적〉, 일반논평 1호.

육의 목적에 대한 위원회의 일반논평 1호에 부합하게 공교육 제도를 개선할 것을 촉구한다"(5·6차)라고 권고해 왔다.

한층 더 문제인 것은, 한국 정부가 유엔아동권리위원회의 이런 권고를 이행하기 위해 제대로 된 노력을 보인 적이 없다는 점이다. 지금까지 어떤 정부도 위원회의 권고대로 교육 및 시험 제도 전반을 〈유엔아동권리협약〉 등에 근거하여 평가하고 종합적인 개혁 정책을 만들려고 노력한 바가 없다. 대부분 입시 방식을 바꾸는 데 그치거나 부분적인 개혁만을 시도했을 뿐이다.

권리를 침해하는 교육 제도

한국의 교육 제도에 대한 유엔아동권리위원회의 지적은 한국의 교육 제도가 교육권을 제대로 보장하지 못하고 있음을 의미한다. 즉, 〈유엔아동권리협약〉 등이 요구하고 있는, 교육권을 존중·보호·실현(보장)하는 교육, 교육다운 교육이 아니라는 것이다.

교육권을 단지 '공부할 권리' 또는 '학교에 다닐 권리'로 인식하는 경우가 많다. 아동이 돈이 없다거나 노동을 해야만 해서, 차별 때문에, 학교가 부족해서 학교에 갈 수 없는 경우가 '교육권 침해'의 대표적 이미지로 자리 잡고 있다. 한국은 초·중등교육 취학률이 100%에 가깝기에 이러한 인식하에서는 교육권이 잘 보장되고 있다고 착각하기 쉽다.

그러나 유엔아동권리위원회의 일반논평 1호는 "교육에 대한 아동의 권리는 단순한 접근의 문제가 아니라 내용의 문제이다"라고 규정한다. 학교와 같은 교육 기관에 접근성을 확보하는 것만으로 교육권이 실현되었다고 할 수 없다는 이야기다. 예를 들면, 〈유엔아동권리협약〉 제29조는 아동 교육의 목표로 "아동의 인격, 재능 및 정신적·신체적 잠재력의 최대 계발", "인권과 기본적 자유, 유엔헌장에 규정된 원칙 존중", "부모의 문화적 주체성, 언어 및 가치, 거주국과 출신국의 국가적 가치 및 이질적인 문명에 대한 존중", "모든 사람과의 관계에서 이해, 평화, 관용, 성평등 및 우정의 정신에 입각해 자유 사회에서 책임 있는 삶을 영위하도록 하는 준비", "자연 환경에 대한 존중" 등을 제시한다. 한국의 교육 제도가 과연 이러한 목표를 실제로 지향하고 있는지를 검토해 봐야만 한다.

교육권 실현을 위한 기준에 부합하지 않는 교육 제도는 이미 아동의 교육권을 보장하지 못하고 있는 것이라 보아야 한다. 대한민국에 대한 유엔아동권리위원회 1차 최종 견해에서 "매우 경쟁적인 교육 제도가 아동이 재능과 소질을 최대한 개발하고 자유로운 사회의 책임 있는 구성원이 되도록 준비하는 것을 방해할 위험을 안고 있다"라고 지적한 것 역시 교육 제도가 교육권 실현을 방해할 수도 있다는 의미로 해석할 수 있다.* 이러한 잣대로 평가하면 한국은 결코 교육 강국이 아니며, 오히려 아동의 교육권을 보장하지 못하고, 때로는 적극적으로 침해하고 있는 국가이다. 교육이 과잉이거나 교육열이 과열되어서 문제인 게 아니라, 현재 한국에서는 제대로 된 교육은 이루어지고 있지 않다는 경각심을 가져야 마땅하다.

교육권을 제대로 보장하지 못하는 교육은 필연적으로 아동의 다른 여러 인권도 침해한다. 한국의 학교 현장에서는 체벌을 비롯해 각종 인권 침해가 일상적으로 일어난다. 이는 한국의 교육 제도의 목표가 인권의 증진이나 민주주의 사회의 시민으로 살아가도록 돕는 것이 아니기 때문에 대중에게 당연하고도 '교육적인' 일로 받아들여지고 있으며 때로는 조장되고 있다. 학업 성적에 대한 압박과 경쟁 및 선발을 우선시하는 교육 제도는 아동의 자유, 사생활, 시민으로서의 삶을 학교가 억압하는 것을 정당화한다. 또한 시험 성적에 따른 차별은 학교교육에서 필수적이고 본질적인 것인 양 받아들여지고, 전 사회적으로는 학력·학벌 차별, 노동 현장에서의 다양한 차별 등으로 이어지고 있기도 하다.

유엔아동권리위원회가 반복적으로 지적하고 있다시피 경쟁적인 교육 제도는 아동의 여가, 놀이, 휴식에 관한 권리, 건강권 등에도 부정적 영향을 끼친다. 한국 아동의 학습 시간은 세계 1, 2위를 다투는 수준으로 OECD 국가 평균에 비해서도 현저히 높다. 이는 당연히 아동의 신체적, 정신적 건강에도 악영향을 미칠 수밖에 없다. 유엔아동권리위원회는 일반논평 17호(《휴식, 여가, 놀이, 레크리에이션,

---

* 대한민국에 대한 제1차 최종 견해 이후에 발표된 일반논평 1호에서도 비슷한 문제의식을 밝히고 있다. "지식의 축적, 경쟁의 촉진 및 아동에 대한 과도한 업무의 부담에 초점을 맞춘 교육의 형태는 아동이 자신의 능력과 재능의 최대한의 발현을 하는 데 심각한 장애가 될 수 있다는 점 역시 강조되어야만 할 것이다."(《교육의 목적》, 일반논평 1호)

문화생활 및 예술에 대한 권리〉, 2013)에서 "세계 여러 곳의 많은 어린이들이 공식적인 학업 성공에 중점을 두어 제31조(여가 및 놀이에 대한 권리)에 따른 권리를 거부당하고 있다"라고 지적하고 있는데 그 대표적 예가 한국이라고 할 만하다.

한국에는 '교육권'이 없다

한국 사회에서는, '교육권'이라고 말하면 통상 교사 또는 친권자의 권리를 의미하는 것으로 받아들여지기가 더 쉽다. 아동이나 학생의 경우에는 '학습권'이라 하여 상대적으로 수동적이고 의미가 좁은, 배우고 공부할 권리만이 인정되곤 한다. 하지만 인권 체계에서 '교육권'은 '교육에 대한 권리rights to education'로 훨씬 더 포괄적인 권리를 가리키며, 이는 학생의, 나아가서는 모든 사회 성원의 권리이지, 교사의 권리를 뜻하지 않는다. 한국 사회에서는 이러한 의미의 보편적 인권으로서의 교육권의 개념은 뿌리내리지 못하고 있다. 공교육 제도 역시 학생의 교육권을 실현하는 과정이라는 관점보다는 국가 경쟁력을 위한 인적 자원 개발이나 경쟁과 계층 이동의 기회를 주는 장이라는 관점이 더 지배적이었다. 〈유엔아동권리협약〉과 유엔아동권리위원회의 지적을 새겨듣는 것은 학생의 교육권 실현을 목표로 삼은 교육을 만들기 위한 첫걸음일 것이다.

〈유엔아동권리협약〉 외에도 국제 인권 협약 안에는 교육에 대해 상당히 많은 구체적 제안들이 담겨 있다. 교육의 목표에 대한 규정은 물론이고 교육의 방식 등에 관해서도 여러 기준이 명시되어 있다. 예를 들면 '대학교육까지도 점진적으로 무상화해야 한다'는 내용도 〈경제적·사회적 및 문화적 권리에 관한 국제규약〉에 담겨 있다. 또한 유엔사회권위원회의 일반논평 13호(〈교육에 대한 권리〉, 1999)에서는 교육의 모든 단계에서 필수적인 요소로 가용성, 접근성, 수용성, 적응성을 제시한다. 한국 교육 제도는 가용성은 좋은 편이지만(이 역시 지역적 격차 등이 존재하고 학교 외의 형태의 교육 기관이나 프로그램 등은 만족스러운 수준은 아니다) 접근성 측면에서 차별 없는 접근이 보장되지 않고 있다. 교육의 목적에 부합하며 학생이 받아들일 만한, 감당할 만한 교육의 형태와 내용이어야 한다는 수용성의 요소 그리고 사회와 학생의 요구에 대응해야 한다는 적응성의 요소에서는 크게 부족하다고 평가할 수 있을 것이다.

이처럼 교육이 인권으로서 실현되는 데 필요한 기준들이 무시당하고 있는 지금, 한국에서 교육은 보편적 권리가 아니라 강제된 의무이거나 상품의 위치에 있다고 볼 수밖에 없다. 정말로 국제법이 국내법과 동일한 효력을 가진다면, 지금과 같은 교육과 이런 교육을 국제법 기준에 맞춰 바꾸려 하지 않는 정부의 행태를 총체적인 '불법'이라고 불러도 무방할 것이다. 유엔아동권리위원회가 요구한, 한국의 교육 시스템 전반을 국제 인권 기준에 비추어 평가하고 고치라는 말은 단지 특정한 정책을 시행하라거나 어떠한 관행을 없애라는 뜻이 아니다. 교육의 틀과 원리 자체를 학생의 교육권 실현을 중심에 두고 바꾸어야 한다는 이야기이다. 굳이 유엔아동권리위원회에 심의받기 위해서가 아니더라도, 교육이 아동의 인권을 실현하는 과정이 되어야 한다는 사명감과 목적의식이 있다면 진작 시작했어야 할 변화이다.

체벌 금지는 '맞을 만한 존재'가 아니라는 선언

과연 체벌은 사라졌는가

'체벌'은 '신체적 고통을 주는 벌'로 정의된다. 조금 더 포괄적인 국제 기준을 가져온다면, 신체적 고통을 가하는 벌에 더해 모욕적이고 비인간적인 처벌까지도 체벌에 포함된다. 사극 같은 데서 볼 수 있는 '곤장형' 같은 것이 대표적인 전근대 사회의 체벌이었다. 인권 의식의 발달로 현재 대부분의 민주주의 국가들은 〈형법〉상의 벌 종류에서 체벌을 없앴다. 하지만 지금까지도 많은 사람들이 '체벌을 당해도 괜찮다' 또는 '체벌을 가해야 한다'라고 생각하는 존재, 광범위하게 체벌의 폭력을 겪고 있는 소수자들이 있다. 바로 어린이·청소년이다. 어린이·청소년에 대한 학교, 가정, 그 외의 교육 기관이나 보육 시설 등에서의 체벌은 대표적인 인권 이슈로 국제 사회에서 꾸준히 다루어지고 있다.

한국은 어떨까? 일단, 학교에서의 체벌은 금지되어 있다고 알고 있는 일이 많다. 이는 부분적으로만 맞다. 〈초·중등교육법 시행령〉 제31조 8항은 "학교의 장은 법 제18조 제1항 본문에 따라 지도를 할 때에는 학칙으로 정하는 바에 따라 훈육·훈계 등의 방법으로 하되, 도구, 신체 등을 이용하여 학생의 신체에 고통을 가하는 방법을 사용해서는 아니 된다"라고 규정한다. 얼핏 보면 체벌을 금지한 내용 같다. 그러나 2012년 당시 교육부는 법을 개정하면서 도구(매)나 신체(손발 등)로 학생을 직접 구타하는 형태의 이른바 '직접 체벌'은 금지하는 것이지만 그 외의 고통스러운 반복 동작이나 자세를 강요하는 등의 '간접 체벌'은 허용하는 것이라는 식의 해석을 발표했다. 그 뒤로 정권도 바뀌었지만 교육부가 학교에서의 모든 체벌이 완전히 금지된 것이라고 입장을 바꾼 적은 없다. 학생인권조례가 제정된 경기도, 광주광역시, 서울특별시, 전라북도 4개 지역에서만 법적으로 학교에서의 체벌이 명확하게 금지되어 있다고 할 수 있다.

2015년 개정된 〈아동복지법〉 제5조 2항은 "아동의 보호자는 아동에게 신체적 고통이나 폭언 등의 정신적 고통을 가하여서는 아니 된다"라고 의무를 부과한다. 문언만 놓고 보면 신체적 고통을 가하는 벌이나 모욕적인 벌, 체벌이 금지되어 있다. 〈아동학대범죄의 처벌 등에 관한 특례법〉도 보호자에 의한 아동에 대한 상해나 폭행을

'아동학대범죄'로 규정하여 처벌한다. 게다가 여기에서 보호자는 친권자나 부모만이 아니라, 아동을 보호·양육·교육하는 자, 업무·고용상 관계로 사실상 아동을 보호·감독하는 자까지 포함하여, 학교 교사, 학원 강사, 보육 시설 직원, 심지어 청소년을 고용한 사업주 등이 모두 해당한다. 〈아동복지법〉 등은 가정뿐만 아니라 학교나 거의 모든 환경에서의 체벌을 금지한 셈이다.

그러나 〈민법〉과 판례 등을 보면 조금 더 상황이 복잡해진다. 〈민법〉 제915조는 "친권자는 그 자를 보호 또는 교양하기 위하여 필요한 징계를 할 수 있고 법원의 허가를 얻어 감화 또는 교정 기관에 위탁할 수 있다"라고 친권자의 '징계권'을 인정하고 있다. 그런데 이 조항은 법원에서 종종 친권자의 체벌에 면죄부를 주는 근거로 쓰이고 있다. 판사들은 '사회 통념상' 용인될 만한 수준의 체벌이라면 정당한 징계권 행사라는 판결을 내놓는다. 경찰에서는 언론을 통해 "모든 체벌을 학대라고 보기는 힘들어 그 정도와 지속성 등을 토대로 단순한 친권 행사인지, 아동학대인지 여부를 판단하고 있다"라는 입장을 밝혔다.* 교사의 체벌도 비슷한 논리로 처벌을 피해 가곤 한다.

즉, 한국에서 체벌은 〈아동복지법〉에 의해서는 금지되어 있지만, 〈민법〉에 의해서는 좀 덜 심하다면 용인되고 있고, 〈초·중등교육법 시행령〉에 의해서는 '직접적으로 구타하는 형태의 체벌'만 금지되어

---

* "'부모님이 때려요'…부모 체벌에 자녀 신고 잇따라", 〈연합뉴스〉, 2014년 10월 18일.

있다. 그리고 실제로 친권자나 교사 등이 체벌을 가하더라도 웬만해선 불법으로 처벌당하거나 조치가 취해지지는 않고 있다. 아무리 법에 신체적 고통이나 정신적 고통을 가해선 안 된다고 적혀 있어도, 법이 적용되고 집행되는 과정은 사회적 맥락과 관습에 의해 왜곡된다.

이런 형편이니 체벌은 근절되지 않고 있다. 2016년 국가인권위원회의 조사에서는 학교에서 '직접(구타형) 체벌'을 받았거나 목격한 적이 있다고 응답한 중고생은 28.2%, '간접(강요형) 체벌'을 받았거나 목격한 적이 있다고 응답한 중고생은 35.8%에 이르렀다.[*] 2018년 한국청소년정책연구원의 초·중·고 학생 대상 조사에서는 가정에서 부모에 의한 체벌을 경험한 사람은 26%, 학교 교사에 의한 체벌을 경험한 것도 12.2%로 나타났다.[**] 사람들이 입에 담는 "이제 체벌 같은 건 없지 않아요?"라는 말 속에는, 폭력이 너무나 심하고 흔했던 과거에 비해 좀 사정이 나아졌다는 데서 비롯된 착시 효과와 어린이·청소년의 삶이 비가시화되는 현실이 깃들어 있다.

---

[*] 국가인권위원회(2016), 《학교생활에서 학생의 인권보장 실태조사》.
[**] 한국청소년정책연구원(2018), 《아동·청소년 권리에 관한 국제협약 이행 연구 – 한국 아동·청소년 인권실태 2018 총괄보고서》.

'맞을 만한 존재'는 없기에

과거에 비해 체벌이 그 빈도나 정도가 줄어든 점 그리고 법령에서 부분적으로나마 체벌 제한이 이루어진 점은, 학교에서의 체벌 사건이나 아동학대 사건 등에 꾸준히 대처하고 체벌 금지를 위해 노력해 온 청소년인권운동과 아동인권단체들의 성과이다. 동시에 아직 체벌이 완전히 금지되지 않은 점, 정부에서도 '체벌은 금지되어 있으며 폭력이자 범죄이다'라고 말하기를 꺼리고 있는 점은 우리 사회의 한계를 보여 준다. 국가인권위원회의 〈2016년 국민인권의식 조사〉에서는 아동 및 청소년에 대한 체벌에 대해 15세 이상 국민의 48.7%가 "허용될 수 있다", 50.6%가 "금지되어야 한다"라고 답하여 찬반이 팽팽했다. 다른 조사에서는 청소년들 중에서도 체벌이 허용될 수 있다고 생각하는 비율이 적지 않게 나왔다. 씁쓸한 일이다. 여전히 어린이·청소년은 '맞을 만한 존재', '폭력을 당해도 되는 존재'의 자리에서 완전히 벗어나지 못하고 있다.

체벌을 옹호하는 사람들은 흔히 '잘못을 했으니까 매를 맞아도 싸다'라고 말한다. 2014년에 어느 대학 유도부에서의 체벌 문화가 고발되었을 때, 왕기춘 유도 선수는 "맞을 짓을 했으면 맞아야 한다"라는 의견을 밝혔다. 우리는 그 비슷한 말들을 일상생활 속에서, 인터넷 게시판이나 댓글란에서 곧잘 마주한다. 교사에게 체벌을 당한 건 학생이 먼저 잘못을 해서 그런 거라고 하고, 군대에서 폭행당한 군인은 적응을 못 했거나 소위 '관심 병사'였을 거라고 한다. 법원도 딸을 목검으로 폭행하여 죽게 한 아버지에 대해 가출을 해서 설득과 훈육을 하는 과정에서 있던 일이라며 처벌을 경감해 준 적이 있고,* 딸에게 욕을 하며 주먹질을 한 아버지에 대해 흡연과 문신에 대한 '훈계'였다며 무죄 판결을 한 적도 있다.**

체벌 피해자의 '행실'에 초점을 맞추는 이러한 논리는 체벌이 일어나게 되는 권력관계는 외면하고 있다. 예컨대 숙제를 안 해 온 학생은 교사에게 체벌을 당할 수 있지만, 수업 준비를 안 해 온 교사가 학생에게 체벌을 당하는 일은 없다. 군대에서도 선임병이나 장교가 구타의 대상이 되지는 않는다. 체벌과 같은 폭력들은 누군가가 '맞을 만한 짓을 해서'가 아니라, 그가 '맞을 만한 존재', '때려도 되는 존재'이기 때문에 일어나고 정당화된다.

여성학자 정희진은 '남편에 의한 아내 폭력' 문제에 대해서도 비슷한 문제의식을 제시한 바 있다.

> 가정폭력적 접근 방식은 왜 언제나 때리는 사람은 '남성'이고 맞는 사람은 '여성'인지를 설명하지 못한다. (……) '아내 폭력'에 대한 질문은 (안 때릴 수도 있는데) '왜 때리는가'보다는, '아내를 때릴 수 있는 권력은 어디에서 나오는가'로 전환되어야 한다.***

---

* "친딸 목검으로 폭행해 숨지게 한 아버지 '징역 6년'", 〈뉴스1〉, 2014년 7월 1일.
** "제주서 문신하고 흡연 딸 때린 아빠 아동학대 '무죄'", 〈제주의소리〉, 2018년 4월 6일.
*** 정희진(2016), 《아주 친밀한 폭력》, 교양인, 91~92쪽.

우리 사회에서는 설령 잘못을 한 사람이라고 해도 신체적 폭력을 가해선 안 된다고 정하고 있다. 법과 절차에 따라 사과를 하거나 벌금을 내거나 배상을 하거나 징계를 받거나 심한 경우에는 자유를 박탈당하고 구금당함으로써 책임을 지게 만든다. 신체적 고통과 상해를 가하는 폭력은 인간 존재 자체에 대한 폭력이고 위협일 수밖에 없다. 내 몸이 곧 나이고 내 존재 자체이기 때문이다. 인권 중에서도 '신체의 자유'가 가장 앞서는 권리로 꼽히는 이유다. 그럼에도 누군가에 대한 폭력은 허용된다고, 작은 잘못만으로도 권력자에 의해 신체적 폭력을 당해도 된다고 하는 것은, 결국 그 사람들은 존엄하고 평등한 인간이 아니라고 규정하는 것과 다름없다.

그러므로 체벌, 곧 어린이·청소년에 대한 폭력을 금지하지 않은 나라에서는 아직 어린이·청소년을 인간으로, 그 사회의 평등한 구성원으로 인정하고 있다고 할 수 없다. 체벌 사건을 앞두고 어린이·청소년이 '맞을 만했는지'를 논하는 것이 아니라 그것이 폭력이고 인권 침해임을 분명히 하고 체벌 금지의 원칙을 세울 때, 비로소 어린이·청소년의 인권을 논의할 수 있는 조건이 마련된 것이다.

체벌은 학대이다

폭력의 피해자가 어린이·청소년이며 가해자가 교사·친권자 등이라는 점을 제외하고 본다면, 어린이·청소년에 대한 체벌은 대부분

〈형법〉상 폭행죄나 학대죄에 해당할 것이다. 그런데 자신이 교육·보호해야 할 약자에게 지위를 이용하여 가하는 폭력은 더 무겁게 다루어질 필요가 있다. 실제로 법 체계상 체벌 문제는 주로 아동학대 관련 특별법에 의해 규율된다.

하지만 앞서 언급했던 〈아동복지법〉과 〈아동학대범죄의 처벌 등에 관한 특례법〉의 조항들에도 불구하고, 체벌은 곧 학대에 해당한다는 규정이 동의를 얻기는 쉽지 않아 보인다. 그런데 '그렇다면 과연 어디까지가 허용되는 체벌이고 어디부터가 처벌받아야 할 학대냐'라고 묻는다면, 합의될 만한 기준을 제시하지는 못할 것이다. 10대를 때리면 체벌이고 20대를 때리면 학대라거나, 손바닥으로 뺨을 때리면 학대이고 회초리로 손바닥을 때리면 교육적 체벌이거나 하진 않을 테니 말이다.

아무래도 사람들이 생각하는 체벌과 학대 사이의 차이는 가해자의 의도에 있는 듯하다. "아이를 위해서 한 것은 교육적 체벌이고, 아이를 괴롭히거나 악의를 가지고 한 것은 학대이다"라는 식으로. 이처럼 가해자의 의중에 따라 학대인지 아닌지 여부가 달라진다는 주장은 이 문제를 가해자의 입장에서, 가해자-비청소년 중심적으로 바라보고 있는 것이다. 또한 여기에는 여전히 어린이·청소년을 동등한 주체로 보지 않는 인식, 비청소년에 의해 교육받거나 피해받는 대상으로만 여기는 태도가 담겨 있다.

여러 연구들을 살펴보면 체벌과 학대를 질적으로 구분하는 것은 불가능하다. 체벌은 학대의 한 유형이며 사회 통념상 허용되어 온 체벌이란 약한 수준의 학대라고 정리하는 것이 타당할 것이다. 〈아동복지법〉에서 아동학대는 "아동의 건강 또는 복지를 해치거나 정상적 발달을 저해할 수 있는 신체적·정신적·성적 폭력이나 가혹 행위"라고 정의된다. 체벌은 신체적 폭력이기에 건강을 해칠 위험성이 명확하다. 또한 어린이·청소년의 '정상적 발달'이라는 것이 단지 눈에 띄는 상해나 질병 없이 자라는 것만을 의미하지는 않을 것이다. 적극적으로 '정상적 발달'이란 개념을 규정한다면, 폭력을 경험하고 차별과 폭력을 내면화하게 되거나, 인격의 존엄성을 짓밟히는 경험을 하는 것 자체가 '정상적 발달'을 저해당하고 왜곡당하는 일이다. 어린이·청소년의 권리와 존엄을 침해하는 체벌은 학대의 한 종류일 수밖에 없다.

  체벌을 찬성한다고 하는 사람들에게도 아동학대에 찬성하느냐고 물으면 대부분이 아니라고 답할 것이다. 사실상 구분은 불가능한데도, 체벌은 올바르고 필요한 것이고 학대는 나쁜 것이라는 모순되는 인식이다. 그러다 보니 대처에도 혼란이 생길 수밖에 없다. 세대에 따라 지역에 따라 학교에 따라 개개인에 따라 '어느 정도가 너무 심한 것이라 학대가 되는지' 판단하는 기준은 다를 수밖에 없다. 어떤 행위가 금지되고 처벌당할 대상인지 불분명한 영역이 커지고 신고나 처벌 기준도 오락가락하게 된다. 오직 사회적으로 알려지고 이슈가 된 사건이나 피해자의 나이가 적고 보기에 정도가 심한 경우에만 아동학대 혐의를 적용받고 중벌을 받게 된다.

처벌 이상의 변화를 위해선

　법적 기준과 '사회 통념' 사이의 애매모호함이 사라지게 하기 위해서라도, 정부가 학교에서나 가정에서나 사회 어디에서나 체벌을 금지한다고 명료하게 선언하고 법에 명시하며, 체벌이 아동학대에 해당한다고 밝히는 일이 필요하다. 이에 더해 학교나 가정에서 종종 일어나는 각종 인권 침해나 비인간적이고 가혹한 행위들도 아동학대의 문제로 다룰 수는 없을지 고민해야 한다.

　또 한편, 아동학대가 가해자 개인, 즉 부적격 보호자만의 악행이라는 식의 인식이 만연해 있는 현실에서 '체벌은 학대'라는 규정이 가지는 한계도 있음을 간과해선 안 된다. 체벌이 학대임은 명백하지만, 이를 학대 범죄로 다루는 데서 만족한다면 체벌 가해자 개인을 처벌하는 것에서 그칠 위험성이 있다는 말이다. 따라서 우리 사회가 그동안 어린이·청소년에게 체벌이란 이름의 사회적 폭력을 가해왔음을 반성하는 과정이 병행되어야 한다. 그리고 가정이나 교육 기관 등에서 체벌이 사라지도록 하기 위해 어떤 정책이 필요한지 논의해야 할 것이다. 체벌을 단지 '학대 범죄'의 문제가 아닌 인권의 문제, 정치적·사회적 문제로 봐야 한다는 뜻이다.

　한국 정부가 오랜 시간 체벌 금지를 선언하길 주저해 온 이유는 그것이 비청소년들, 교사들이나 친권자들의 반대에 부딪힐까 두려워했기 때문이며, 권력을 가진 사람들이 체벌의 가해자들이거나 가해자들의 편이었기 때문이다. 아동학대의 범위에 체벌이 들어감을 분명히 하는 일도, 지금까지 체벌을 허용·조장한 것에 대해 성찰하고 체벌을 없애기 위한 여건을 마련하는 일도 모두 '정치적'인 문제이다. 청소년이 '맞을 만한 존재', '맞아도 되는 존재'가 아닌 인간으로 인정받는 것이야말로 가장 정치적 의미가 큰 문제겠지만 말이다.

필요한 마침표를
제대로 찍지 않는 문제

잘못을 인정하고 사과하기 전까진 체벌은 끝난 게 아니다

식당이라든지 버스 같은 데서 흘러나오는 라디오 방송을 무심히 듣다가 눈살이 찌푸려질 때가 있다. 청취자 사연으로 옛날 추억을 들려주는 코너들이 많은데, 심심찮게 어릴 적 당했던 체벌을 포함한 폭력과 학대, 인권 침해의 경험들이 등장한다. 그런 일에 대해 부정적인 감정을 담아서 이야기하는 경우는 그래도 나은 편이다. 재미있고 웃긴 일, 뭔가 훈훈한 풍경 같은 것으로 묘사될 때가 더 잦은데, 그럴 때면 약간의 과장을 보태면 마치 인종 차별이나 학살을 가볍게 이야기하거나 농담거리로 삼는 것 같은 섬뜩함마저 느끼곤 한다. 얼마 전에는 어느 라디오 방송에서 교사인 청취자가 초임 시

절에 학생들을 폭행하는 데 쓰기 위한 도구들을 얼마나 다채롭게 찾아서 들고 다녔는지를 무용담처럼 늘어놓더랬다.

그런 이야기의 서두에 곧잘 붙는 어구가 있다. "지금은 보기 어려운 모습이지만……", "그 시절에는 흔한 일이었는데……" 등이다. 그것이 잘못이라는 이야기도, 어린이·청소년의 인권을 위해 법으로 금시되었다는 이야기도 없이, 시대의 흐름에 따라 자연스레 사라진 문화인 듯 말이다.

분명히 세상은 변했다. 청소년인권에 대한 인식도 20년, 30년 전에 비하면 많이 나아졌다고들 한다. 한데 정말 그렇다면 어떻게 교사나 친권자에게 사생활을 침해당하고 감금당하던 이야기, 학생들이나 자식들을 두들겨 패던 이야기들이 대중 매체에서 그토록 쉽게 미화되고 희화화되는 것일까. 어째서 그런 방송들이 걸러지지도 편집되지도 않고, 방송에 나오더라도 아무도 문제를 제기하지도 않으며, 정부에서도 심의도 제재도 하지 않는 것일까.

사과하고 반성한 이들은 얼마나 될까

권력관계 속에서 우위에 있는 사람들은 자신들이 저지른 차별과 폭력 등에 대해서 쉽사리 잘못을 인정하고 사과하지 않으려고 한다. 그 자체가 체면을 손상시키고 권력을 포기하는 일이라고 느낀다. 그리고 이러한 현상은 개인과 개인 사이의 사건에만 국한되는 것이 아니다. 사회 전반의 풍조나 관습의 문제에서는 오히려 더욱 뚜렷하게 나타나게 된다. 다들 그랬으니까, 그래도 됐으니까 잘못이 아니었다고 정당화하기가 더 쉽기 때문이다.

대표적인 예로 학교에서의 체벌 문제를 살펴보자. 앞의 글에서 소개했듯, 2011년 이후 〈초·중등교육법 시행령〉에 체벌 금지 관련한 조항이 포함되었고, 2015년 〈아동복지법〉에도 관련 조항이 생겨 친권자뿐만 아니라 교사에게도 적용되고 있다. 경기도 등 4개 지역에서 시행 중인 학생인권조례에서도 명확하게 체벌 금지를 규정하고 있다. 이런 법의 변화만 놓고 보면 한국 사회는 2010년대 들어서 체벌이 잘못되었다는 사회적 합의를 만들어 체벌 금지라는 중요한 변화를 일구어 낸 것처럼 보인다.

하지만 시야를 옮겨 보자. 그동안 학생들을 대상으로 체벌을 해 온 초·중등학교 교사들, 그중 현재도 재직 중인 교사는 아마 적게 잡아도 수만 명 이상일 것이다. 그런데 그들 중 공식적으로 체벌 전력에 대해 반성하고 사과하는 입장을 밝힌 사람들은 과연 얼마나 될까? 공개적으로는 아니더라도 자신이 바로 얼마 전까지도 체벌을 가해 온 학생들에게, 혹은 학교를 졸업한 예전 학생들에게 연락해서라도 반성과 사죄의 뜻을 전한 사람들은 몇 명이나 있을까? 반면 교실에 서서 공개적으로 "세상 좋아져서 체벌 금지니 뭐니 해서 이젠 너희들 때릴 수도 없고, 참……" 하며 툴툴댄 교사들은 얼마나 됐을까? 몇몇 경험담들로 추측해 보건대 반성과 사과보다는 체벌 금지에 대한 불만 표출과 비난이 훨씬 더 많았으리라는 생각이 든다. 과연 체벌이 잘못이고 악이라 금지됐다는 인식이 자리 잡았다고 할 수 있을까.

사실 현재 법적으로도 완전히 체벌 금지를 달성했다고 보기는 불완전한 점들이 있기는 하다. 그래도 나중에라도 우리 사회가 체벌 금지를 온전히 달성했다고 마침표를 찍었다고 할 만한 순간이 있다면, 그건 정부의 체벌 금지 선언도 아니고 공식 통계 조사에서 체벌 경험 비율이 0%대로 나오는 날도 아닐 거라고 생각한다. 과거 체벌을 행했던 사람들 다수가 공식적으로 반성과 사죄의 뜻을 밝히고 다른 사회 구성원들이 그 사죄를 받아들이는 순간일 거라고, 나는 생각한다.

종결되는 것이 아니라 지나간 것이 되는

문제는, 이처럼 제대로 마침표를 찍지 않은 일들이 한국 사회에는 특히나 많아 보인다는 점이다. 군사 독재 정권에서 인권을 짓밟는 판결을 내렸던 판사가, 그에 대해 어떠한 반성도 처벌도 없이 오히려 고위직이나 명예로운 자리에 앉아 있는 모습 같은 것이 그러하다.

1980년대에 고등학생운동을 하며 민주화와 참교육을 요구하다가 학교에서 폭력과 징계를 당하고 퇴학당했던 사람들이 제대로 사과도 배상도 받지 못했던 사례들도 있다. 예를 들자면, 1990년 대구

경화여고에 다니던 김수경 학생은 학생회 활동을 하고 전교조 해직 교사를 지지하는 활동을 하다가 학교에 '빨갱이', '운동권'이라고 찍혀 고초를 겪어 왔다. 그러다가 어느 교사에게 심한 폭행·폭언을 당한 뒤 투신, 운명하였다. 그러나 학교 측도 폭력을 가했던 교사들도 김수경 열사의 죽음에 대해 제대로 사과하고 책임진 바가 없었다고 알고 있다. 이런 일들이 그저 그 시대엔 원래 다 그랬다고 하며 잊혀도 되는 것일까.

여러 사람들의 노력으로 세상은 변해 왔다. 청소년인권만 하더라도 나아진 점도 많다. 하지만 세상이 변화하는 와중에 과거의 과오가 잘못된 것이었음을 명확히 하지 않으면, 과오는 종결되는 것이 아니라 그저 지나간 것이 되어 버린다. 그때는 그랬고 지금은 이렇다고, 가치 평가는 피한 채 그저 시대의 변천사로 의미가 축소되어 버린다. 물론 "그때는 다들 그랬던", "그게 옳은 줄 알았던", "혼자 어쩔 수 없었던" 것일 수도 있다. 그런데 그럼 그땐 다들 틀렸던 것이고 모두들 잘못한 것이었다고라도 확실히 해야만 한다. 잘못을 인정하지 않고 사과도 배·보상도 없을 때, 비록 세상은 좋아지더라도 그 한구석에는 앙금이 쌓이고 쌓여 변화의 발목을 잡게 된다. 체벌이 금지됐다고 해도 여전히 학교에서, 가정에서 체벌이 일어나고 있고, 라디오에서, TV에서 체벌 경험을 미화하고 희화화하는 일이 벌어지듯이 말이다. 세상의 변화에 발맞추는 재주도 물론 필요하지만, 변하기 전의 과오에 대해 잘못을 인정하고 책임지려 하는 태도야말로 우리에게 진정 필요한 소양은 아닐는지.

값싼 교육

상벌점제가 체벌의 대안이 될 수 없는 이유

청소년인권단체를 비롯해 인권단체, 교육단체들은 오랫동안 학교에서의 체벌을 금지할 것을 요구해 왔다. 1999년 국회에서 열렸던 '우리에게도 인권이 있어요'라는 제목의 청소년인권 관련 토론회에서도 체벌 금지가 주된 의제였다. 2003년에는 '학생체벌금지연대'가 결성되어 체벌 사례를 조사하여 발표하고 헌법 소원을 내는 등의 활동을 했다. 체벌 금지 입법 운동도 했다. 세간에 체벌 사건이 알려지면 단체들이 나서서 학교에 항의하고 사과를 요구하기도 했다.

교육부와 국회는 학교에서의 체벌 금지에 미온적이었다. 그러던 중 2000년대 중반쯤 교육부가 내놓은 것이 '상벌점제' 정책이었다.

체벌을 금지까지 하기는 부담스럽고 반대도 심하니까, 체벌을 금지하는 대신 체벌을 대체할 만한 처벌 방식을 도입하여서 체벌이 줄어들게 유도하겠다는 것이었다. 그렇게 만들어진 상벌점제는 현재까지도 많은 학교에서 시행되고 있다.

그러나 상벌점제는 그리 환영할 만한 대안이 아니었다. 상벌점제를 도입했지만 체벌이 금지된 것은 아니었기에, 체벌도 당하고 벌점도 받는 이중 처벌이 심심찮게 일어났다. 교사의 성향에 따라서 체벌을 당하는 경우와 벌점을 받는 경우로 갈리는 일도 많았다. 학생들 사이에서는 상벌점제 때문에 더 촘촘한 규제를 당하게 됐다는 불만도 나오곤 했다. 체벌에 비해 좀 더 명료한 규정에 따라 운용되지 않을까 하는 기대도 있었으나, '교사 지시 불이행' 등 매우 포괄적이고 자의적인 벌점 부과가 가능케 하는 항목들 때문에 체벌보다 크게 나을 건 없었다. 상벌점제가 품고 있던 문제점도 곧 불거졌다. 지각이나 용의·복장 규제 등 사소한 생활규정 위반들이 벌점 누적과 중징계로 이어지는 일이 벌어졌던 것이다. 심지어 일부 고등학교에서는 '찍힌' 학생들에게 집중적으로 벌점을 줘서 '강제 자퇴', 실질적으론 퇴학을 시킨 것으로 의심되는 일까지 벌어졌다.

싸게 먹히는 방법이라는 공통점

상벌점제로 체벌을 대체하겠다는 정책은, 학생들을 억압하고 규제하는 학교의 구조와 문화는 그대로 둔 채 체벌의 자리만 벌점으로 채우려 했다는 점에서 문제일 수밖에 없었다. 학교는 두발, 용의·복장 규제 등 학생의 신체와 사생활을 통제하는 각종 규율과 관행으로 가득하고, 과중하고 일방적인 학습을 요구하는 시간표를 가지고 있다. 그동안은 이러한 틀 속에 학생들을 욱여넣기 위해 체벌이라는 폭력이 동원되어 왔다. 학교에서 체벌을 없애야 한다는 요구는 학생들에 대한 신체적 폭력을 없애야 한다는 문제의식에 더해, 그러한 폭력으로 유지되어 온 학교의 권위주의적이고 반민주적인 질서를 바꿔야 한다는 이야기이기도 했다.

단지 체벌을 상벌점제로 바꾸려던 정책은 매와 주먹이 있던 자리에 점수와 징계를 앉히는 셈이었고, 이는 숱한 부작용으로 이어졌다. 체벌이 왜 잘못되었고 사라져야 하는지, 체벌로 유지되던 학교의 질서는 무엇이었는지 제대로 된 논의도 없이 상벌점제를 도입하는 것으로 넘어가려 했던 것은, 학교가 고민하고 받아들여야 했던 변화를 회피하는 것이었다.

체벌로 학교교육을 운영하고 질서를 유지시키는 것은 사실 '싸게 먹히는 방법'이라고 할 수 있다. 학급당 학생 수가 많다든지 수업 방식이 학생들의 자발적 참여를 이끌어 내기 부적합하다든지 하는 문제들이 있어도 별 상관이 없다. 학생에게 교육 활동에 참여하기 어려운 이유가 있어도, 그 이유를 해결하기 위해 사회 복지나 심리 상담 등 전문적인 지원을 하느라 비용을 들일 필요도 없고 시설을 개선할 필요도 없다. 지시에 따르지 않고 수업에 순응하지 않는 학생들, 요구하는 학업 성적을 내지 못하는 학생들은 교사가 물리적 폭력으로 제압하고 겁주면 된다.

상벌점제도 성격이 그리 다르지 않다. 직접적인 신체적 폭력보다 인도적으로 보일 순 있어도, 교육의 구조와 상황을 개선하려는 노력은 없이 학생들을 점수와 징계로 통제하고 퇴출하는 방식이다. 체벌이 감추던 문제를 벌점이 감추게 되고, 학교 입장에서 마음에 안 드는 학생들에게는 더 쉽게 공식적인 징계를 내릴 수 있게 되었다. 상벌점제가 체벌을 대신할 방법으로 꼽힌 이유가 바로 '저비용'이라는 점은 아니었을까. 그래서 나는 체벌과 상벌점제에서 공통된 '값싼 교육'의 풍경을 본다.

전가된 비용

체벌과 상벌점제는 정부와 교육 당국의 예산이 들지 않을 뿐, 그 비용은 학생과 교사에게 고스란히 전가된다. 학생들은 인권 침해를 감내해야 하고 제대로 된 교육이 아니어도 침묵하고 시간을 보내야 한다. 교사들은 폭력의 직접적 가해자가 되어야 하고 혹시라도 체벌로 인해 상해나 부상이 생기면 책임을 져야만 한다. 그래서 나는 학교 체벌 문제에서 교사들도 일종의 피해자라는 생각을 하곤 한다. 교사들도 대개는 사람을 때리는 일을 좋아하진 않을 것이다. 그러나 교사들은 직무를 잘 수행하려면 폭력을 쓰라는 유혹 또는 압력을 받는다. 체벌과 그 가해자들을 정당화해 줄 생각은 없으나, 한국 교육의 구조적 문제를 교사 개인의 부담, 그리고 학생들의 고통으로 전가해 온 현실은 인정해야 할 것이다.

학생인권 보장에 반대한다는 사람들에겐 우리 사회가 공적 비용을 교육에 충분히 사용하고 교육의 공공성을 강화하는 것을 꺼리는 마음이 있지 않을까 생각한다. 사실 학생의 인권을 제대로 보장하고, 교육 시설이나 방법을 개선하고, 다양한 학생들이 평등하게 존중받는 학교를 만든다는 것은 예산이 드는 일이다. 하다못해 인권교육이나 인권 침해 구제에도 인력을 배치해야 하고 돈을 써야 한다.

공적으로 값싼 교육이란 곧 사적으로는 비싼 교육이라는 뜻이다. 지금 학교에서 교사들이나 학생들은 개인이 너무 많은 것을 부담하고 감당해야만 살아남을 수가 있다. 그리고 이러한 사적 비용은 결국 사회적 비용이 된다. 예를 들면 체벌 때문에 늘어나는 비민주적이고 반인권적인 사회 문화, 체벌과 상벌점제에 의해 '학교 부적응'이라며 퇴출당하는 청소년들이 겪는 고통이나 이로 인한 사회 문제 등이 있겠다. 지나치게 높은 사립 학교 비율과 그 안의 비민주적인 구조와 갈등 등도 값싼 교육이 치러야 할 비용이다. 더 이상 잘못된 교육의 대가를 개인이나 사회가 잘못된 방식으로 치르게 두어서는 안 된다. 학생인권 보장은, 정부에게는 비싸고 사람들에게는 값싼, 그런 제대로 된 공교육을 만들라는 요구이기도 하다.

그 '사소한'
두발 자유

두발 문제에 집착하는 건 정작 누구인가

그때 담임 교사는 나에게 가위를 달라고 했다. 아마 내가 앞자리에 앉아 있었기 때문이었을 것이다. '에이, 설마 진짜 자르겠어?' 망설이면서도 교사의 말을 잘 거역할 줄 몰랐던 나는 가위를 건넸다. 싹둑. 구레나룻이었던가 앞머리였던가. 길고 '지저분'하다는 이유로 경고를 받았던 어느 학생의 머리카락이 그렇게 잘려 나갔다. "이 길이에 맞춰서 내일까지 잘라 와"라는 소리와 함께. 평소에는 온화한 담임 교사였기에 설마 진짜 자를 줄은 몰랐다고 해도 비겁한 변명일 것이다. 고2 때의 일이었다.

그 이듬해인 2005년, 두발 자유화를 요구하는 서명 운동과 거리 집회 등이 일어났다. 내가 청소년운동에 본격적으로 발을 들인 것도 그때였다. 두발 자유를 위한 활동을 하며, 내가 가위를 건넸던 그 순간을 돌이켜보곤 했다. 지금도 그때 교사의 폭력에 협조한 것에 대해 머리카락을 잘렸던 그 사람에게 미안하다. 그가 이 글을 읽을 가능성은 얼마 없겠지만 우선 사과부터 전하고 싶다. 그렇게 교사가 가위를 들고 학생의 머리를 자르는 모멸적인 장면이 반복되지 않게 하기 위해서, 교문을 들어설 때나 교사의 눈앞에서 내 머리카락과 옷차림 때문에 혼날까 자기 검열을 하지 않기 위해서, 내 앞머리가 몇 cm인가 혹시 두발 단속에 걸리지는 않을까 걱정하며 학교에 오지 않기 위해서 나는 두발 자유를 외치고 글을 쓰고 집회에 나서고 법을 만들려고 애썼다.

그래도 그땐 두발 자유 정도는 금방 될 줄 알았다. 헤어스타일은 개인의 자유로 보장되어야 할 문제이고, 학교들은 규제를 할 그 어떤 합당한 근거도 제시하지 못했으니까. 두발 자유가 〈헌법〉상 기본권이라는 국가인권위원회의 공식 판단이 나온 것도 그 무렵이었다. 길이든 색깔이든 개인의 머리카락을 자유롭게 할 수 있도록 하는 것은 너무나 당연한 일이라고 생각했다. 같이 활동하던 사람이 "두발 자유를 위해 뼈를 묻을 각오가 있느냐"라는 낯간지러운 질문을 했을 적에 나는 흔쾌히 그렇다고 대답했지만, 정말로 뼈를 묻어야 할 거라고 생각하진 않았다. 길어야 10년 정도면 되겠거니, 그렇게 막연히 상상했던 것 같다.

그러나 내가 두발 자유를 외치며 청소년운동을 시작한 뒤로 10년, 15년이 훌쩍 지난 지금 현실은 어떠한가. 물론 그동안의 성과가 없지는 않다. 경기, 서울, 광주, 전북 4개 지역에서 제정된 학생인권조례들은 두발 자유가 인권임을 명시하고 있고, 실제로 어느 정도 효과를 발휘하고 있다. 두발 규제를 가하는 규정 중에서 길이 기준 등은 제법 완화되었고, 2000년대 중·후반까지도 심심찮게 보였던, 학교에서 교사들이 직접 가위나 바리캉을 들고 머리카락을 훼손하던 모습은 거의 사라졌다. 몇몇 학교에서 학생들의 노력으로 두발 자유화를 이루기도 했다. 그러나 우리가 요구한 것은 두발 규정을 조금 완화하는 것도 아니었고 일부 지역에서만 두발 자유화가 되는 것을 바란 것도 아니었기에, 우리가 외쳐 왔던 '두발 자유'는 아직 너무나 멀다.

두발 규제는 누구에게 사소한 문제인가

"어느 고등학생들이 세계 여러 나라의 청소년들이 함께 모이는 행사에 참석했다. 그런데 똑같은 교복을 입고, 똑같은 스포츠형 머리를 한 것은 한국 학생들뿐이었다. 다른 나라 학생들은 같이 앉아서 서로 이런저런 얘기를 하곤 했지만, 한국 학생들은 그 속에 섞여 들지 못하고 유독 따로 앉아서 보고만 있었다."

한국 중·고등학교의 두발, 복장 규제를 비판하면서, 한 교사의 경험담이라며 이런 내용의 일화가 인터넷에 퍼졌던 것이 2000년의 일이었다. 이런 일화와 함께 시작된 두발 자유화를 주장하는 서명 운동을 진행한 '노컷 운동'은 큰 호응을 받았고 두발 자유는 학생인권의 대표적 주장이 되었다. 그러나 교육부는 '학생들의 의견을 수렴하여 두발 규정을 개정하라'라는 입장만 밝혔고, 대부분의 학교는 변화하지 않았다. 5년 뒤인 2005년, 다시 한 번 두발 자유를 요구하는 운동이 일어났고, 이번에는 온라인 서명 운동에 더해 거리 집회, 학내 시위 등도 이어졌다. 그러나 교육부는 2000년과 같은 입장만을 되풀이했다.

그래서 이번에는 두발 자유를 권리로 법에 명시하여 보장하려는 운동이 시작됐다. 바로 2006년 학생인권법 제정 운동과 그 이후의 학생인권조례 제정 운동이다. 2010년 경기도, 2011년 광주광역시와 서울특별시, 2013년 전라북도를 끝으로 학생인권조례가 더 이상 제정되지 않고 있는 상황에서, 국회에 〈초·중등교육법〉 개정 등의 형태로 학생인권에 대한 법률적 근거를 마련하여 두발 자유 등 학생인권의 오랜 과제를 실현하고 학생의 인권을 신장시키라는 요구도 끊이지 않는다.

두발 자유 등의 내용을 법률에 명시하라는 요구를 할 때 국회의원이나 교육부 관계자 등에게서 자주 돌아오는 대답이 "그렇게까지 세세하고 작은 문제까지 법에 넣을 필요가 있느냐"라는 것이다. 2005년에 내가 처음 청소년운동을 시작하고 두발 자유를 요구하는 활동을 할 때 교사 등에게 들었던 말도 비슷한 것이었다. "머리카락 같은 사소한 것에 집착하지 마라."

반대로 묻고 싶다. 왜 학교와 교육부는 머리카락 같은 사소한 것에 그렇게 집착하는가. 그게 그렇게 사소한 문제라면 두발 자유화 좀 해 줘도 되는 것 아닌가. 각지에서 학생인권조례가 만들어지기 시작하자 당시 교육부는 학생인권조례들에 대해 무효 소송을 걸더니, 아예 상위법인 〈초·중등교육법 시행령〉에 두발 및 용의·복장 등에 관한 규정을 학교 규칙에 넣을 수 있다는 내용을 추가해 버렸다. 2000년 노컷 운동 때부터로 헤아리면 20년이 넘도록 두발 자유화가 이루어지지 못하고 있는 현실은 두발 자유가 결코 사소한 문제가 아님을 역으로 보여 준다.

두발 자유가 사소한 문제, '머리 좀 기르고 싶다는 중고생들의 투정'이라고 여기는 것은 당사자 아닌 사람들의 편견 어린 시선일 뿐이다. 많은 학생들이 그 '사소한 문제' 때문에 숨 막히는 기분을 느끼며 몇 년을 보내고, 굴욕감과 무력감, 죄책감을 경험한다. 나의 신체와 개성, 사생활을 존중받고 싶고, 머리카락과 외모에 대한 규제와 이를 이유로 한 폭력을 당하고 싶지 않은 것은 너무나 인간적인 바람이다. 1987년 현대자동차에서 인간다운 대우를 요구하며 투쟁에 나섰던 노동자들이 외쳤던 요구 중 하나도 "두발 단속 하지 마라", "복장 자율화 하라" 등이었다.

어떤 학교를 바라는가

그에 비하면 한국 정부와 학교들이 두발 규제를 하고 싶어 하는 이유야말로 참으로 사소한 것들이다. 학생다운 용모라든지 여러 가지 이유를 들지만 결국 교사들이나 비청소년들에게 '예쁘게', '단정하게' 보이는 모습을 강요하고 싶어서라는 말이다. 그러면서 덤으로 성역할에 따른 머리카락 모양이라든지 외모에 대한 차별적인 고정관념도 심어 준다.

머리카락이나 복장처럼 개인이 알아서 할 부분을 함부로 규제하는 악습을 없애려 하는 것은, 자유로워지고자 하는 것은 중요한 인권 문제이기 때문이다. 개인의 인권과 개성, 사생활은 불가피한 이유가 없다면 보장되어야 마땅하다. 이미 외국 대부분의 나라들은 두발 자유는 물론이고 교복조차 없거나 복장도 자유로운 것이 당연한데도 교육 활동에는 아무런 문제가 생기지 않고 있다. 그런데 한국에서만 두발 규제나 획일적 제복이 없이는 학교가 안 굴러간다고 주장하는 것은 설득력이 없다.

이에 더해서 이는 우리 사회가 어떤 학교, 어떤 교육을 지향하는지를 보여 주는 문제이기도 하다. 학생들이 비슷비슷한 외모와 획일적인 제복을 강요당하는 교육이 바람직한가, 아니면 자유로운 인간으로 존중받으며 살아갈 수 있는 교육이 바람직한가. 두발 자유를 바라는 것은 머리카락 길이를 몇 cm까지 허용할지 말지 논의하자는 것이 아니라, 우리 사회가 중·고등학생을, 청소년을 신체와 사적 영역까지 모두 통제해야 할 관리 대상으로 보는지 아니면 존엄과 자유를 가진 인간으로 보는지를 가늠하게 해 주는 증표와도 같은 문제다.

"사람이 되어라"와
"학생도 사람이다"

사람대접을 받지 못하는 학생들

국가인권위원회에서 제작한 단편 애니메이션, 〈사람이 되어라〉(2005)는 한국의 초·중·고 학생들이 처해 있는 현실을 상징적으로 표현한다. 이 애니메이션 속에서 학생들은 모두 사람이 아닌 원숭이이다. 교문에 커다랗게 박힌 글자가 등굣길을 내려다보고 있다. "먼저 사람이 되어라." 먼저 사람이 된 교사들이 아직 사람이 되지 못한 학생들을 가르치는 곳. 학교에서 말 잘 듣고 남을 도우며 공부를 열심히 하면 사람이 될 수 있다고 하는 곳. "대학 가서 사람 되자"라는 급훈이 걸려 있는 곳. 〈사람이 되어라〉에서 그리고 있는 학교의 모습이다.

이 애니메이션에서 주인공인 원철이는 숲에서 학교 공부에는 영 흥미가 없는 자신이 잘못된 게 아니라는 깨달음(?)을 얻고 사람이 된다. 그러나 교사는 그런 원철이에게 오히려 화를 낸다. "니 맘대로 사람이 되면 어떻게 해! 사람은 대학 가고 나서 되는 거야!"라고 호통을 치며 체벌을 하는 교사. 학교를 뛰쳐나온 원철이는, '사람 안 될 거냐'고 '어서 학교로 돌아오라'고 말하는 어른들에게 이렇게 외친다. "전 이미 사람이에요!"

나는 종종 "학생도 사람이다" 같은 내용이 적힌 피켓을 들고 거리에서 학생인권 캠페인을 하곤 한다. 그러다 보면 지나가던 사람에게서 "아니, 그럼 학생이 사람이지 돼지예요?" 같은 장난스러운 질문을 심심찮게 받곤 한다. 말할 것도 없지만, "학생도 사람이다"라는 말이 학생들이 생물학적으로 '호모 사피엔스 사피엔스'가 아니라는 뜻은 아니다. 이 말은 오히려 이미 사람이기 때문에 사회적으로도 사람으로 대하라는 요구를 담고 있는 것이다.

사람대접을 받지 못하는 학생들

학생들의 학교생활은 현대 한국 사회가 상정하고 있는 인간다운 삶과는 전혀 닮지 않았다. 학교에서나 가정에서나 사생활이나 개인적 영역까지도 간섭당하고 강요받는 것이 아무렇지도 않게 여겨진다. 신체적 폭력으로부터 자유로워야 한다는, 사람대접의 가장 기본적인 요건도 제대로 갖춰지지 않았다. 학생들의 인권에 대한 제한은 일반적인 인간-시민에 관한 경우보다 훨씬 쉽게, 자의적인 기준에 의해, 불가피한 이유 없이도 쉽게 허용된다.

보통의 사람 대 사람의 관계에서 일어난다면 처벌받거나 비난받거나 적어도 논란이 될 만한 일들이, 한쪽이 초·중·고 학생이라는 이유로 아주 자연스러운 일로 받아들여지곤 한다. 예컨대 일기장을 검사한다든지, 이성 간에 손을 잡으면 처벌한다든지, 지각을 하면 '오리걸음' 체벌을 받게 하는 일들 말이다. 만약에 학교에서 하듯이 극장에서 휴대전화가 울렸다고 해서 극장 직원이 관객의 휴대전화를 압수해 간다면 비상식적이라고 항의받지 않을까. 이러한 각종 인권 침해는 학생들이 아직 '인간이 덜 된 미성숙한 존재'이기 때문에 그들을 교육해야 한다는 명목으로 정당화된다.

또한 학생들, 조금 더 정확히 말하면 '미성년자'로 구분되는 19세 내지 18세 미만의 청소년들은 자신과 관련된 사안에 참여하고 목소리를 낼 권리를 봉쇄당한 집단 중 하나이다. 아주 일상적으로는 야간 자율 학습에 참여할지 말지를 학생 본인의 의사가 아니라 친권자(보호자)의 동의를 묻는 것 등에서 이런 현실이 드러난다. 정부에서는 어떤 정책을 준비할 때 그 과정에서 당사자들의 의견을 듣는 절차를 형식적으로나마 가질 때가 많다. 그러나 교육 정책이나 청소년에 직접 관련된 정책을 결정할 때는 학생들의 의견을 듣는 절차조차 제대로 가지지 않는 경우가 다반사이다.

학생도 사람이란 말의 의미

학생도 사람이라고 말하면 당연한 소리 아니냐는 반응이 돌아오지만, 정작 실질적으로 사람답게 살 수 있게 권리를 보장하라고 하면 고개를 설레설레 젓는 사람들이 여전히 많다. 자기 머리카락은 마음대로 할 수 있게 하라는 요구에도 '학생답지 못하다'라는 걱정이 돌아온다. 체벌 금지를 두고서 '애들은 좀 맞아야 말을 듣는다'라는 말을 대놓고 하는 사람을 만나는 일은 흔하다. 〈헌법〉에서는 모든 국민에게 집회의 자유가 있다고 하지만, 학생들에게도 집회의 자유가 있다고 말하면 어떻게 그런 주장을 할 수 있느냐고 펄쩍 뛴다. 실제로 경기도와 서울 등지에서 학생인권조례 제정이 추진될 당시, 몇몇 중앙 일간지들은 사설에서 학생인권조례에 '집회의 자유' 조항이 포함된 것이 말도 안 되는 일이라는 논조를 취했다.* 아동에게도 집회의 자유를 보장해야 한다고 명시된 〈유엔아동권리협약〉에 한국이 가입한 지 20년이 됐을 무렵이었다.

이런 현실이기에 "학생도 사람이다"라는 외침은 의미 있다. 학생인권조례와 같은 법들은 우리 사회에서 학생의 인권이 무시당하는 일

---

* 〈매일경제〉 2011년 9월 9일 사설 "학생집회 장려하는 정신나간 서울교육청 조례", 〈서울신문〉 2011년 9월 9일 사설 "학생 인권만큼 교권 보장도 고민하라", 〈동아일보〉 2011년 9월 9일 사설 "공교육 무너졌는데 '학생 시위권'이 그리 중요한가", 〈국민일보〉 2011년 9월 8일 사설 "서울학생인권조례, 무책임의 극치", 〈국민일보〉 2011년 12월 21일 사설 "서울학생인권조례 재고하라", 〈헤럴드경제〉 2011년 9월 9일 사설 "학생인권조례 서두르는 서울시교육청", 〈문화일보〉 2011년 10월 20일 사설 "동성애까지 옹호하는 학생인권조례안, 폐기하라" 등.

이 당연시되기 때문에 필요한 것이다. 청소년운동이 학생인권 보장을 요구해 온 결과, 몇몇 지역에서의 학생인권조례 제정 등의 성과도 일구었고 확실히 많이 개선되었다. 그러나 만족스럽다고 할 만한 상태는 아니다. 학생인권조례가 있는 지역보다 없는 지역이 더 많고, 학생인권조례가 있는 지역에서도 학생들이 온전히 사람대접을 받고 있다고 할 수는 없다. 한 나라 안에서도 어느 지역은 학생들의 두발 자유를 허용하고 어느 지역은 전혀 보장하지 않는가 하면, 같은 동네에서도 어느 학교는 야간 자율 학습이나 보충 학습을 강제로 시키고 어느 학교는 아닌 모양새다. 학생인권이 지역이나 학교에 따라 운에 달린 문제가 아닌 보편적 권리로 자리 잡게 하려면, 〈초·중등교육법〉 개정 등의 방식을 통해 학생인권 보장을 위한 더 확고하고도 전국적인 기준을 마련하고, 학교 현장과 사회의 변화를 견인해야 한다.

학생인권 보장은 학생을 '사람이 덜 된 존재'로 보고 '사람이 되어라'라고 말하며 인권을 무시하던 오랜 관습을 중단하고 '학생도 사람'이라는 것을 받아들이는 일이다. 학생이라는 신분을 가지고 있다고 해서 사람대접을 받지 않아도 되는 것은 아님을, 학생이기 이전에 인간임을 분명히 하는 일이다. 올바른 교육이 인간과 인간 사이의 일이며 인권에 대한 존중과 실현 속에서만 가능하다는 것을 인정하는 것이기도 하다. 학생들의 "우리도 사람이다"라는 외침과 행동이 지금껏 조금씩이나마 변화를 가져왔고, 앞으로도 그럴 것이다. 그리고 그것이 원숭이, 아니 '사람이 덜 된 존재' 취급을 받는 학생들이 '사람이 되는' 제대로 된 길일 것이다.

학생인권이
학교에 던지는 질문

학교의 규칙과 교육 방식은 어떻게 변해야 하는가

〈경기도 학생인권조례〉가 제정되고 서울 등에서는 체벌 금지와 '생활 지도 혁신'이 한창 이야기되던 2011년 2월 무렵, '교사 집담회 - 학생인권조례 시대, 교사 입 열다'라는 제목으로 교사들이 모이는 자리가 있었다. 학생인권이 교권을 무너뜨린다고 언론들이 목소리를 높일 때, 그렇지 않다고 생각한 교사들, 그와는 다른 학교 현실을 체험한 교사들이 모여서 이야기한 자리였다.

여러 가지 경험담과 에피소드들이 나왔는데, 그중 기억에 남는 이야기가 하나 있다. 한 교사가 들려준 자기 학교의 실내화 규정에 대한 이야기였다. 그간 학생들이 실내화를 신고 건물 밖으로 나가는 문제는 학생들과 교사들이 학교에서 갈등을 빚는 이유 중 하나가 되곤 했다. 그 교사가 근무하는 학교에서는 〈경기도 학생인권조례〉가 시행되면서 복장 규제를 개정하기로 했고, 그 과정에서 실내화 단속도 그만두기로 했다.

하지만 실내화 단속을 그만두고 난 이후에 오히려 실내화를 신고 학교 밖을 출입하는 학생들은 더 줄어들었다고 한다. 물론 그냥 단속을 중단하기만 했는데 실내화 출입이 줄어든 것은 아니었다. 실내화를 신고 밖에 드나들면 병균을 옮기게 되고 먼지가 나게 되는 등 얼마나 많은 위생상의 문제가 있는지를 몇 차례 설명하고 교육하는 자리를 가진 결과였다. 실내화를 신고 드나들면 안 되는 이유를 제대로 설명하지 않고 처벌하는 것보다, 그 이유를 잘 설명하고 소통하는 것이 더 효과적이었던 것이다.

'문제 행동'을 정하는 기준

이 실내화 이야기로부터 학생인권이 학교를 향해 던지는 여러 가지 질문들을 읽어 낼 수 있다. 먼저, 학생인권은 "과연 무엇이 문제 행동인가?", "무엇이 규칙으로 금지되고 제한되어야 하는가?" 묻는다. 실내화를 신고 학교 밖을 출입하는 게 학생들을 처벌해야 하는 '문제 행동'일까? 머리카락을 염색하는 것이 '문제 행동'인 것일까? 학생들이 교내에서 연애를 하는 것은 '문제 행동'인 것일까? 교사의 의견과 다른 자기 의견을 말하는 것이 '문제 행동'인 걸까? 학교에 대한 비판 글을 인터넷에 올리는 것이 '문제 행동'인 걸까?

학교는 지나치게 많은 것들을 문제 행동으로 규정하고 강제해왔다. 불합리한 규칙에 의해 왜 문제 행동인지 알 수 없음에도 문제 행동이 되어 버리고 만 것들도 있다. 심지어 학생들이 억울함을 호소하거나 부당한 처벌에 대해 항의하는 것 자체를 반항이라며 문제 행동으로 규정하고, 교사의 지시에 불응한다거나 말대답을 한다는 등의 이유로 처벌하는 경우도 심심찮게 볼 수 있다.

학교가 문제 행동을 규정하는 기준, 곧 현재 다수 학교들의 학교생활규정 및 징계·선도 규정에는 많은 문제점이 있다. 우선 학교 구성원들 중 오직 학생들에게만 과다하고 엄격한 규칙과 제한을 부과하고 있다. 학생들의 각종 인권을 침해하는 내용이 널린 것은 말할 것도 없다. 잘못을 판단하는 기준이 불분명하고 교사의 자의적 판단에 달려 있는 항목이 많다. 자기변호 절차나 억울함을 풀 구제 절차도 마땅치 않다. 학생의 학교 밖 생활까지 규율하는 등 학교의 규칙이 정당하게 다룰 수 있는 범위를 벗어나는 내용도 눈에 띈다.

금지와 처벌의 기준이 사회의 보편적 가치관에 맞지 않을뿐더러 교육적 부작용을 낳기도 한다. 예컨대 어떤 고등학교의 학칙을 살펴보니, 애인과 학교 내에서 손을 잡거나 포옹을 하는 행위가 약물 사용이나 도박 등과 비슷한 수위로 처벌을 받도록 되어 있었다. 한 중학교의 벌점 기준 표에도 '복장 규정 위반'이 공동체 구성원들이 같이 책임져야 할 청소 활동 등에 지속적으로 빠지는 것보다도 더 많은 벌점을 받게 되어 있었다. 과연 이런 기준들이 온당하다고 할 수 있을까?

학생인권은 이처럼 오랜 세월 학교가 고수해 온 문제 행동의 기준을 의문시하고, 이제껏 학칙에서 금지하고 처벌한 일들이 정말 그럴 만한 일이었나 묻는다. 인권의 기준에 맞게 폭력이나 차별 등에는 좀 더 엄격해지고, 대신에 불합리하고 인권 침해적인 금지 사항들은 없애거나 바꾸자고 제안한다. 그리고 그 문제 행동을 정하는 기준을 학생들과 함께 논의해 가면서 민주적인 절차를 거쳐서 정하자고 요구한다. 학생들이 시키는 대로 하지 않는다 해서 이를 처벌하려고만 들지 말고 그 맥락과 이유를 같이 살필 것을 요청한다. '실내화 출입'과 같은 문제를 처벌해야 할 문제 행동이 아니라, 소통을 통해 이해와 동참 속에 함께 실천할 문제로 이해할 때, 학교 안에서 학생들의 자리도 바뀔 것이다.

교육의 방식

학생인권은 또한 "무엇이 교육적으로 접근해야 할 문제인가?", "교육의 방식은 어떠해야 하는가?" 묻는다. 학교는 왕왕 교육적으로 접근해야 할 일에 오히려 강제적으로 대처하기도 하고, 단속과 처벌, 폭력을 교육으로 착각하기도 한다. 학교에서는 타인의 인권을 침해하는 등의 잘못을 저질러 사과하고 책임져야만 할 일, 교육 활동을 위해서 같이 협력해야만 할 일, 바람직한 생활 방식을 익히기 위해 학습해야 할 일, 학교장이나 교사의 자의적 기준에 의해 학생들의 자유를 억압당하는 일 등이 제대로 된 구분 없이 '규칙을 어겼으니 처벌받아야 한다'라는 식으로 처리되곤 한다. 그러나 강제와 처벌이 필요한 일과 학생의 동기를 이끌어 내야 하는 일, 대화와 소통이 필요한 일 등은 모두 그 성격이 다르다.

무엇보다도, 설령 교사나 학교가 교육 활동을 통해 전하고자 하는 내용이 아무리 좋은 것이라 해도, 그 방식이 정당하고 효과적인지는 그와 별도로 고민해 봐야 할 문제다. 학생들에게 폭력은 나쁜 것이라는 것을 가르치고자 다른 학생을 괴롭히거나 때린 학생들을 매질한다면, 과연 폭력이 나쁜 것이라는 가치관을 잘 전달할 수 있을까? 실내화를 신고 출입하면 왜 안 좋은지 이유를 설명하고 소통하는 것이 더 큰 효과가 있었다면, 단속하고 처벌하는 것은 비효율적인 방식이라는 뜻이다.

학생들이 교육 활동을 통해 메시지를 잘 수용하기 위해서는 교육 주체들 간에 최소한의 존중과 신뢰가 있어야만 한다. 두려움과 배움은 함께 춤출 수 없다는 말이 있다. 교사가 학생을 대하는 태도에서 학생이 모욕감이나 거부감, 두려움부터 느끼고 들어간다면 이미 그 관계는 교육적인 작용이 일어나기 어렵게 되어 버리고 만다. 교사가 불공정한 처벌이나 대우를 한다거나 불합리한 규칙을 힘으로 강요하는 권력자처럼 보인다면 더더욱 그렇다. 그래서 강요와 처벌의 방식만으론 실제의 행동이나 생활을 개선하는 데로 이어지지 못할 때도 많다. 단적인 예로, 인터넷을 검색해 보면 넘쳐나는 학생들의 '반성문 작성 노하우' 등을 보면 그런 관계에서 강요된 반성문이 얼마나 반교육적일 수 있는지 확연하게 드러난다.

학생인권은 교육의 방식이 폭력이어서는 안 된다고 지적하는 목소리다. 그리고 정말 교육적인 방식은 무엇인지 묻는다. 학교는 더 세세하고 적절한 교육의 방식을 고려해야 하고 교사와 학생의 협력을 통해 교육 활동을 해 나가야 한다고 요구한다.

학교와 교사의 위치는

학생인권은 학생과 교사 간에 최소한의 존중과 신뢰가 싹트기 위해서 반드시 지켜져야 하는 조건이다. 우리의 교육 현실은 많은 어려움들이 얽혀 있고, 학생인권 상황을 개선하는 것이 모든 문제를 해결해 줄 답이 될 수는 없을 것이다. 하지만 적어도 학생인권 보장이 우리 교육이 더 나아지기 위한 필요조건 중 하나라고는 말할 수 있다. 학생인권에 대해 반감을 품기보다는 학생인권이 던지는 질문을 곱씹는 것이 분명 학교와 교육이 더 나아질 계기가 될 것이다.

앞서 소개한 학생인권에 관한 집담회에서 한 중등 교사가 이런 이야기를 했다. "지금 교사의 위치는 둘 중 하나다. 학생의 편에 설 것이냐, 부조리한 교육 체제의 편에 설 것이냐. 그 둘 사이에는 깊은 골짜기가 있다." 학생인권 보장을 요구하고 학교를 바꾸라고 하는 것은 교사들을 가해자로 몰아가려는 것이 아니다. 그보다는 교사들에게 학생의 편이 되어 달라고 부탁하는 것이다. 본래 학교는 학생들의 교육권 등 인권을 보장하고 실현하기 위한 기구이다. 교사 역시 학생인권을 옹호하고 편드는 존재가 되는 것이 올바른 역할이다. 학생인권은 학교의 규칙과 문화, 교육의 범위와 방식, 그리고 교사의 역할과 자리에 대한 질문을 던지고 있다.

바로 여기
함께 산다

차별 금지는 지극히 현실적 이유로 필요하다

 학교에 차별 문제를 주제로 인권교육을 갈 때면 일부러 과감한(?) 이야기를 하곤 한다. 예를 들면 성소수자 차별에 관한 이야기를 하다가 교육 참여자가 무언가 편견을 보이면, 나한테는 성소수자인 친구도 많고 가령 내가 동성애자일 수도 있는데 나 들으라고 하는 말이냐고 하는 것이다. 여자 친구 있느냐는 질문을 받으면 "남자 친구가 있을지도 모르죠"라고 대답하기도 한다. 놀라는 사람도 있고, 반신반의하는 사람도 있다. 아마 몇몇에게는 인상 깊은 경험으로 남지 않았을까 싶다.
 소수자나 차별 문제에 대해 논할 때 유의해야 할 점은 많겠지만,

나는 그중 가장 앞자리에 위치할 유의점으로 이를 멀리 떨어진 '남일'로 여기지 않아야 한다는 것을 꼽고 싶다. 가령 적잖은 사람들이 자기는 동성애자에게 별 편견은 없지만 가족이나 친구 중에 동성애자가 있는 건 싫다는 식으로 말한다. 조사 결과에 따르면, '동성애도 사랑의 한 형태로 본다'는 응답은 56%에 달했지만,* '동성애자를 어느 정도 관계까지 받아들일 수 있는가?'라고 물었을 때는 '이웃이 되는 것'을 받아들일 수 있다는 응답은 30.5%, '직장 동료가 되는 것'을 받아들일 수 있다는 응답은 14.6%, '절친한 친구가 되는 것'을 받아들일 수 있다는 응답은 5.5%에 지나지 않았다.**

그렇게 소수자들이 함께 살고 있지 않으며 함께 살 수 없다는 듯이 대하는 것이야말로 차별이다. 직장이나 학교나 가족 등 생활 속에 소수자들이 함께할 수 없다고 거부하고, 존재하지 않을 것이라고 가정하는 것은 차별의 대표적인 유형이다. 남아프리카공화국의 인종 차별 정책으로 유명한 '아파르트헤이트Apartheid'는 분리 정책이라는 뜻이며 "차별이 아니라 분리"라는 명분을 내걸었다는 역사적 사실을 기억해야 할 것이다. 분리 자체가 종종 배제와 편견, 몰이해의 시작이 된다.

---

* 한국갤럽, 2017년 조사.
** 한국행정연구원, 《2018년 사회통합실태조사》.

차별 금지에 반대하는 사람들

차별금지법 제정이 추진되고, 몇몇 지역에서 차별 금지 조항을 포함한 학생인권조례가 제정되면서 차별 금지에 반대한다는 사람들도 목소리를 높였다. 일부 종교단체 등의 반대와 사회의 차별에 부딪혀 차별금지법은 국가인권위원회가 2006년 입법을 권고한 이래 계속 제정되지 못하고 있고, 강원, 경남 등에서도 학생인권조례 제정에 실패하는 상황이 벌어졌다.

'성적 지향'을 이유로 한 차별을 금지하는 것은 동성애를 조장하는 것이라며, '임신 및 출산'을 이유로 한 차별을 금지하는 것은 임신 조장이라며 반대한다고 한다. 사실 이러한 논리는 상식적으로도 이상하다. 그런 식의 해석이라면 경제력에 따른 차별을 금지하는 것은 가난을 조장하는 것인가? 2008년부터 시행하고 있는 〈장애인차별금지 및 권리구제 등에 관한 법률〉은 장애인이 되라고 권하는 법이란 말인가? 최소한의 어휘력이 있는 사람이라면 '차별 금지'와 '조장'이 다르다는 걸 알 수 있다. 학생인권조례에서 차별 금지 조항은 다양한 정체성과 여건을 가진 사람들이 차별받지 않아야 한다는 원칙을 밝힌 것일 뿐이다.

또한 이런 주장은 '동성애는 나쁘다'라는 인식, 그리고 성소수자 청소년이나 임신·출산한 청소년이 배제되고 처벌받아야 한다는 인식을 전제하고 있다. 이성애는 정상적인 것이고 동성애는 나쁘다는 것 자체가 차별적인 편견이다. 원치 않는, 준비되지 않은 임신·출산은 개인에게 힘들고 바람직하지 않은 사건일 수는 있어도, 윤리적 잘못이거나 차별·비난받아야 할 일은 아니다.

차별 금지에 반대한다는 사람들은 "아이들을 생각해서" 그런다고 말하며, "당신 가족이라도, 당신 자식이라도 그렇게(차별 금지 조항의 적용을 받도록) 하겠느냐"고 말한다. 그러나 그들의 "아이들을 생각해서"라는 말은 자신이 바라는 모습대로 학생들을 만들고 싶다는 욕망과 그에 맞지 않는 학생들은 배제하겠다는 혐오를 포장한 것이다. 만일 내 가족이 성소수자라면 나는 차별금지법이, 차별 금지를 명시한 학생인권조례가 있기를 간절히 원할 것이다. 내 가족이 상처받고 차별당하길 원치 않기 때문이다. 차별 금지 조항이 명시된 학생인권조례에 반대하는 사람들은 아집과 독선으로 차별과 폭력을 당하고 있는 청소년들의 현실을 외면하는 것뿐이다.

존재를 인정하는 현실적인 문제

2015년 교육부는 '학교 성교육 표준안'을 내놓았다. 그중 성차별이나 성별 고정 관념을 강화하고 청소년의 성을 금지 대상으로만 설명하는 등의 내용에 여성단체·인권단체 등이 비판하는 의견을 제기하기도 했다. 특히 교육부는 표준안과 함께 지침을 내놓으면서 '동성애에 대한 지도는 허용되지 않는다', '동성애, 다양한 성적 지향, 성소수자 등의 내용과 용어 사용은 불가'하다고 명시했다. 교육부가 강요한 이러한 '침묵'의 의미는, 지금 학교에 있는 성소수자 학생들의 존재를 무시하는 것이다. 학교에 있을 성소수자인 학생들 또는 나중에라도 스스로를 그렇게 정체화할 학생들을 조금이라도 상상해 봤다면 나올 수 없는 지침이다. 무지해서 간과한 것도 아니고 아예 언급을 금지시킨 것은, 성소수자들을 함께 살지 않는 존재로 보겠다고 한 것과 다름없다.

이렇게 이미 존재하는 다양한 사람들을 무시하고 없는 셈 치려는 것이야말로 비현실적인 태도다. 대개 사람들은 차별을 윤리적인 문제라고 생각한다. 하지만 무엇이 차별인지, 어떤 차별을 금지해야 하는지는 매우 사회적이고 현실적인 문제이기도 하다. 가령 학교에서는 일상적으로 성적에 따른 차별, 외모에 따른 차별, 경제력에 따른 차별이 일어나기 때문에, 이러한 차별을 차별로 인식하고 금지하는 조치가 필요해진다. 성소수자에 대한 차별도 마찬가지다. 국가인권위원회의 2014년 조사에서는 조사에 참여한 성소수자 청소년 중 20%가 성소수자인 것과 관련하여 교사로부터의 괴롭힘을 경험했다고 응답했고 54%가 다른 학생으로부터의 괴롭힘을 경험했다고 응답했다.* 내 주변에도 성적 지향을 이유로 '집단 괴롭힘', 차별 등을 당해 학교를 그만둬야 했던 청소년이 적지 않다. 유엔아동권리위원회 역시 차별을 금지하는 법에 '성적 지향' 등에 대한 차별 금지가 명시되지 않아선 안 된다고 우려를 표했고, 교육부의 학교 성

---

* 국가인권위원회(2014), 《성적 지향·성별 정체성에 따른 차별 실태조사》.

교육 표준안에서 성소수자를 언급할 수 없게 한 것이 잘못이라고 지적했다.

사실 안타까운 것은 차별 금지 조항이 제대로 명시된 학생인권조례가 있다고 해서 차별이 사라지거나 소수자 청소년들의 삶이 극적으로 좋아지지는 않을 거라는 점이다. 차별 금지 조항은 원칙을 선언하는 의미에 가깝고, 실제 학교 현장에서 구체적인 변화를 이끌어 내기에는 너무 미흡하다. 단지 차별이 나쁜 것이고 차별을 금지한다고 선언하는 데 그치지 말고, 차별이 무엇인지 정의하고 시정하거나 구제할 절차를 만드는 차별금지법을 제정하는 등 정부에서 더 적극적 의지를 가지고 정책을 세워야 한다고 요구하는 이유이다. 그런데 아직도 차별 금지를 명시하는 것에서부터 반대에 부딪히고 논란의 대상이 되어야만 하는 현실은 안타깝다. 소수자가 이 사회에 함께 산다는 것이, 혐오와 두려움의 이유가 아니라, 차별을 금지하고 평등하게 공존할 이유가 되기를 꿈꾼다.

'스쿨 미투'가 도전하는 학교의 질서

성폭력·성차별을 낳는 학교의 권력관계

　2018년과 2019년에 가장 이슈화된 학생인권 문제 중 하나는 '스쿨 미투'였다. 미투 운동은 주로 권력형의, 위력에 의한 성폭력(성폭행·성추행·성희롱)을 고발하고 연대하는 의미를 담은 운동이다. 미투 운동의 영향으로, 한국의 중·고등학교에서는 '스쿨 미투'라는 이름으로 교사에 의한 성폭력을 사회적으로 고발하는 운동이 등장했다. 언론에 따르면 2018년 11월 초까지 69개 학교에서 스쿨 미투 운동이 일어난 것으로 집계되는 등 전국적으로 적지 않은 학교에서 고발이 있었다.* 학교 현장에서 그리 드물지 않은 일이라는 방증일 것이다. 10여 년 전 영화 평론가이자 작가인 듀나가 "(교사들이) 자기들을 성추행하거나 자기 성질에 못 이겨 멋대로 구타하거나 엄마, 아빠한테서 뇌물을 뜯어먹지만 않아도 아이들은 고마워할 것이다"**라고 신랄하게 썼던 것이 떠오르는 현실이다.

스쿨 미투라는 이름의 전국적인 운동은 최근에 일어났지만, 학교 안의 성폭력에 학생들이 저항한 사건은 오래전부터 있어 왔다. 1987년, 경기도 파주여자종합고등학교(파주여종고) 투쟁은 학생들이 나서서 교사에 의한 성폭력을 처음으로 공론화시킨 사건이었다는 의의를 가진다. 당시 파주여종고에서는 사학 비리 척결과 학교 민주화를 요구하며 학생들이 시위와 농성을 벌였다. 투쟁의 와중에 체육 교사가 다수 여학생들을 강간·성추행했다는 사실이 피해자들의 고발을 통해 알려졌다. 학생들은 학교 민주화와 비리 척결, 폭력·성폭력 교사의 퇴출을 요구하며 투쟁을 이어 갔다. 여성의 전화, 민주교육실천협의회, 서울YMCA중등교육자협의회 등의 단체들이 공동대책위를 결성하여 법적 대응을 돕고 투쟁을 지원했다.*** 그 이후에도 교사에 의한 성추행·성희롱에 대한 고발은 계속 있었다. 그만큼 고질적인 문제였던 것이다.

---

* "스쿨 미투 후에도 변한 건 없었다", 〈경향신문〉, 2018년 11월 4일.
** "'스승의 노래'는 환상, 존경심 없는 게 학생 탓이랴", 〈한겨레〉, 2006년 4월 20일.
*** 양돌규(2006), 〈민주주의 이행기 고등학생운동의 전개 과정과 성격에 관한 연구〉, 성공회대학교 일반대학원 석사 논문.

다양한 문제들에 비판을 제기하는 스쿨 미투

최근 스쿨 미투 운동으로 공론화된 사건 내용들을 살펴보니 한 가지 특징이 눈에 띈다. 교사에 의한 신체 접촉과 성추행, 성적으로 모욕감을 느끼게 하는 성희롱 등도 다수이지만, 그에 못지않게 교사가 성차별적 발언을 했다거나 여성, 성소수자 등에 대해 혐오 발언을 했다는 것도 고발 내용에서 큰 비중을 차지하고 있다. 용의·복장 단속 과정에서 불쾌감을 느꼈다는 내용들도 있다.

사회적으로 이슈가 되는 미투 사건이 보통 강간이나 지속적인 성추행인 경우가 많은 것과는 대조적이다. 교사의 그러한 발언이 수십 명의 학생들 앞에서 이루어지고 교사의 권위 때문에 반박을 제기하기 어렵다는 특성 때문에 특히 중하게 받아들여지는 것일 수도 있을 것이다. 혹은 학교 교사에게 우리 사회가 요구하고 기대하는 규범의 수준이 높아서 성차별적 발언 등이 더욱 비판받는 것일 수도 있겠다.

문제는, 이처럼 스쿨 미투가 제기하는 사건 내용과 성격이 다양하다 보니, 가해자로 지목된 교사에 대한 처벌이나 조치도 세간의 기대만큼 명쾌하기가 어렵다는 것이다. 가령 차별적 발언 등은 현행법상 처벌 대상이 아니며 중징계 사유도 되기 어렵다. 비판이나 시정, 반성의 대상이 되어야 할 편견이나 차별적 인식이 '고발'이라는 형식을 거쳐 징계나 사법 절차로 다루어지게 되면 적절한 결과를 기대할 수 없다. 가해자로 지목된 교사 입장에서는, 자기 말이 오해받거나 잘못 전달되었다고 생각하는데 이를 무작정 처벌 대상으로 삼는다며 반감만 가지는 경우도 있을 수 있다. 반면 학생들의 입장에서는 학교나 교사에 불만을 표현하여 진지하게 응답받을 수 있는 길이 없기에, 폭로와 고발밖에는 수가 없다고 느끼는 것이 현실이다. 스쿨 미투 운동이 꺼내 놓은 문제들에 대해, 다른 영역에서의 미투 운동에 비해 더 세심한 대응이 요구되는 이유다.

학생인권 보장 그리고 더 평등한 관계

스쿨 미투 운동은 학교 안에서 일어나던 교사에 의한 성폭력, 재생산·전파되던 성차별 문화와 편견을 지적하며 학교교육에 경종을 울리고 있다는 점에서 사회적 의미가 크다. 스쿨 미투의 이름으로, 주로 여학생들이 페미니즘의 문제의식에 의거해 그동안 말하지 못했던 폭력과 차별의 경험을 이야기하고 고발함으로써 변화를 촉구하는 주체로 나서고 있다. 전 사회적인 미투 운동의 영향을 받아 학교 안에서도 변화가 시작되는 모습은, 학교의 담장이 과거에 비해 한층 낮아졌음을 실감케 하기도 했다.

다만 스쿨 미투를 바라보는 우리 사회의 시선에는 아직 한계가 있어 보인다. 스쿨 미투 때문에 교권이 추락한다거나 어떻게 학생이 교사를 고발하냐는 종류의 적대적 반응은 잠시 치워 두더라도 말이다. 스쿨 미투 운동에 우호적인 사람들도 많이 보이는 반응이 '어떻게 교사가 학생에게 그럴 수 있느냐'라는 등 가해자로 지목된 교사가 교사로서의 자질이 부족하다는 비난이다. 페미니즘운동 지지층에서는 '남성' 가해자의 후진적인 인식이나 행태를 비판하는 의견이 커지기도 한다.

그러나 스쿨 미투가 고발한 현실을 이렇게만 이해한다면, 가해교사를 엄벌하고 퇴출시키는 것만이 해결 방법으로 부각될 것이다. 학교 안에서의 일상적인 성폭력 문제는 그동안 왜 이야기될 수 없었는지, 학생들은 왜 침묵해야 했는지, 스쿨 미투 운동을 하면서도 왜 학교 밖 온라인 공간에 익명으로 고발해야 했는지는 관심에서 멀어지게 된다. 교사에게 '찍히는 것'을 두려워해야 하는 학교생활, 벌점·징계나 학교생활기록부 작성 등 교사가 직접 사용하여 학생들의 입을 막을 수 있는 자의적인 권력들, 존경하고 따라야 할 대상이라며 교사를 의심하고 고발하는 것을 부정적으로 보는 이데올로기의 문제는 잘 논의되지 않는다.

더군다나 앞서 말했듯 스쿨 미투로 고발된 사건들의 성격이 다양하기 때문에 가해자에 대한 처벌을 강조하는 것의 한계는 더욱 분명하다. 교사 개인의 문제라기보다는 학교의 문화와 구조에서 조장된 문제들도 많기 때문이다. 예컨대, 중·고등학교의 성별 고정 관념에 따른 두발 및 용의·복장 규제 그리고 체벌 등은 학생들의 신체에 대한 침해, 간섭이 일상적으로 일어나게 한다. 학생들의 신체와 인격에 대한 존중이 없는 이러한 환경 속에서는 성폭력이나 모욕적 언행도 더 쉽게 일어나게 된다. 교사의 차별적 발언에 대해 학생들이 자유롭게 비판하는 의견을 말할 통로가 없을 때, 그것은 교사의 개인적 편견 문제가 아니라 학생들이 일방적으로 견뎌야 하는 폭력이 된다.

미투 운동은 미국에서 시작된 것으로 알려져 있다. 그런데 미국 학교에서의 미투 운동은 대개가 교사에 의한 것이 아니라, 학생들 사이의 강간 문화, 남학생의 성차별·성폭력에 대한 고발인 것으로 보인다.* 한국의 스쿨 미투가 대부분 교사에 의한 성폭력·성차별을 고발하는 것이 된 것은, 한국 학생들의 열악하고도 낮은 사회적 위치와 학교 안의 권력관계, 교사와 학생 간의 위계를 반영한 현상은 아닐까.

여성 노동자의 일터에서의 성추행·성희롱 등의 문제가 개선되기 위해선 노동조합이 결성되고 노동자의 권리가 향상되는 과정이 필수적이었다. 학교에서도 마찬가지다. 파주여종고에서 학교 민주화를 요구하는 투쟁을 통해 성폭력 문제도 밝혀진 것이 단지 우연은 아니었다고 생각한다. 스쿨 미투 운동을 해 온 '청소년 페미니즘 모임'(현 청소년 페미니스트 네트워크 위티)이 발표한 요구 중에는 '〈사립학교법〉 개정'과 '학생인권법 제정'이 포함되어 있다. 학생들이 존중받는 문화, 더 평등한 관계, 자유롭게 말하고 비판할 수 있는 학교를 만드는 것이 스쿨 미투 운동이 가리키는 방향일 것이다.

* "스쿨미투 해결책? 소녀들의 목소리를 들어라", 〈경향신문〉, 2019년 10월 28일.

학생,
교육에서의 상품

입시 경쟁 교육 속에서 주어지는 위치를 거부하자

동네 학원 앞을 지나다 보니 큼직한 현수막이 걸려 있다. "이○○ 서울대 ××대", "김○○ 연세대 ××과"로 시작하는 이름과 학교들. 그 뒤에는 깨알같이 "(본교)" 또는 "(서울캠퍼스)" 같은 글자가 쓰여 있었다. 비서울 캠퍼스가 아니라는 것을 강조하고 싶은 것이리라. 입시 학원들에서는 쉽게 볼 수 있는 현수막이고, 가끔은 중·고등학교에도 비슷한 것이 걸려 있는 걸 보게 된다. 예전부터 학벌없는사회를위한광주시민모임 등의 시민단체들이 대학 서열화와 학벌주의를 조장하고 학생의 개인 정보를 노출시킨다고 계속 문제를 제기해 왔고, 국가인권위원회도 이러한 광고가 차별을 조장한다고 지적했음에도, 여전히 사라지지 않고 있는 풍경이다. 그래도 학교 같은 데서 저런 광고를 내거는 일은 예전보다는 많이 줄어들었다는 데서 위안을 느껴야 할까.

수능 시험과 입시가 본격적으로 치러지는 시즌이면, 나는 우리 교육 속에서 학생의 위치는 바로 '상품'이 아닐까 하는 생각을 하곤 한다. 고3 때 입시용 자기소개서를 쓰며 내가 어떤 사람인지 나 자신도 헷갈리던 시절, 교사들은 "자기소개서는 일종의 광고"라고 말하곤 했다. 그렇다면 그 광고는 무엇을 팔려는 것일까? 그건 결국 내가 상품이라는 뜻을 담고 있었다. 학교나 학원에서 걸어 놓은 입시 결과 홍보 현수막을 보면 더욱 그런 인상이 강해진다. 학생의 이름과 합격한 대학을 전시하는 것은, 마치 우리가 이렇게 좋은 상품을 만들어 내는 기업이라고 선전하는 것과 비슷하지 않은가?

학생은 자신을 뽑아 달라고 자신의 상품 가치를 잘 설명하고 시험 성적이라는 증명서를 첨부해서 대학에 제출해야 한다. 학교나 학원이라는 기업은 학생의 입시·취업 결과 또는 그 진로 자체가 자신들이 만들어 내는 상품인 것처럼 취급한다. 학교의 '고객'은 양쪽에 있다. 한쪽에서는 정부와 기업, 사회가 학교에 특정한 인적 자원을 요구하고 예산을 지원한다. 다른 한쪽에는 그러한 질서 속에 편입되고 생존하기 위해 스스로 상품이 되어야만 하는 학생들(또는 자신의 자식을 그렇게 만들려 하는 친권자들)이 있다.

권리 보장이 아닌 상품화의 과정

흔히 교육 시장화의 논리 중 하나로 학생들(또는 학부모들)의 선택권을 확대해야 한다는 이야기를 한다. 하지만 곰곰이 생각해 보면, 교육 제도 속에서 학생은 선택하기보다는 선택받는 존재, 또는 선택(선발)받기 위해서 애써야 하는 존재이다. 학교의 종류를 늘리고 고를 기회를 늘린다고 하더라도 그러한 갑을 관계가 뒤집힐 것 같지는 않다. 실제로는 학교가 학생들에게 '교육 서비스'라는 상품을 제공하는 것이 아니라, 학생들이 학교에 선택받기 위한 상품으로서 자신의 성적과 각종 실적을 연마해야 한다. 상급 학교, 그중에서도 더 사회적으로 인정받는 학교에 진학하는 것이 학생들의 목표이며, 그러기 위해서 학생들은 더 노력하고 경쟁해야 한다. 이러한 구조가 바뀌지 않는 한, 형식적인 선택 기회의 확대는 결코 실질적인 선택권을 보장할 수 없다.

물론 인간의 노동력, 나아가 인간 자체가 상품화되는 것은 자본주의 사회의 일반적인 풍경이다. 교육 제도에서의 문제 역시 종래에는 구직 등에서의 불평등과 차별의 문제와 연결되어 있기 때문에 궤를 같이한다. 그러나 학교로 대표되는 공교육 제도는 모두에게 평등하게 보편적 교육권을 보장하고 실현하는 것을 목표로 하고 있다. 그런 교육이 스스로의 목표를 배반하고 학생을 상품화하고 있는 현실은 한층 더 심각한 문제로 보아야 한다. 교육의 과정과 목적 양면에서 학생이 교육의 대상, 상품화, 인적 자원 개발의 대상이 되고 있는 것이 어쩌면 우리 교육 문제의 핵심인지도 모른다.

  교육이 평등을 구현하는 과정이 아닌, 경쟁을 통해 차별을 정당화하고 사람을 줄 세우는 과정이 되었기에, 학생들은 선택한다기보다는 선택받기 위해 애써야만 한다. 평등이 보장돼야 다양성도 있기에, 차별과 서열화의 교육은 곧 획일화의 교육과도 동의어다. 교육은 사람들의 더 나은 삶을 위한 과정이고 보편적인 권리라기보다는, 사람들을 쥐어짜서 더 높은 평가를 받는 '상품'을 만들어 내는 과정에 가깝다. 학생들은 살아남기 위해 스스로를 더 나은 상품으로 만드는 길을 찾을 수밖에 없다. 중등교육에서만의 이야기가 아니다. 취업률에 목매고 있는 대학에서도 그리 다를 게 없다.

'상품 되기'를 거부하기

  나는 2011년, 청소년들에게 '선동당해서', 교육이 경쟁과 차별을 만들고 있는 현실을 바꾸자고 외치는 '대학거부선언'에 동참했다. 나의 학력은 현재 고졸이다. 나는 대학거부가 상품이 되기를 거부하는 일종의 인간 선언이라고 생각한다. 아직 명칭도 낯설긴 하지만 '대학거부자'들은 우리 사회에서 점점 늘어나고 있다. 거부 선언을 하며 스스로 이름 붙인 "투명가방끈"은 가방끈을 따지는 사회를 반대하는 단체의 이름인 동시에 우리의 '학력'이고 '정체성'이기도 하다.

이렇게 상품이 되기를 거부한다고 선언하더라도 우리는 여전히 여러 문제들을 끌어안고 살아야 한다. 대학을 가지 않았다는 이유로 차별도 경험하고, 거부도 학벌·학력순으로 대해 주는 세간의 반응에도 마주한다. 파트타임 일자리 하나를 구할 때도 대졸자를 더 우대하는 모습에 질리기도 한다. 그럼에도 계속 '거부'를 말하는 것은 그것이 변화를 위한 요구이고 자유와 평등을 위한 불복종이기 때문이다.

내가 고등학교에 다닐 때는 대학거부 같은 것은 상상도 하지 못했다. 입시 경쟁 교육이나 학력·학벌주의에 대한 문제의식은 있었고 '수능 반대 페스티벌' 같은 데 직간접적으로 참여하기도 했지만, 대학을 가지 않거나 거부한다는 것은 선택지 안에 없었다. 주변의 모든 사람들, 모든 것들이 대학을 가는 것은 너무나 당연한 일이라는 분위기였기 때문이다. 다른 길도 있음을 아는 것만으로 세상이 바뀌지는 않겠지만 그거라도 알았더라면 좀 숨통이 트였을 것이라는 생각을 하곤 한다. 그리고 입시의 과정에서 내가 겪은 '상품화'의 고통도 좀 덜했으리라고 생각한다.

앞으로도 대학거부를 선언할 사람들이 계속 있을 것이다. 대학을 가지 못하거나 가지 않을 사람들도 있을 것이다. 대학을 가기 위해 노력하고 힘들어하는 사람들도 있을 것이다. 같은 짐을 지고 살아야 하는 동료로서 그들 모두에게 안부를 묻고 싶다. 그리고 어떤 방식으로든, 같이 상품이 되기를 거부하고 변화를 꿈꿔 보자는 제안을 던져 본다.

안전을 권리로
생각하기

누구에 의한, 어떤 안전인가

2014년 세월호 참사 이후로 사회 전체에서 안전이 화두가 되었고, 학교는 특히 더 그러했다. 과거에도 소위 '학교폭력'이 이슈가 되었을 때, 아동에 대한 성폭력이 문제가 되었을 때 등 한 번씩 학교에서는 '안전' 문제가 수면 위로 떠오르곤 했다. 그리고 세월호 참사라는 커다란 비극 앞에서 사람들은 다시 안전을 이야기하고 있다. 하지만 마주한 사고가 너무나도 압도적이기 때문일까. 안전 교과 신설, 수영 교육 강화, 수학여행 금지 등 당시 쏟아져 나왔던 여러 가지 대책들은 어딘지 공허해 보였다.

안전, 중요하지만 망설이게 되는

안전할 권리는 분명 인권 중에서도 아주 중요한 권리이다. 안전할 권리가 지켜지지 않는다면 생명권도 건강권도 위협받게 될 것이기 때문이다. 넓게 보면 안전할 권리란 신체의 자유 등 폭력으로부터 자유로울 권리부터 위험에 대한 예방 조치를 받을 권리, 그리고 안전하고 건강한 환경에서 생활할 권리까지 포괄하는 것이다. 자유권의 영역과 사회권의 영역 모두에 걸쳐 있는 셈이다.

그럼에도 안전을 강조하고 내세우면서 이루어지는 일들은 인권과는 거리가 멀 때가 있다. 예를 들면 학생들에게 소지품 검사를 하면서, "혹시 누군가가 위험한 물건을 가져왔을 수도 있다"며 안전을 위해 불가피하다고 이야기하는 식이다. 안전을 위해서 혹시라도 폭력을 행사하거나 위험할 수 있는 존재들을 학교에서 배제해야 한다는 주장이 나오기도 한다. 안전을 강박적으로 요구하여 학교 밖으로 나가거나 체험을 하는 교육 활동이 위축되는 경우도 있다.

안전, 곧 보호라는 말로도 바꿔서 쓸 수 있는 이 말이, 폭력이나 억압을 정당화하는 핑계가 되기도 함을 한국 사회는 이미 여러 차례 경험해 봤다. 많은 감시와 통제, 국가폭력 등이 안전, 안보, 치안 등의 이름을 앞세워 이루어진다. 이때의 안전은 사람들의 권리라기보다는 국가의 명분이다. 국가는 무엇이 안전의 문제인지 결정하고 사람들을 통제할 권력을 갖게 된다. 정치적 반대 목소리를 억누르기 위해 전쟁의 위협이나 국가적 위기 상황을 강조한다든지, 테러 예방을 위해 국가가 국민의 사생활을 감시할 권한을 보장한다든 지 하는 일이 그 예이다. 게다가 안전은 생명의 문제와 연결되기에 더욱 힘이 센 언어다. 일단 다치거나 죽지 않고 봐야지 다른 인권도 보장될 수 있지 않느냐는 이야기 앞에, 많은 권리들이 입을 다물어야만 했다. 그렇기 때문에 안전할 권리는 분명 매우 중요한 권리이지만 그것만 강조되는 상황은 경계할 필요가 있다.

반쪽짜리 '안전'

실제로 문제를 겪는 사람의 입장에서 안전의 문제가 이야기되지 못하고 권력에 의해 일방적으로 결정된다면 어떤 문제가 생길까? 첫 번째로 안전의 이름으로 다루는 문제가 선별적이고 편파적으로 정해질 위험성이 있다. 예컨대 가정에서의 폭력 때문에 집을 뛰쳐나온 청소년을 상상해 보자. 아동학대 문제에 대한 경각심이 높아진 이후로는 좀 바뀌었을지 모르겠으나, 대개 경찰은 이 청소년을 가정으로 돌려보내는 것이 안전을 위해 우선적으로 취해져야 할 조치라고 판단하곤 했다. 그러나 그 청소년의 입장에서 가정은 안전한 공간이 아니다. 이는 학교에서도 다르지 않다. 지금도 간간이 학교에서는 교사의 체벌로 인해 학생이 사망하거나 상해를 입는 사건이 일어나곤 한다. 그러나 이런 문제들은 안전의 이름으로 잘 다루어지지 않는다.

'안전' 논의 속에는 이처럼 일상적인 문제들이 빠져 있는 경우가 많다. 폭력만이 아니라 건강이나 사고에서도 마찬가지다. 한국에서는 매해 2,000명 가까운 노동자들이 일하다가 사고나 질병으로 죽지만, 정부는 오랫동안 이런 심각한 안전 문제에 무관심했다.* 학생이 아픔을 호소해도 병원에 가도록 하기보다는 꾀병을 의심하고 학습을 강요하는 학교는 과연 안전한 것인가? 2016년, 지진이 일어났는데도 야간 자율 학습을 하라고 강요한 경북 지역 학교의 사례는 그리 특수한 것이 아니었다. 애초에 밤늦게까지 공부를 시키는 학교나 학원도, 과로 등으로 학생의 건강을 해치고 있는 위험한 곳 아닌가? 이는 안전의 문제를 당사자의 입장에서 판단하고 정할 수 있는 권리를 빼앗고, 힘을 가진 다른 누군가가 대신 판단하고 결정하려 하기 때문에 초래되는 한계이다.

두 번째로, 안전 자체만을 목적으로 삼게 되면, 안전을 위해 삶이 파괴당하는 역설을 겪게 된다. 영화 〈데몰리션 맨〉(1993)은 안전을 위해서 삶의 모든 것이 감시당하고 정부에 의해 통제당하는 미래 사회를 묘사한다. 그 사회는 욕설 한마디만 해도 바로 벌금 통지서가 날아들지만, 뒤집어 보면 그 사회는 욕설 한마디를 할 자유조차 없는 곳이다. 극단적인 묘사이긴 하지만, 안전만을 강조한 결말은 이와 그리 멀지 않을 수도 있다. 2013년 충남 태안 해병대 캠프에서 고등학생 5명이 사망한 사건이 벌어진 뒤, 정부에서는 청소년

---

* 박래군, "내일은 누가 죽어 갈까", 〈경향신문〉, 2019년 10월 22일.

들이 참여하는 숙박 활동 전반을 모두 정부에 사전 신고하게 하는 방안을 검토했던 적이 있다. 안전이란 이름은 매우 극단적인 통제까지도 정당화해 줄 수 있는 것이다.

안전을 보장하는 방법이 온갖 것들을 금지하고 국가가 허가한 것만이 존재하는 단조로운 온실 안의 삶을 사는 것이라면, 그 안전이 보호하고자 하는 것은 무엇인가? 행복하고 좋은 삶이 아니라 그저 살아 있기만 한 것이 과연 안전인가? 목적과 수단이 뒤바뀐 것은 아닌가? 안전은 안심하고 더 자유로운 삶을 누리고 행복을 추구하기 위한 권리이지, 그 자체가 최종적 목적이 될 수는 없다. 사회학자 엄기호는, '생물학적 생명을 가진 존재로서의 존엄'을 지키는 안전이 아닌 '사회적 생명을 가진 존재로서의 존엄'을 지키는 안전이 필요하다고 말한다.

존엄에 입각한 안전이란 공동세계에 참여하는 그의 활동과 의견의 안전을 보장한다는 의미에 다름 아니다. 활동과 의견이 안전한 사회, 그 사회가 바로 인간의 존엄성이 보장받는 사회다. 그렇지 않고 그저 생물학적 생명이나 '보호'하는 사회에는 존엄성은 없다. 그런 사회에서 우리는 그저 목숨이나 구걸하고 사는 비루한 존재일 뿐이다.*

---

* 엄기호(2016), 〈존엄과 안전〉, 인권연구소 창.

안전할 권리를 되찾자

　세월호 참사는 인권의 문제였고, 국가와 사회의 책임이 컸다. 국가는 배의 과적을 단속하지도 못했고, 안전하게 설계된 배만 운항하도록, 그리고 배의 책임자들이 제대로 안전교육을 받고 위급할 때 대처하도록 책임지지도 못했다. 사고가 난 직후에도 인명을 구조하는 데 무력했다. 세월호 승객들의 안전할 권리는 전체적으로 보장받지 못했다. 그러나 그 당시 국가는 책임을 인정하기보다는, 안전 교과를 신설하여 안전 불감증을 해소하겠다고 하거나, 해운사나 해경을 희생양으로 삼으려고 했다. 물론 실제 잘못한 이들은 처벌받고 책임을 져야 할 것이다. 하지만 세월호의 선장이 모든 문제의 원흉이었다고 악마화하거나, 안전을 개인의 생존 능력 몫으로 돌리는 방식은 올바른 해결책도, 재발 방지책도 될 수 없다.

　안전을 사람들의 권리로 만든다는 것은 각자도생하겠다는 의미가 아니다. 오히려 안전할 권리를 보장하도록 국가에 적극적으로 의무와 책임을 지운다는 의미이다. 학교로 이야기하자면, 안전을 위해서 달리지 말라고 윽박지르고 감시하는 학교가 아니라, 달리다가 넘어져도 크게 다치지 않고 툭툭 털고 일어나서 더 잘 달릴 수 있는 운동장을 만들고 안전 장비를 챙겨 주는 학교가 더 낫지 않은가? 좀 다쳐도 누구나 적절한 치료를 받을 수 있는 학교를 만드는 것이 더 필요하지 않은가? 사고를 예방하고 줄이며 혹시 모를 피해를 함께 분담하기 위한 시설과 제도를 만드는 학교가 훨씬 안전한 학교가 아닌가? 아픔이나 이상을 호소하는 학생이 두려움 없이 이야기할 수 있고 눈치 보지 않고 쉬고 병원에도 갈 수 있을 때, 학교에서의 전염병 전파 등의 위험도 줄어들 것이다. 수학여행을 금지할 것이 아니라, 어떤 교통수단을 이용하든 안전을 담보할 수 있도록 시스템과 환경을 만들고 학생들이 여행을 즐길 수 있게 하는 정부와 사회를 만들어야 한다. 그런 것이야말로 '안전할 권리'의 적절한 보장 방식일 것이다.

권리로서의 안전은 다른 인권과 모순되지 않는다. 자유롭게 판단할 수 있는 능력과 기회를 가질 수 있을 때 더 안전해지며, 차별이나 폭력에 의해 침묵을 강요당하지 않고 평등하게 이야기할 수 있을 때 더 안전해진다. 불합리하고 위험한 상황과 명령을 거부하고 회피할 수 있어야 한다. 무엇이 안전이고 무엇이 위험인지, 참여해서 결정할 수 있어야 한다.

"안전은 통제와 억압으로 보장될 수 없으며, 돈으로 살 수 있는 것도 아니다. 자유, 평등, 연대 속에서 구현되는 인간의 존엄성이야말로 안전의 기초이다. 우리의 존재가 오직 이윤 취득과 특권 유지의 수단으로만 취급되고 부당한 힘이 우리의 권리와 삶의 안전을 위협할 때 우리는 이에 맞서 싸울 것이다." 2016년 4월 16일, 세월호 참사 2주기에 발표된 〈존엄과 안전에 관한 4.16 인권 선언〉의 전문 중 일부이다.

교육 수요자
또는 소비자라는 환상

소비자의 권리보다는 주권과 참여권이 필요하다

"우리가 교육의 소비자인데 학교/교사가 우리를 이렇게 대해도 되는 거야?" 학생인권 문제를 이야기할 때 학생들 사이에서 간혹 나오는 말이다. 교육을 '서비스'로 보고, 학교도 '교육 시장'에서 경쟁력을 가져야 한다고 이야기하고, 수요자(소비자)의 요구에 맞추라고 하는 시장주의적인 교육 정책 속에서 학생들이 겪는 현실은 모순적으로 보인다. 어느 서비스에서 소비자, 고객을 그렇게 막 대한단 말인가.

하지만 사실 학생은 교육 안에서 소비자가 아니다. 어느 대학 총장이 "학생은 피교육자일 뿐"이라고 말했듯* 학생들은 소비자라기보다는 교육의 '대상'이다. 그 친권자·부모들이 소비자일지는 모르겠지만. 학생은 노동자처럼 밤늦게까지 학교나 학원에 붙잡혀 공부를 해서 '스펙'을 높여야 하지만 그 과정에서 임금이나 권리를 보장받지는 못한다. 나중에는 교육의 결과물로 Before(이전) After(이후)를 보여 줘야만 하고, 자신들의 성적을 입증하고 전시해야만 한다. 학생들은 노동자이자 교육의 대상이자 상품이다.

수요자의 선택권?

그럼에도 '교육 수요자'인 학생·학부모의 선택권을 보장해야 한다는 이야기는 각종 교육 정책의 명분이 되어 왔다. 노무현 정부 때 시작된 자립형 사립고 정책이나 이명박 정부가 추진한 고교 다양화 정책 역시 '교육 수요자'인 학생·학부모의 선택권을 보장한다는 정책 의도를 표방했다. '교과 교실제'도 그 취지로 학생의 선택권 확대를 포함하고 있으며, 문재인 정부가 공약했던 '고교 학점제' 역시 학생의 선택권 확대를 그 핵심으로 두고 있다. 방식이나 정도의 차이는 있으나 '선택권 확대'라는 논리 자체는 정권을 막론하고 수용되고 있는 것으로 보인다.

이러한 주장이 폭넓게 받아들여지는 이유는 한국 학교교육의 대표적 문제점으로 교육과정이 획일적이고 학생들의 다양성을 억압

* "염재호 총장 '학생은 피교육자' 발언에 뿔난 고려대생들", 〈뉴스1〉, 2015년 6월 9일.

한다는 것이 꼽히기 때문이다.

> 왜 우리는 다 다른데
> 같은 것을 배우며
> 같은 길을 가게 하나
> 왜 음악을 잘하는데
> 다른 것을 배우며
> 다른 길을 가게 하나요
> — 이승기, 〈음악시간〉 일부

 2004년 발표된 이 노래가 반영하고 있듯이, 많은 사람들이 '주입식 교육'과 같은 말을 통해 학생들의 재능이나 관심사와는 관계없는 획일적인 교육 방식에 대한 불만을 표한다. 이는 크게는 교육 방식의 측면에서 초·중등교육이 입시에 종속됨으로 인해 주요 과목들의 입시 준비 위주로만 교육이 진행된다는 점을 말한다. 그리고 작게는 교육과정이 경직적인 편이라 학생들이 관심과 적성에 따라 교과목을 선택할 수 있는 여지가 적다는 점을 말한다.

 교육과정이 학생들의 다양성에 부응해야 한다는 것은 매우 당연하고 옳은 말처럼 들린다. 하지만 한편에서는 '교육 수요자의 선택권 확대'라는 논리는 교육을 서비스로 보고 공급자-수요자(소비자)의 관점을 가지고 접근한다는 점에서 시장주의적이라는 비판을 받아 왔다. 더 구체적으로는 서열화와 경쟁의 논리와 결합하여 실질적으로 다양성을 더 죽이는 결과를 낳거나 차별을 확대한다는 우려가 제기되어 왔다.

선택권이 환상이 되는 이유

학생의 선택권 확대를 강조해 온 정책들이 무색하게도, 현재 학교에서 학생들은 선택권이 크다고 체감하지 못하는 경우가 많다. 그 이유로는 거시적으로는 학생들이 배워야 할 내용을 고밀도로 규정하고 있는 교육과정의 문제 등이 있고, 미시적으로는 학생들의 의견을 존중하지 않고 묵살하기 일쑤인 학교 현장의 문화가 있다. 학교나 교사의 편의에 따라서 학생들에게 압박을 가해서 선택 과목을 강요하기도 하고, 보충 수업이나 야간 자율 학습 등도 강제로 실시하는 상황에서 학생들의 선택권을 존중한다고 말하는 것이 체감되지 않기도 한다.

원래부터도 '소비자의 선택권'이란 제한적으로만 행사 가능하다. 주어진 조건과 이미 만들어져 진열된 상품들 중에서 고를 수 있는 기회에 불과하기 때문이다. 학생들은 아주 적은 선택지 중 그나마 덜 나빠 보이는 것을 골라야 할 때도 있고, 자신의 흥미나 관심 등보다 입시에 유리한지 여부에 따라 결정해야 할 때도 있다. 삶의 방향, 진로 등을 탐구하고 결정할 자유가 충분히 보장되지 않을 때, 사회·경제적 평등이 뒷받침되지 않을 때, 결국 교육의 결과가 입시나 취업으로 측정되고 평가받으며 그에 따라 차별이 정당화될 때, 선택은 많은 제약 속에 이루어지며 온전히 개인의 자유라고 할 수 없다.

또한 소비자들이 자신들이 필요로 하고 가장 적합한 것을 언제나 이미 알고 있다고 가정하는 것은 비현실적이다. 학생 개인에게 맞춘 교육을 제공해야 한다는 생각은, 학생들은 이미 고정된 개인으로 존재하고 그들에게 딱 맞는 서비스를 제공한다는 그림을 그리고 있다. 그러나 대개 소비자의 구매 행위나 수요 자체도 광고나 사회적 조건에 의해 만들어지는 것이듯, 학생들의 개성이나 진로, 관심사나 적성 또한 어느 정도는 만들어져 가는 것이다. 학생들 스스로도 자신에게 더 나은 결정이나 선택이 무엇인지 탐구하고 고민할 기회가 필요하다. 넓은 의미에서 교육이란 그런 것을 함께 만들어 가는 과정이기도 하다. 학생들이 시행착오를 겪고 다양한 경험과 세상을 만나고 대화하고 숙고할 기회가 보장되어야 의미 있는 선택의 기회도 넓어진다. 형식적으로 선택권만을 확대하겠다는 정책은 입시를 복잡하게 만드는 결과만 낳을 수 있고, 선택의 결과를 선택한 개인의 책임으로 돌리기 위한 절차가 될 수 있다.

과중한 교육과정과 학습량, 학습 시간은 학생들이 '교육에 대한 선택권이 없다'고 느끼는 원인 중 하나이다. 선택에는 여백과 여유가 필요하다. 너무 많은 내용을 전달하고 모두가 시험에서 높은 기준을 만족시킬 것을 요구하는 현실이, 학교교육이 획일적으로 학생들을 쥐어짠다고 느끼게 만든다. 학습량을 축소하고 학생들이 교육을 선택하지 않을 수 있는 자유와 미루거나 조절할 수 있는 자유를 보장하지 않으면, 선택권 확대 정책도 또 다른 부담이 될 수 있다. 자기만의 교육과정과 진로를 만들지 않아도 되는 자유, 굳이 특별해지지 않을 자유가 없다면 이는 결국 더 나은 선택을 해야 한다는 압박을 낳고 말 것이다.

학교의 입장에서도, 학교가 학생들의 하루 일과 중 대부분을 차지하고 있는 상황이 학교교육에 대한 과도한 기대와 요구로 이어진다. 학교에서 학생 개개인의 욕구를 모두 충족시킨다거나 선택지를 크게 늘리는 데는 한계가 있을 수밖에 없다. 오히려 학교가 학생들의 삶을 지배하는 비중을 줄이고 여가를 확대하는 것이 바람직하다. 학교의 교육과정과 부담이 줄어들 때, 학교에서 정말 본질적으로 해야만 하는 교육은 무엇인지도 논하게 될 것이다.

존중받고 싶은 욕구

이승기의 〈음악시간〉의 첫 시작 부분 가사는 이렇다. "학교에서는 내가 원하는 음악을 무시해 / 걸핏하면은 자습하라며 음악을 무시해." 여기에서 문제는 단지 학교의 획일성이 아니다. 더 큰 문제는 학교에서 특정한 진로나 관심이 무시당한 경험이며 그 배경에는 사회적 우열과 차별이 있다. 학생들이 다양성과 선택권을 보장하자는 논리에 동조하는 배경에는 무시당하고 싶지 않은 욕구, 존중받고 싶은 욕구가 있다. 학교에서 겪은 일방적인 강요와 평가와 차별, 무의미하게 느껴지거나 무리하게 느껴지는 학습 내용 등은 학생들이 자신들의 의사, 개개인의 개성이 존중받지 못한다고 느끼게 만든다.

그러나 이에 대한 해법이 꼭 소비자로서의 선택권 확대여야 하는 것은 아니다. '손님은 왕' 같은 말 때문에 소비자의 권리가 매우 큰 것처럼 생각되지만, 사실 손님은 왕이 아니다. 소비자에게는 돈을 내면 대접받을 수 있는 권리는 있을지 몰라도, 왕과 같은 주권이 없다. 본래 왕은 단지 좋은 대접을 받고 호화로운 의전을 받는 자리가 아니라 국가의 주권자이며 결정권자이다. 왕은 '고객'이 아니라 '주인'이다. 그런 의미에서는 '소비자'와 '왕'은 정반대의 위치에 있다. 많은 경우 인권 보장을 위해서는 소비자의 권리 이상으로 주인의 권리가 필요하고, 평등한 참여와 공동의 연대(책임)가 필요하다.

만일 학생이 소비자라면, 학생은 학교가 어떻게 운영되는지 교육과정은 어떠해야 하는지 알고 참여할 권리도 없을 것이고, 이미 제공된 서비스에 대해 소비자로서의 의견을 제시하는 정도밖에는 할 수 있는 일이 없을 것이다. 바로 지금 정부가 '만족도 조사'를 실시하듯이 말이다. 민주적인 학교를 요구하고 학생들이 학교 운영에 참여해야 한다고 주장하는 것은, 이미 '소비자'의 위치를 뛰어넘은 것이다. 상품이나 노예, 없는 존재 취급을 받는 사람들에게 소비자의 자리는 신분 상승처럼 느껴지기 쉽다. 모든 것이 시장화되는 자본주의 사회에서, 소비자의 위치는 익숙하고 편안한 것이기도 하다. 그러나 학생의 인권은 '소비자'의 권리 이상의 것이다.

존중받고자 하는 욕구는 본능적이고도 기본권적인 영역이다. 획일적이고 일방적으로 전개되는 다수의 학교교육 속에서 그러한 욕구들은 짓밟히고 있으며 불만은 계속 생길 것이다. 그리고 이러한 불만은 학생 개개인의 선택권을 확대한다는 논리로 시장주의적 정책이 교육 분야에 들어올 취약 지점이 된다. 시장주의적 정책과 관섬을 비판한다고 해도, 학생들의 존중받고 싶은 욕구를 부정할 수는 없다.

그러므로 지금 우리에게는 '교육 수요자의 선택권'이나 '교원에 대한 만족도 평가'로 존중받고 싶은 욕구를 만족시킬 수 있다는 환상에서 벗어날 대안이 필요하다. 교육의 공공성을 강화하면서도 학생들의 다양성과 의사를 존중하는 교육과정과 민주적인 학교 운영 방식을 모색해야 한다. 이는 소비자의 권리보다는 주권, 참여권에 가까운 방식이 될 것이다. 그것은 작게는 학생들의 말이나 요구가 무시되지 않고 경청되고 인정받는 학교 문화 속에서, 크게는 학생들이 학교 운영이나 교육과정 설계와 운영, 수업 방식 등에 대해서 의견을 내고 교사들과 함께 논의할 수 있는 제도 속에서 실현 가능할 것이라고 기대한다.

용이 안 돼도
괜찮은 사회

차별을 정당화하는 능력주의

한국 사회 또는 교육의 문제점을 묘사하며 자주 등장하는 말이 "개천에서 용이 못 난다"라는 것이다. 2019년 문재인 대통령은 신년사에서 "개천에서 용이 나는 사회를 만들자"라고 언급하기도 했고, 언론 기사에서도 흔하게 등장하는 표현이기도 하다. 이런 말에 담긴 문제의식은 요컨대, 곧 사회·경제적 하층인 배경에서도 개인의 노력과 능력을 통해 계급 상승을 이룰 수 있어야만 하는데, 이제는 이러한 계급 상승을 이루기가 어렵게 됐다는 것이다. 소위 '기회의 평등'이 보장되지 않는다는 뜻이며, 열심히 하면 성공할 수 있을 거란 희망이 희박해지고 있다는 뜻이다. 학교교육과 입시 과정에서

잘사는 가정이 더 유리하다는 조사 결과가 속속 나오고 있고, 소득은 양극화되며 부동산 등 자본을 가진 사람들이 더 쉽게 이득을 취하는 현실을 볼 때 딱히 틀린 말은 아니다.

그런데 그럼 과연 '개천에서 용 나던 시대'는 어땠을까. 물론 좀 더 많은 사람들이 성공할 기회를 가질 수 있었을 것이고, 좀 더 여러 계층의 사람들이 이른바 '명문대'에 들어가고 고소득을 보장받을 수도 있었을 것이다. 하지만 그때도 분명 '용이 못 된' 이들이 훨씬 더 많았으리라. 지금도 마찬가지지만, 용이 될 수 있을지 없을지를 가리기 위해서 수많은 청소년들이 경쟁에 내몰렸을 터이다. 용이 된 사례들이 조명받을수록 경쟁은 치열해지고 밀려난 사람들은 보이지 않게 된다. 말하자면 '개천에서 용 나던 시대'란, 모두에게 원치 않아도 경쟁에 뛰어들라고 등 떠밀고 '등용문'을 노리는 법만 가르친 시대였던 것은 아니었을까. 노력하면 개천을 벗어날 수 있다는 믿음 때문에, 정작 개천의 부조리나 열악한 상황은 고쳐지지 않았고, 용이 되지 못한 사람들의 고통은 지워졌던 것은 아니었을까.

과연 개천에서 용이 나는 것이 전부인가

개천에서 용이 나게 해야 한다고 생각하는 배경에는 '능력주의' 이데올로기가 있다. 능력주의는 개인의 능력과 노력에 따라서 차별받는 것은 정당하고 필요하다는 믿음이다. 배경이나 환경이 열악하더라도 개인이 재능 있고 노력한다면 용이 되어 승천할 수 있어야 하며 그런 기회가 확대되는 것이 곧 평등이자 공정이라고 말한다.

하지만 이러한 능력주의의 이념은 비현실적이고 불합리한 면이 많다. 일단 능력은 온전히 개인에게 속하는 고유한 성질이 아니다. 어떤 능력을 유용하다고 평가하고 우대하는지 그 기준은 사회적 가치관과 제도, 상황에 달려 있다. 기준이 사회적 편견이나 차별에 좌우되기도 한다. 애초에 능력을 발휘하거나 노력을 할 수 있는 여건은 모두에게 동등한 것이 아니다. 게다가 '개천에서 용이 날 수 있는지'에만 초점을 맞추면 누군가는 처음부터 바다나 큰 강에서 태어나 더 쉽게 용이 된다는 사실에는 신경 쓰지 않게 된다. 이는 결과적으로 더 열악한 여건에 있는 사람들에게 더 열심히 노력해서 자기 능력을 입증하라고 더 가혹한 요구를 하는 것이 될 위험이 있다.

노력하면 성공할 수 있을 거라는 희망은, 경쟁 체제와 그 결과 주어지는 차별에 순응하게 한다. 학교교육과 입시가 '개천에서 몇몇 용이 나는 과정'이 되어야 한다는 전제 아래에서는 교육의 목적도 '경쟁에서 이겨 성공하는 것'이 되어 버린다. 교육 제도가 모든 사람을 위해 교육의 기본 이념에 맞게 제대로 된 교육을 실현하고 있는지는 묻지 않게 되고, 경쟁의 공정성과 결과에 관심이 집중된다. 개천에서 용 나는 교육을 바라는 것이 교육은 실종되고 경쟁만 남게 만드는 것이다.

또한 능력주의는 차별을 정당화하는 논리이다. '용'의 신화, 몇몇 성공의 사례들은 성공하지 못한 사람들이 겪을 불이익과 차별을 그들 자신의 탓으로 돌리며 잠자코 받아들이게 하는 이유가 된다. 개천과 바다를 나누고 용이 된 자만 박수와 보상을 받는 차별과 승자독식의 시스템은 문제가 되지 않으며, 오직 개개인이 충분한 능력과 노력으로 용이 되었는지만 문제가 된다. 경쟁 교육, 학력·학벌주의 등을 비판하는 사람들에게조차 먼저 성적과 학력을 물으며 말할 자격이 되는지 따지는 것도 그 한 단면이다. 용이 못 된 이의 비판은, 충분한 능력을 갖추지 못한 주제에 세상을 탓하는 것이라고 무시당한다. 사회에 의해 차별받고 피해를 입는 이들이야말로 사회에 대해 비판의 목소리를 낼 수 있어야 옳은데도 말이다.

용을 바라는 것이 개천을 망친다

따라서 '개천에서 용 나는 사회'를 만들자는 것, '과거에는 개인의 능력과 노력으로 성공할 수 있었는데 지금은 어렵다', '출세할 수 있는 기회의 평등을 보장해야 한다'는 문제의식만으로는 부족하다. 이는 사회의 차별과 불행을 재생산하는 것이기 때문이다.

'개천에서 용 나는' 모델을 버리지 않는 한 지금의 과도한 학력·학벌 임금 격차와 정규직·비정규직 차별은 결코 사라지지 않을 것이다. 이 모델은 본질적으로 "억울하면 출세하라"는 것과 다를 바 없으며, 출세하지 못한 채 개천에서 살아가야 하는 다수 미꾸라지들에게 불필요한 열패감을 안겨 주면서 그들을 불행의 수렁으로 밀어 넣는 게 아니고 무엇이란 말인가.*

"노력하면 성공할 수 있다"라고 하면서 시스템을 개혁하지 않은 것이 어쩌면 차별을 누적시켜 양극화를 만들어 내고 '개천'을 '시궁창'으로 만든 하나의 원인일 수도 있다. 능력주의의 결과 차별이 정당화되고 지역과 계층 등에 따라 격차가 점점 벌어질수록 개인의 출발선과 여건의 차이가 커지게 되며, '개천에서 용 나는 사회'도 점점 멀어지게 된다. 그러므로 성공의 기회와 가능성을 늘리려고 하는 것보다는, 개천에서의 삶을 보편적으로 개선하는 것이 더 중요하다.

 자신의 출신에 상관없이 노력과 능력을 통해 더 쉽게 성공할 수 있는 사회가 더 좋은 사회라는 것에는 당연히 동의한다. 그러나 모두가 '용'이 되어야만 하는 사회는 결코 바람직하지 않다. 미꾸라지, 송사리, 개구리, 붕어, 메기 등 다양한 삶이 있는 것이 자연스럽고, 그들 모두가 나름대로의 모습으로 행복하게 잘 살 수 있어야 한다. 지금 와서 다시 '개천에서 용 나는 사회'를 부활시키는 것이 과연 가능할지도 의심스럽지만, 그건 애당초 잘못된 해결 방향이기도 하다. 경쟁이 목표가 된 교육 제도를 바꾸고, 복지 제도나 부의 분배를 강화하여 불평등과 격차를 줄이면서 '용이 안 돼도 괜찮은 사회'를 만들어 갈 방법, 그것이 우리 사회가 찾아야 할 길일 것이다.

* 강준만, "'개천에서 용 나는' 모델", 〈한겨레〉, 2015년 3월 8일.

2부

예비인 삶은 없다

오늘을 살
권리

'예비 고3', '예비 5살', '예비 시민'이란 말들에 반대하며

    서울 시내 거리에서 횡단보도 신호가 바뀌길 기다리며 서 있다가 승합차를 한 대 봤다. 전형적인 노란색 학원 차였는데, 옆구리에 이런 문구가 붙어 있었다. "예비 5살 과정 신설." 무슨 뜻인지 이해가 안 가서 잠시 멍하니 차를 살펴보았다.

    그 승합차에 쓰여 있는 다른 문구들을 읽고 추측해 보니, 이런 얘기인 것 같았다. 보통 5살이면 유치원에 가는데 요샌 유치원에서도 이런저런 공부를 시킨다. 그러니 유치원에 가서 뒤처지지 않도록, 학원에 '예비 5살', 즉 4살 때부터 보내 유치원 공부 준비를 시켜라, 뭐 그런 얘기였다. 왜 예비 유치원생이 아니었는지는 모를 일이지만.

보통이 된 '예비 인생'

내가 고등학교에 다닐 때도 그랬는데 요새도 그해 수능 시험이 끝나고 나면 학년 말의 고2 학생들에게 "예비 고3"이라는 명칭을 쓰는 일이 흔하다. 고3 수험 생활을 미리 대비하고 긴장하라는 분위기 조성용 명칭일 것이다. 언제부턴가 그 시기도 점점 당겨져, 아예 고등학교 2학년 1학기 때 또는 1학년 때부터 예비 고3이라며 압박을 가하곤 한다. 그런가 하면 중학교에서도 "예비 중3", "예비 고등학생" 같은 말을 심심찮게 들을 수 있다. TV에선 초등학교 4학년 때가 중학교 성적을 좌우한다며, 말하자면 초등학교 4학년을 예비 중학생으로 취급하는 학습지 광고도 흘러나온다. 그러더니 이젠 "예비 5살"까지 보게 되었다. 이런 식으로 미리미리 준비하고 예습하라는 문화가 무한정 확대되고 있으니, 대증요법으로 선행 학습을 규제하는 〈공교육 정상화 촉진 및 선행교육 규제에 관한 특별법〉 같은 거라도 만드는 것이 이해가 간다.

청소년들의 경우는 그 존재 자체가 '예비' 취급을 당한다고 해도 과언이 아니다. 청소년은 '예비 성인', '예비 시민'으로, 미래의 희망일 뿐 오늘을 살고 있는 인간으로 존중받지 못하곤 한다. 청소년의 정당 가입을 인정하지 않는 몇몇 정당들에서는 청소년이 당원 가입을 신청하면 '예비 당원'이란 이름으로 받아 준다고 한다. 청소년 지지자도 아니고 예비 당원이라. 마치 청소년인 채로는 '예비'밖에 할 수 없고 나이를 더 먹은 뒤에야 당원도 되고 무언가 활동을 할 수 있다는 듯한 명명이다. 별 생각 없이 지었겠지만, 그 별 생각 없음 속에 청소년에 대한 우리 사회의 시선이 묻어난다.

그런데 청소년이 아닌 이들이라고 예비의 굴레에서 벗어나 있는 것 같진 않다. 우리 사회는 청년일 때는 취업을 예비하고, 그 뒤엔 결혼을 예비하고, 중장년일 땐 자식을 낳고 기르고 교육하고 결혼시킬 일 그리고 자신의 노년기를 예비하고, 노년기엔 병에 걸릴 때나 죽은 이후를 예비하라고 하지 않는가. 사회가 사람들의 생활을 최소한은 보장해야 하는 의무를 다하지 않는 현실에서, 사람들은 '내일'을 예비하는 데 '오늘'을 바쳐야 한다는 불안과 압박감을 한층 더 느끼게 된다. 마치 '예비 인생'이 보통의 삶의 모습처럼 생각되는 것이다.

불행과 각자도생의 예비 논리

'예비 인생'의 폐해는 많다. 무엇보다도 사람들이 행복해지기가 어렵다. 지금 여기서 실제로 살고 있는 삶, 곧 자기 자신을 미래를 위한 수단으로만 보기 때문이다.

> 나는 저들의 이야기를 듣는 데 신물이 난다
> 일이 되어 가는 대로 놓아두자는 따위의 말
> 내일이 되면 좋아진다는 따위의 말

나의 자유는 나의 죽음 뒤에는 필요 없다
내일의 빵으로는 나는 살 수가 없다.*

  행복을 느낄 수 있는 것은 오늘이지 내일이 아님에도, 계속 행복을 내일로 유예시키게 된다.
  또한 '예비 인생'의 밑에 깔린 주된 태도와 감정은 바로 각자도생과 불안이다. 자기 미래는 스스로 준비하고 예비해야만 하지 누군가 도와주지 않을 것이며 사회가 책임져 주지도 않을 거라는 생각이다. 미래가 나빠지면 그건 모두 스스로의 탓이라는 자기 계발과 자기 책임의 도덕이다. 이런 불안 속에서 미래만 대비하며 살다 보면 사람의 시야는 오히려 좁아지기 쉽다. 상황을 바꾸려는 도전이나 모험에 나서기는 어려워지고, 사회적 책임감이나 연대도 약해진다. 그래서 역설적이게도 '예비 인생'이 일반적인 모습이 될수록 공동체가 모두 같이 이야기하고 예비해야 할 문제는 잘 예비할 수가 없게 된다. 예컨대 기후 위기, 핵 발전의 위험성, 복지 제도의 필요성, 군비 확충이 초래하는 전쟁과 파멸의 위험성 같은 것들 말이다.

---

* 랭스턴 휴즈, 〈민주주의〉, 밀턴 멜쳐 씀, 박태순 옮김(1994),《랭스턴 휴즈 - 자유와 구원의 절규, 검은 영혼의 시인》, 실천문학사.

삶은 은행 적금이 아니다

미래를 계획하고 만드는 것은 물론 필요한 일이다. 그러나 그건 미래가 현재가 될 것이기 때문이다. 내일은 곧 맞이할 오늘이라 중요한 거지, 내일이 오늘보다 더 중요해지는 건 바람직하지 않다. 내일을 예비하는 일도 지금 내게 의미 있고 보람 있는 내 삶의 일부로서 위치해야 한다. 삶은 은행 적금이 아니라서 미뤄 두고 예비했다가 몰아서 살 수 없다.

나는 '오늘을 살 권리'도 사람이 사람답게 살기 위해 필요한 권리 중 하나라고 생각한다. 그렇다면 사회는 개인이 오늘을 살 수 있도록 보장할 의무를 져야 할 것이다. 경쟁하고 대비하지 않으면 도태되고 낙오될 거라는 불안감으로부터 벗어나, 생계와 존엄을 보장받을 수 있다는 믿음을 주어야 한다. 그래야만 청소년들이 '예비 성인'으로서 미래를 준비하기만 하며 사는 것이 아니라, 지금 행복하고 의미 있는 삶을 살 수 있다. 김창완밴드의 노래처럼 "열두 살은 열두 살을 살고 열여섯은 열여섯을 산다". 4살은 4살을 살 수 있어야 한다. '예비 5살'이 아니라.

'노키즈존'에
없는 것

차별에 무감각한 사회

2014년 경기도 수원에 살 적, 집 근처의 한 카페에는 "정숙한 실내를 위해 12세 이하 아동 출입 금지"라는 안내문이 붙어 있었다. 2019년, 서울에서 나름 번화한 동네에 위치한 우리 집 근처 식당에는 "저희 업소는 안전사고와 성인 손님의 배려를 위해 영유아 및 어린이 출입을 제한합니다"(비문이 거슬리지만 있는 그대로 적은 것이다)라는 안내문이 큼직하게 붙어 있었다. 최근에 많아졌다는 어린이·청소년 금지 가게, 이른바 '노키즈존No Kids Zone'이다. 노키즈존은 언론에서는 주로 5세 미만 출입 금지라고 소개되곤 했지만 실제로 노키즈존을 내건 가게들을 살펴보면 초등학교 입학, 10세, 12세, 13세,

15세 등 나이 기준은 다들 다르다. 금지의 이유도 다양하다. 어느 곳은 정숙함이나 조용한 분위기를 위해서라고 하고, 어느 곳은 안전을 위해서라고 한다. 여러 논란에도 불구하고 '노키즈존'을 표방하는 가게들은 제법 늘어난 것 같고, 노키즈존을 옹호하거나 지지하는 주장도 흔하게 찾아볼 수 있다.

사회적 차별 금지의 원칙

물론 영업자에게는 영업 방침을 정할 자유가 있다. 손님에게 물건이나 서비스를 팔지 말지 결정하는 것은 영업자의 재량일 것이다. 그러나 여기에도 사회적인 한계가 있다. 영업 활동이 법을 지켜야 하듯이, 보편적인 인권의 원칙, 차별 금지의 원칙 등도 지켜야만 한다.

예컨대 '흑인 출입 금지'를 내건 식당이 인종 차별로 문제가 될 것은 분명하다. 미국에서는 인종 차별을 금지하여 흑인 손님이라고 해서 거절할 수 없게 한 법률이 영업의 자유를 침해한다며 모텔 주인이 소송을 제기한 사건이 있었으나, 미국의 법원은 차별을 금지한 법이 정당하다고 판결했다.* 한국의 〈장애인차별금지법〉은 재화와 서비스의 제공 등에서 장애를 이유로 한 배제, 거부 등을 하는

---

* 김지혜(2019), 《선량한 차별주의자》, 창비, 118~127쪽.

것을 금지하고 있다. 상업 활동 중에 위생이나 세금 등에 대한 법적 규제를 가하는 것은 당연하다고 여기면서도 소수자 차별에 대해서는 법적 기준도 아직 제대로 마련되지 못한 것이 우리 사회의 현주소 아닐까.

어디까지가 영업 방침으로 용인될 수 있고 어디부터는 용인될 수 없는지 빈틈없는 기준을 세우는 건 쉽지 않겠으나, 특정 집단 전체를 사전 차단하는 것은 불합리하고 차별적인 조치라고 일단 의심해 볼 만하다. 더구나 어느 한두 가게가 아니라 사회적 추세로 어린이·청소년을 배제하는 가게들이 증가하는 현상이 나타나고 있다면 충분히 문제라 봐야 한다. 국가인권위원회 역시 2017년 13세 이하 어린이·청소년의 이용을 제한한 식당에 대해서 "나이를 이유로 한 합리적인 이유가 없는 차별 행위"라고 판단하고 중단할 것을 권고했다. 국가인권위원회는 "'차별받지 않을 권리'가 '사업주들의 영업의 자유'보다 우선한다"고 하며, 식당 사업주가 "일부 아동의 산만한 행동이나 보호자의 무례한 행동을 이유로 모든 아동 및 아동을 동반한 보호자의 식당 이용을 전면적으로 배제하는 것은, 일부의 사례를 객관적·합리적 이유 없이 일반화한 것에 해당한다"고 지적했다.*

예를 들어 영업장이 조용한 분위기를 유지하는 것을 중요시한다면, 소음을 일으키는 손님에게 주의를 주거나 나름의 룰에 따라 대

---

* 국가인권위원회 16진정0848200 결정문(2017년 9월 25일).

처할 수 있을 것이다. 개별 영업자의 의사와 상관없이, 밤 10시 이후에는 노래방이나 찜질방 등에 청소년이 들어갈 수 없는 등 법적·제도적으로 이용을 제한당하는 경우도 있다. 그러나 나이나 사회적 신분 등을 이유로 삼아, 영업자가 자의적으로 입장과 이용을 사전 차단해 버리는 것은 특정 집단에 대한 차별 행위이다. 가게들에 붙어 있는 "노키즈존" 알림은 그러한 차별에 대해 무감각한 우리 사회의 현실을 반영하고 있다.

무시당하는 청소년의 존재

지금까지 노키즈존에 대한 논란은 대체로 보호자와 양육에 관련된 문제로 여겨지고 있다. 불만을 말하는 인터뷰이도 대개 '엄마'로 소개되고, '무개념 부모'의 사례가 쟁점이 된다. 어린이·청소년을 동반하여 갈 식당 등이 거의 없다는 이야기도 어린이·청소년과 동행하는 비청소년, 보호자 등의 불편으로 주로 이야기된다. 노키즈존 문제가 육아에 대한 사회 문화의 문제인 것은 맞다. 노키즈존을 옹호하거나 요구하는 여론은, 사회적으로 양육과 공존에 대한 책임의식이 부족함을 드러낸다.

그런데 또 다른 당사자인 어린이·청소년들의 목소리가 너무 없는 것은 아닐까? 언론 기사 등에선 정작 출입 금지 대상이 된 아이들의 이야기는 잘 찾아볼 수가 없다. 자신들을 가리켜 시끄럽고 위험한 존재라고 하며 출입을 금지하는 것에 대해 어떤 생각이 드는지 '어른들'은 그들에게 묻지 않는다. 어린이·청소년의 권리라는 측면에서는 어떤지를 따져 보지도 않는다. 어린이·청소년들은 단지 부모가 잘 관리하고 교육해야 할 대상으로, 어른들의 기준에 맞춰야 할 존재로만 언급된다.

2019년 3월, 동화 작가이기도 한 어린이·청소년 당사자인 전이수 씨가 자신의 인스타그램에 업로드했던 글이 화제가 되었다. 동생과 같이 생일에 식당에 가려고 했는데, 노키즈존이라고 입장도 하지 못했다는 이야기였다. 전이수 씨는 "어른들이 편히 있고 싶어 하는 그 권리보다 아이들이 가게에 들어올 수 있는 권리가 더 중요하다고 생각한다"라고 적었다. 이 사건은 노키즈존이 어린이·청소년들에게 얼마나 상처가 되고 차별 행위가 되는지 새롭게 주의를 환기시켰다.

차별은 보통 사회적 약자들에게 더 쉽게 가해지곤 한다. 사회적으로 그렇게 대해도 되는 존재로 여겨지고, 차별 행위가 쉽게 용인되기 때문이다. 게다가 '노키즈존' 문제에서는 어린이·청소년의 존재가 지워져 있었기에, 이는 마치 차별의 문제가 아니라 양육자의 예의나 능력, '민폐'에 관련된 문제인 양 인식되어 왔다. 이러한 차별은 어린이·청소년뿐만 아니라, 장애인 등 다양한 약자들에게도 향하곤 한다. 실제로 한 식당에서 청각 장애인의 예약을 거절하면서 "노키즈존 같은 것이다"라고 발언한 사례도 있었다.*

* "'장애인 차별 안 하지만 차별하는' 이상한 음식점", 〈YTN〉, 2016년 12월 23일.

노키즈존에 없는 것

노키즈존이 늘어나는 배경에는 일종의 '어린이·청소년 혐오'가 있다. 어린이·청소년들을 통제할 수 없으며 민폐를 끼치는 존재, 어른들의 세계에서 배제할 타자로 보는 것이다. 또한 어린이·청소년을 공적 공간에서 배제하거나 출입을 금지시키는 일이 너무나 쉽게 이루어져 온 우리 사회의 상황도 영향을 미쳤을 것이다.

국가인권위원회가 노키즈존 관련 결정에서 인용한 바 있는 유엔 아동권리위원회의 일반논평 17호(《휴식, 여가, 놀이, 레크리에이션, 문화생활 및 예술에 대한 권리》, 2013)도 이러한 문제를 언급한다. 이 논평에서는 야간 출입 금지, 소음에 대한 관용 감소, 상가 출입 제한 등을 거론하면서 공공장소에서 어린이·청소년들을 받아들이는 일이 줄어드는 경향이 어린이·청소년들의 놀이·문화 활동을 저해한다고 보았다. 또한 이러한 현상은 어린이·청소년들을 '문제' 또는 비행을 저지르는 존재로 여기게 하며 청소년들을 부정적으로 묘사하는 언론 매체와도 관련이 있다고 지적했다. 공공장소에서 어린이·청소년들이 배제당하지 않는 것이 그들이 스스로를 인권을 가진 시민이라고 인식하는 데도 도움이 된다는 것이 위원회의 판단이다.

소수자란 자신의 목소리와 언어를 가지지 못한 사람이다. 소수자는 주류의 기준에 맞추기를 요구받고, 그 기준에 맞추지 못한다는 이유로 너무나 쉽게 배제를 당한다. 사람들의 삶이 피폐해질수록 통상 그 '기준'이란 더 깐깐해지고, 배제는 더 쉽게 지지를 얻는다.

여유가 없는 만큼 거슬리는 것들, 두려움이 드는 존재들을 더욱 용인하지 못하게 되는 것이다.

노키즈존에 없는 것은 단지 '아이들'이 아니다. 거기에는 '어른들'이 '아이들'과 공존하려는 여유가 없다. 자기 목소리를 가지지 못한 소수자들에 대한 고려가 없다. 특정 집단에 대한 배제와 차단이 일종의 차별이 될 수도 있다는 문제의식이 없다. 어린이·청소년도 공존하는 사회 구성원이라는 인식이 없고, 어린이·청소년의 출입을 원천 차단하는 것이 차별이라는 감각이 없다. 노키즈존이 너무나 쉽게 생겨나는 모습과 이를 옹호하는 목소리들이 걱정스러운 이유이다.

친권의
사회화

가족은 인권의 예외 지대가 아니다

청소년운동 안에서는 청소년들의 부모·보호자를 '친권자'라고 부르는 일이 있다. 물론 부모·보호자 본인과 대화할 때 직접적인 호칭으로 쓰이는 경우는 드물다. 하지만 3인칭으로 부모를 언급할 때는 친권자라는 말이 꽤나 널리 사용되고 있다. 어머니는 '여성 친권자', 아버지는 '남성 친권자' 하는 식이고, '부모가 아닌 보호자'의 경우에도 대체로 그렇게 부른다.

그렇게 부르는 이유는, 우선 '부모'라는 말이 정상 가족 중심적이기 때문이다. '아비 부父'에 '어미 모母'를 쓰는 '부모'라는 말은 혈연관계의 어머니와 아버지가 있는 가족을 전제로 한 표현이다. 어머니와 아버지 중 한쪽만 있는 가족, 조손 가족 등 여러 형태의 가족들이 사용하기에는 난감한 말이고, 일상적으로 부모라는 말을 쓰는 것은 이런 가족들을 배제하는 것이다.

두 번째 이유는 바로 그 관계의 제도적·권력적 성격을 나타내려는 것이다. '친권자'는 '친권'을 가지고 행사하는 사람이라는 뜻이다. 이는 청소년을 통제하는 권력으로서의 친권이든, 청소년을 양육하고 보호하는 의무로서의 친권이든, 친권자와 자식 사이의 관계가 제도적이고 사회적인 것임을 드러내 준다. '어머니'와 '여성 친권자', 느낌이 확 다를 것이다.

〈민법〉상 친권의 내용은 보호, 교양의 권리 의무, 거소 지정권, 징계권, 재산 관리권 및 대리권 등이 존재하며, 그 외에도 법정 대리인으로서 계약에 대한 취소나 법률 행위 시의 동의 등을 할 수 있다. 거주할 곳을 지정할 권리나 징계권, 경제적 권리 대리 행사 등만으로도 청소년의 생활에 대한 크나큰 권력일 수밖에 없다. 이 '징계권'은 법원에서 가정에서의 체벌을 정당화하는 근거로도 자주 사용되기 때문에 삭제되어야 한다는 주장도 제기되고 있다. 이에 더해 '보호, 교양의 권리 의무'는 폭넓게 받아들여지고 있어서, 친권자가 청소년을 가르치기 위해서라는 이유로 수많은 행위들이 정당화된다.

우리 사회에서는 경제·사회·법 모든 영역에서 자식이 친권자에게 의존하도록 되어 있고, 청소년이 친권자를 벗어나 독립적인 삶을 꾸려 가는 것은 대단히 어렵다. 이런 조건하에 친권자의 권력은 단지 법적 권리에 그치지 않는다. 청소년을 우리 사회의 자유롭고 평등한 구성원으로 인정한다면 친권자에게 생계를 전적으로 의존해야 하고 친권자의 정치적 견해에 일방적으로 영향을 받으며 살아야 하는 현실, 어떤 친권자를 만나느냐에 따라 삶이 크게 좌우되는 현실에 대해 문제의식을 가져야 마땅하다.

인권 문제의 예외 지대

'친권' 개념은 과거에는 친권자가 자식-청소년을 소유한다는 것에 가까웠지만, 현재에는 보호와 양육의 의무를 강조하는 방향으로 변화해 온 경향이 있다고 한다. 그럼에도 가족 내에서, 친권자가 청소년에게 가하는 인권 침해는 아직도 너무나 흔하다. 앞서 잠시 언급한 체벌이라든지 그와 동일선상에 있는 상해와 학대 사건들이 대표적일 것이다. 또한 청소년의 개인적 소지품이나 일기, 휴대전화 등을 감시하고 압수하는 일도 '부모의 관심과 훈육'이란 이름으로 일상적으로 일어난다. 청소년들에게 공부를 더 열심히 하라고 압박하는 일, 밤늦게까지 장시간 학습을 시키는 일, 본인의 뜻에 반하여 특정한 종교나 진로 등을 강요하는 일도 심각한 문제다. 현행법상 청소년이 임신·출산을 한 경우, 그 청소년의 친권자가 청소년의 동의 없이 입양을 보내는 것도 가능하게 되어 있는 문제도 있다. 그러나 이런 모든 문제들이 '가족 안'에서, 친권자에 의해 행해지는 일이라는 이유로 인권 문제로 다루어지지 않고 사적인 문제로, 괜찮은 일로 취급된다.

  더군다나 친권자에 의한 인권 침해는 제도적으로 보장되는 측면도 있다. 하나의 예로, 청소년의 스마트폰에 '유해물 차단 어플리케이션'을 의무적으로 설치하도록 하는 법이 2015년부터 시행되고 있다. 그런데 이 법에 따라 설치되는 차단 어플리케이션 중 상당수는 법적 의무인 유해물 차단 기능 외에도 친권자에 의한 위치 추적이나 인터넷 접속 및 사용 기록 등을 친권자가 일방적으로 들여다보고 통제할 수 있게 하는 기능들을 탑재하고 있다. 청소년에 대한 사생활 침해와 감시가 법에 의해 조장되고 있는 것이다.

  청소년이 독립적 인격체이고 친권자에게 종속된 존재가 아님을 인정하지 않는 제도는 그리 드물지 않다. 〈서울 학생인권조례〉는 제28조 8항에서 "교육감, 학교의 장 및 교직원은 학생의 성적 지향과 성별 정체성에 관한 정보나 상담 내용 등을 본인의 동의 없이 다른 사람에게 누설해서는 아니 되며, 학생의 안전상 긴급을 요하는 경우에도 본인의 의사를 최대한 존중하여야 한다"라고 밝히고 있다. 학생의 정체성 등이 함부로 아웃팅당하지 않게 하기 위해 꼭 필요한 조항이다. 그런데 이 조항에는 단서가 붙어 있는데, 바로 "보호자는 제외한다. 이하 같다"라는 문구이다. 본래 초안에는 없다가 서울시의회 심의 과정에서 추가된 이 단서는, 친권자에게는 청소년 본인의 동의와 상관없이 자식에 대한 정보를 제공해야 한다는 우리 사회의 후진적인 의식을 드러내고 있는 것이다.

가족, 재구성하고 개혁해야 할 제도

2011년, 19세 청소년이 친권자를 살해한 사건이 세상에 알려졌다. 그 친권자가 자식에게 입시에서 성공할 것을 요구하며 체벌 등 학대를 지속해 왔다는 등 자세한 이야기가 알려지자, 입시 경쟁 교육이 부른 비극적 사건이라는 목소리가 힘을 얻었다. 경쟁 교육도 당연히 문제겠으나, 나는 이 사건이 과잉된 친권의 문제가 극단적으로 드러난 것처럼 보였다. 이 사건을 다룬 기사에는 그가 "엄마는 몰라. 엄마는 내일이면 나를 죽일 거야"라고 말하며 친권자를 죽였다는 내용이 있었는데, 나는 이 기사를 읽고 이는 일종의 '정당방위'일지 모르겠다는 생각이 들었다. 마치 가정폭력을 일삼던 남편을 살해한 여성에 대해서 여성운동단체들이 정당방위를 주장했듯이 말이다.

부모를 친권자라고 부르고, 자식이 어머니를 살해한 사건을 일종의 정당방위라고 주장하다니, 이게 웬 '패륜'이냐며 길길이 뛸 사람들도 있을 줄 안다. "청소년인권운동이 부모를 친권자라 부르게 시키며 부모와 자식 사이를 이간질한다"라는 비난도 들어 본 바 있다. 그러나 청소년인권운동이 이야기하는 것은 평화롭던 가족을 이간질하려는 것이 아니라, 가족이 애초에 평화로운 곳이 아니었다는 실체를 직시하자는 것이다.

아동학대 등의 문제는 '소수의 부적격 양육자'의 일탈이 아니라 가족이라는 제도 안에 잠재된 구조적 폐해일 수 있다. 권력으로 작동하고 있는 과잉된 친권은 자식에게는 일상적인 폭력과 인권 침해

일 수 있다. 부모 및 보호자 개인에게 지나친 권력과 책임을 부과하는 친권은 그 친권을 가진 자에게도 족쇄가 된다. 양육에 대한 사회적 지원이 부실하고 양육의 부담을 개별 가정과 개인이 오롯이 짊어져야 하기 때문이다. 그러한 양육 부담은 '내가 널 위해 얼마나 힘들게 노력했는데' 하는 마음이 자라기 쉬운 배경이 되고, 자식에게 집착하고 과도한 요구를 하는 것으로, 청소년을 독립된 인간으로 보지 않는 것으로 이어지기 십상이다.

전 사회적으로는 저출생이라는 현상 또한 이러한 가족과 친권의 현실에서 기인한 면도 있을 것이다. 우리 사회가 가정에서의 청소년 인권 문제, 그리고 친권의 문제를 다시 한 번 논의해야 할 때는 아닐까. 가족은 무조건 복원해야 할 자연적인 단위가 아니라, 재구성하고 개혁해야 할 사회 제도다. 친권을 사회화하여 개인에게 속한 권력은 해체하고 양육의 의무와 부담은 사회가 분담하자. 가족을 인권의 예외 지대로 여기지 말고 개인주의적 가족주의적 핵가족 중심의 사회를 바꾸자. 친권자는 자식을 위해 자기 삶을 희생하는 게 아니라 자신의 삶을 살 수 있고, 자식도 친권자의 폭력이나 억압 없이 자신의 삶을 살 수 있는 세상을 바라는 것이, 그렇게 이상한 일은 아니잖은가?

가정 안 청소년도
종교의 자유가 있다

종교 강요는 아동학대가 될 수도 있다면?

지인 중에 목사 부모를 둔 사람이 있다. 그는 어릴 적에는 가정환경 때문에 교회에 나가고 개신교를 믿는 게 자연스러운 일인 줄 알았으나, 10대 무렵에는 개신교 신앙을 가지지 않게 되었다. 그렇지만 그는 교회에 계속 나가야만 했다. 만일 더 이상 개신교를 믿지 않는다고 선언했다가는 부모가 적지 않은 압박을 가할 것이 뻔했기 때문이다. 게다가 교인들로부터 '자기 자식도 믿음을 갖게 하지 못한다'며, 부모의 목회자 자질이 의심받게 될 수도 있었기에, 그의 부모는 자식이 교회에 꼬박꼬박 나오도록 엄격하게 관리했다. 성경에 "매를 아끼는 것은 자식을 미워하는 것이다"라는 구절이 있어서 그랬는지, 어릴 적부터 부모에게 체벌 등 폭력적 '훈육'도 왕왕 당했던 그는 부모와 갈등을 빚기를 두려워했다. 결국 그는 독립해서 아예 다른 지역으로 이사를 가고 나서야 원치 않는 종교 생활을 그만둘 수 있었다. 여전히 부모에게는 교회에 다니고 있다고 거짓말을 하고 있지만 말이다.

그의 경우는 부모의 직업적 평판 문제까지 얽혀서 더욱 압력을 받을 수밖에 없었던, 어찌 보면 특수한 사례이긴 하다. 그렇지만 가정에서의 종교 강요 문제는 그렇게 드문 일이 아니다. 한국청소년정책연구원의 2017년 〈한국 아동·청소년 인권실태 조사〉에 따르면 "가정에서 부모 형제와 상관없이 원하는 종교를 가질 수 있는지" 묻자 중고생의 19.1%는 "그렇지 않다"고 답했다. 2016년 조사에서는 초등학생의 28.2%가 "그렇지 않다"고 답하기도 했다. 대략 5명 중 1명 이상은 가정에서 충분한 종교의 자유를 가지지 못한다고 체감하고 있다는 이야기다.

강요와 교육 사이의 구분

여러 건의 아동학대 사건들이 사회 이슈가 된 이후로 한국의 아동학대 관련 법령은 대폭 개정되어 아동학대의 개념도 보다 넓어지고 대응 시스템도 정비되었다. 이에 따라 2015년 3월 교육부는 '아동학대 예방 및 신고 의무자 교육 실시' 공문을 보냈다. 여기에는 중앙아동보호전문기관이 아동학대의 유형으로 "보호자의 종교 행위 강요"를 예시로 든 내용이 포함되어 있었다. 그러자 일부 종교단체들은 "종교 교육을 범죄시하는 것"이라고 반발했다. 한국교회언론회는 2015년 4월 논평에서 "〈아동복지법〉에는 종교에 관한 항목이 없다", "부모가 믿는 건전한 종교를 자녀에게 권하는 것은 당연한 것이다", "부모의 종교의 자유 제한이다" 등의 논리를 펼쳤다.* 이들의 거센 반발에 결국 정부는 해당 예시를 삭제하고 말았다.

'종교의 자유'는 타인에게 종교를 강요할 권리가 될 수 없다. 종교의 자유 보장의 취지는 오히려 종교에 대해 타인에게 강요를 당하지 않도록 보장하라는 것이다. 그러나 일부 종교계에서는 종교를 학교교육 등의 다른 권력과 결부시켜 강요하지 말라는 것을 자신들의 종교의 자유에 대한 침해로 오도하곤 했다. 종교 재단이 설립한 사립 학교에서 종교를 강요하지 말라고 비판이 일었을 때도 그랬고, 학생인권조례 등에서 학생의 종교의 자유를 명시하려는 것에 대해서도 그랬다. 가정 안에서의 종교 강요 문제에 대해서도 마찬가지의 태도를 보였던 것이다. 이쯤 되면 이들이 원하는 종교의 자유는 종교의 자유가 아닌, 자신들만의 '종교 강요의 자유'가 아닌지 의심스럽다.

주로 어린이·청소년이 관련된, 학교와 가정에서의 종교 강요 문제가 불거진 것은 우연이 아니다. 청소년에게는 좀 더 쉽게 무언가를

---

* "교육부, 복지부는 학부모의 종교 교육 권장을 '아동학대'로 보는가?", 한국교회언론회 논평, 2015년 4월 17일.

강요하고, 이를 교육이나 지도로 정당화하는 것이 우리 사회의 일반적인 모습인 탓이다. 청소년에 대해 부모, 교사 등이 가지는 권력과 위계적 관계의 문제에 대해서도 상대적으로 둔감하다. 예컨대, 학생이 그 학교를 선택을 했든 어쨌든 간에, 학교가 그 권력과 지위를 남용하여 학생에게 특정 종교 의식이나 교리를 선교하는 수업에 참여하게 강요해서는 안 된다는 것은 당연한 상식이다. 종교는 강요되어서는 안 된다. 설령 내가 가톨릭 신자라고 해도 교황이 내게 성당에 나오라고 강요할 수 없듯이 말이다. 그러나 그 대상이 청소년이라는 이유로 강요는 너무 쉽게 정당화된다.

 종교 강요가 아동학대일 수 있다는 예를 들었더니 종교단체들이 '종교 교육', '종교 권유'를 범죄시한다고 반발하는 것도 이 때문이다. 폭력 등의 강제력을 사용한 강요와, 적절한 교육이나 설득, 권유 등을 제대로 구분할 줄 모르는 것이다. 그러나 자신이 선하다고 믿는 것을 강요하는 것, 특히나 타인의 사상이나 종교 등 사적 영역의 문제를 존중하지 않고 강요하는 것은 악이 된다. 그래서 종교자유정책연구원은 "부모는 자신의 신앙을 자녀에게 전할 때 '안내, 소개, 권유'까지는 할 수 있어도 '강요'(육체적, 정신적)는 안 되며, 나아가 이런 기준은 사회적 합의도 필요"하다고 논평했다.* 종교 강요를 금지한다는 너무나 당연한 법령 해석에 반발하는 모습은, 가정에서 상

---

* "부모의 신앙을 자녀에게 전할 때 신중해야 하는 이유 – 아이의 삶에 치유할 수 없는 상처가 될 수 있기 때문", 종교자유정책연구원 논평, 2015년 4월 25일.

당수의 부모들이 청소년들의 종교의 자유를 침해하며 종교를 강요하고 있다는 의심이 들게 할 뿐이다.

독립적 인격체로 대하는가

정부와 교육 당국이 일부 종교단체들의 반발에 밀려 종교 강요가 아동학대에 해당한다는 내용을 삭제한 것도 우리 사회 청소년인권 인식의 한계를 보여 준다. 이런 조치가 부모가 자식에게 종교를 강요해도 괜찮다는 메시지로 받아들여질지도 모른다는 우려마저 든다. 대한민국 정부가, 청소년의 한 인간으로서의 종교의 자유보다도 부모가 자식에게 자신의 종교를 따르도록 할 권리가 우선하는 것처럼 생각하고 있는 것은 아닌지 묻고 싶다.

오랜 세월 동안 우리 사회는 가족 안에서의 인권 침해 문제를 사적인 일이라고 사실상 묵인해 왔다. 그러다가 가정폭력 관련 법이 제정되고 아동학대 관련 법이 강화되면서, 가정 안에서의 일이라고 해도 폭력 등 인권 침해의 문제는 사회가 개입하여 공적으로 다루어야 한다는 원칙이 세워지고 있다. 인권이 현관문 안으로 들어서야 한다는 문제의식이 자라난 덕이다. 하지만 다른 한편에서는 사회 구성원들의 의식과 현실이 제도를 따라오지 못하고 있다. 여전히 청소년에 대한 체벌에 찬성하는 여론도 적지 않다. 부모가 자식을 통제하고 교육할 권리가 있다는 믿음도 널리 퍼져 있다.

종교 강요 문제는 이를 단적으로 보여 주는 예다. 종교적 믿음은 특히 획일적 성격을 띠기 쉽고, '구원'을 위해서 강제로라도 믿게 만들어야 한다는 정당화의 논리를 가지기도 쉽다. "이게 다 너를 위해서, 너를 사랑해서 그러는 것"이라며 강압적 수단을 쓰는 것으로 이어질 가능성이 한층 크다는 뜻이다. 육신의 안녕도 아니고 영혼의 구원과 영생을 위해서라고 믿을 텐데, 강요 좀 한들 어떻겠는가. 그리고 그와 그리 멀지 않은 연장선상에는 잠도 못 자고 공부하도록 강요하거나 원치 않는 진로를 강요하는 경우, 성적 지향이나 정체성을 강제로 바꾸려 드는 경우도 자리할 것이다. 옳다고 생각하는 것이더라도 함부로 강요해서는 안 된다는, 타인에 대한 존중의 태도는 청소년에 대해서는 쉽게 사라진다. 청소년의 인권과 존엄성을 보장하기 위해서 침해해서는 안 될 선을 정부가 제시하고 지키는 것이 반드시 필요한 이유다.

학교에서의 종교의 자유 문제를 비롯해서 여러 학생인권 침해에 대해서는 청소년들과 시민단체들의 비판으로 부족하나마 어느 정도 사회적 기준이 마련되고 있다. 그러나 가정에서의 종교 강요를 비롯해서 체벌이나 사생활 침해 등의 문제는 그만큼의 관심을 받지 못하는 경향이 있다. 학교처럼 공적이고 공개된 장소가 아니라는 현실적 요인도 있겠지만, 부모-자식 간을 특별한 관계로 보고 그 안에서는 청소년의 인권을 유보시키려는 관습적인 태도가 작용하는 면도 분명히 있다.

자식이 부모에게 종속된 존재가 아니라 이 사회의 시민임을 인정한다면, 자식에 대한 부모의 종교 강요 문제를 예외적으로 볼 어떠한 이유도 없다. 이 사회가 청소년이 독립적 인격체이며 인권의 주체로 대하는 출발점이 바로, 부모와 다른 사상·종교, 사생활을 가질 권리를 보장하는 일일 것이다.

아동수당은
아동의 권리인가

어린이·청소년의 경제적 권리와 주체성을 강화하는 제도가 되기 위해

"아동수당은 아동의 권리입니다."

보건복지부가 운영하는 아동수당 안내 웹사이트에 큼직하게 적혀 있는 글귀다. 한국은 2018년 9월부터 소득 및 재산 상위 10%인 가정을 제외하고 만 6세 미만의 아동에 대해 월 10만 원을 지급하는 아동수당 제도를 시행했다. 2019년 1월 1일부터는 만 6세 미만의 아동에 대해 친권자의 소득 등에 관계없이 보편적으로 지급하는 것으로 변경되었다가 같은 해 9월부터 만 7세 미만의 모든 아동으로 확대되었다.

아동수당은, 정부가 특정 연령 미만의 아동에게 정기적으로 현

금을 지급하는 복지 제도이다. 출산 유인을 위하여 그 가정의 둘째나 셋째 아동에 대해서는 조금 더 큰 금액을 지급하는 사례도 있다. OECD 국가들 중 한국까지 헤아려 32개국이 시행 중이다. 한국이 이제라도 아동수당을 시행하게 된 것은 환영할 만한 일이다. 다만 그 액수가 10만 원으로 적은 편이고, 수당을 받는 범위도 만 7세 미만까지로 매우 좁다. 그나마 최초 시행 당시 있던 소득 및 재산에 관한 선별 기준이 폐지되어 선별 없이 보편적으로 지급하게 되었기에 아동수당은 '아동의 권리'라고 불릴 만한 최소한의 요건을 갖추었다 하겠다. 그러나 아무리 보건복지부 웹사이트에서 아동수당은 아동의 권리라고 안내하고 있다 해도, 지금 우리 사회에서 아동수당이 정말로 '아동의 권리'로 자리하고 있는지는 의문스럽다.

아동수당은 저출산 대책이 아니다

아동수당이 제안되고 도입된 배경으로 빠지지 않고 언급되는 것이 저출산 현상이다. 아동수당은 '제1차 저출산·고령사회 기본 계획'(2006~2010년) 수립 과정에서 거론되었고, 이후 국회 저출산·고령화대책특별위원회에서도 제안이 나온 바 있으며, 2018년 대통령 직속 저출산·고령사회위원회에서 아동수당 확대 방침을 발표하기도 했다. 문재인 대통령은 2017년 대선 후보 시절 아동수당 공약을 '안심 육아 대책'의 일부로 발표했는데, 대선 후보들의 아동수당 공약은 이처럼 육아 부담을 덜고 출산율을 높이기 위한 정책으로, 저출산 현상에 대한 대책으로 다루어졌다.

그러다 보니 아동수당에 관한 논의도 대개 아동수당이 출산율 제고에 효과가 있느냐는 데 초점이 맞춰져 있다. 언론 기사들을 보아도 주로 아동수당으로 양육의 부담이 덜어질지, 부모들이 '아이를 낳고 싶은 마음'이 들지, 아이를 좀 더 낳게 될지 등이 문제가 된다. 그러다 보니 아동수당이 의미 있는 제도이기는 하지만 아동수당이 출산율 제고와는 직접적으로 연관이 없을 거라는 지적도 끊이지 않는다. 본래 아동수당 제도의 첫 번째 목적은 출산 유도가 아니라, 아동의 생존과 인권 보장이기 때문이다. 그럼에도 정작 아동수당이 아동의 인권 개선에 얼마만큼 효과를 보일지 따져 보고 평가하는 경우는 언론 기사나 정책 토론회 등에서도 찾아보기 어렵다.

애초에 아동수당을 친권자의 소득 및 재산을 기준으로 차등하자는 주장도, 아동수당을 아동의 권리가 아니라 '친권자에 대한 지원'으로 생각하기에 나올 수 있었던 것이다. 또한 아동수당이 만 7세 미만(초등학교 취학 전)에 대해서만 지급하는 형태인 것은, 결과적으로 아동수당의 의미를 출산 직후 영유아에 대한 양육을 지원하는 것으로 한정 짓고 있다. 지금처럼 아동수당이 저연령의 영유아를 돌보는 친권자를 보조하는 것으로만 인식된다면, 아동수당의 대상 연령 등을 확대하도록 설득하기도 더 어려워질 수가 있다.

아동에게 보장되는 소득

아동수당은 직접적으로는 아동의 생존과 건강한 삶, 성장을 지원하기 위한 제도이다. 이는 〈유엔아동권리협약〉에서 정한 아동의 생존과 발달을 보장하기 위한 국가의 의무를 이행하려는 취지이다. 일단 가정에서 아동의 생계를 부양하기 위해서는 상당한 비용이 필요하기 마련이다. 또한 아동을 돌보는 데는 시간과 노동력도 쓰이기 때문에, 친권자의 경제 활동을 줄여야 해서 가정 소득도 줄어들 위험성이 있다. 이 때문에 아동수당을 지급하여 아동이 있는 가정이 빈곤해지는 것을 예방하고 아동이 살기에 바람직한 환경이 조성되게 하려는 것이다.

나아가 아동수당을 통해서 가정 안에서 아동의 지위를 상승시키고 간접적으로 아동의 인권을 지지하는 효과를 기대해 볼 수 있다. 국가인권위원회도 2019년 1월, 보편적 아동수당 도입을 환영하는 성명에서 아동수당의 의의를 "모든 아동에게 아동수당을 지급함으로써, 부모뿐만 아니라 사회가 함께 분담해 아동을 양육하는 제도를 만들어 아동 양육에 대한 국가와 사회의 책임을 강조하는 의미"가 있으며 "아동이 부모 등 보호자에게 종속되지 않게 해 아동에게 주어진 모든 권리의 주체성을 강화하는 데도 기여"한다고 짚었다.*

---

* "보편적 아동수당 도입 적극 환영 국가인권위원장 성명", 국가인권위원회 보도 자료, 2019년 1월 16일.

양육과 돌봄의 공공성이 곧 아동의 주체성으로 연결된다는 적절한 지적이다.

아동을 돌보고 기르는 일이 각 가정의 사적인 일로 여겨질수록, 아동은 친권자의 소유물처럼 생각되기 쉽다. 친권자 자신도 아동 부양에 드는 돈과 노력을 개인의 희생과 헌신으로 받아들일 개연성이 높아진다. 이러한 피해 의식은 아동이 친권자의 통제에 따르기를 바라고 성취감이나 미래의 경제적 부양 등으로 대가를 얻기를 바라는 것으로 표출되곤 한다. 아동도 친권자에게 죄책감과 부담감을 가지고 종속된 관계를 이어 가게 된다. 한국에서 가정 안에서의 아동인권 침해 문제에 대한 문제의식이 낮은 현실, '효'를 강조하는 등 가족주의 이데올로기가 강고한 상황, '부모의 등골을 빼먹는다'고 하며 어린이·청소년들이나 그들이 갖기를 원하는 물건 등을 '등골 브레이커'라고 부르는 혐오 표현 등은 이러한 실태를 보여 준다.

아동의 생존과 권리 보장을 위해 국가가 아동수당을 지급하는 것은, 아동의 삶과 아동에 대한 돌봄이 사적인 문제가 아닌 사회 공공의 문제라는 메시지이기도 하다. 국가인권위원회가 아동수당이 권리 주체성 강화에도 기여한다고 한 것은, 아동에 대한 돌봄이 친권자의 희생이 아니어야 하며 동시에 아동이 친권자의 소유물이 아닌 시민적·사회적 권리의 주체여야 함을 환기시킨다. 양육과 교육에 대한 사회적 보장이 강화되는 것이 전반적인 아동인권이 진보하기 위한 조건인 이유이다. 물론 아동수당 제도 시행이 곧장 저절로 이러한 의식 변화로 이어지지는 않을 것이다. 따라서 국가 차원에서 아동수당 시행과 함께, 아동학대에 대한 적극적 개입 등 아동인권 보장을 위한 정책을 세우는 것도 필요하다.

아동수당을 아동 본인이 받아서 쓸 수 있다면······

실제로 아동수당을 시행 중인 다른 나라들의 사례를 살펴보면 한국의 아동수당과는 정책의 성격과 맥락이 꽤나 달라 보인다. 예를 들어 독일은 18세 미만 아동에 대해서, 아동의 생계를 책임지는 사람에게 아동수당이 지급되는데, 학생이거나 직업 훈련 중이라 소득이 없는 경우에는 최대 25세 이하의 사람들에 대해 지급된다. 핀란드는 17세 미만 아동에 대해서는 아동수당을 지급하고 17세 이상 25세 미만인 사람도 학생이라면 학생수당을 지급받을 수 있다. 학생수당은 독립하여 혼자 사는 경우나 자식이 있는 학생의 경우에는 더 큰 금액(2017년 기준 최대 월 약 33만 원)을 지급받는다. 아동수당을 시행하는 많은 국가들이 16세나 18세까지 아동수당을 기본적으로 지급하고, 그중 독일, 핀란드, 오스트리아, 스웨덴, 룩셈부르크 등 여러 국가들이 학생이거나 소득이 일정 이하인 경우에 연장하거나 확대하여 지급하는 방식을 갖고 있다.* 아동수당을 단지 양육에 대한 지원이 아니라 경제 활동에 제약을 받는 어린이·청소

---

* 한국보건사회연구원(2017), 《아동수당 도입 방안 및 효과성 분석》.

년·청년의 생계와 소득을 보장하는 제도로 생각하고 있음을 알 수 있다.

한국의 아동수당 역시 그 범위도 의미도 확대되어야 한다. 현재는 주로 저출산 대책이나 양육을 지원한다는 관점에서만 논의되고 있지만 아동수당을 진정으로 "아동의 권리"라고 하려면 이를 극복해야만 한다. 아동수당은 아동이 이 사회의 시민이지만 신체적·제도적 제약으로 인해 충분한 경제력을 가지기 어렵기에 국가가 생존과 건강 등 사회권을 보장받을 수 있도록 소득을 보조하는 제도라 할 수 있다. 친권자가 이를 대리 수령하고 이용하더라도, 아동수당은 원칙적으로 아동에게 보장되는 소득이라고 보아야 옳다. 사회 구성원의 생존과 존엄성을 위해, 국가와 사회는 소득과 사회 안전망을 보장할 책임이 있는 것이다. 성인이 아닌 아동이라고 해서 예외는 아니다. 아니, 오히려 경제적 약자이고 다른 사람에게 종속될 가능성이 높은 사람들이야말로 이러한 국가와 사회의 지원이 필요할 것이다.

한국에서도 언젠가는 아동수당이 18세 또는 19세까지 지급되고, 소득이 일정 이하라면 20대까지도 지급되는 날이 올 수 있을 것이다. 그리고 이에 그치지 않고 청소년·청년들이 경제적 권리를 보장받는 시민으로 생활하기에 의미 있는 금액으로 지급액을 인상할 수 있기를 바란다. 만약 아동이 원한다면 아동수당을 친권자가 아니라 본인이 직접 받아서 스스로를 위해 보다 자유롭게 쓸 수 있게 되기를 꿈꿔 본다. 관공서 행사에 노동력을 제공한 청소년에게 현금을 지급하면 '교육적이지 못하다'며 돈 대신 문화상품권이나 봉사 시간 확인증을 지급하고, 학교 밖 청소년에게 수당을 지원한다고 하니까 '탈선을 부추긴다'며 반발하는 한국 사회에서는, 갈 길이 멀어 보이지만.

숙박은
권리다

청소년의 이동과 외박의 자유

2016년 1월, 당시 활동하고 있던 청소년인권행동 아수나로에서 전국 행사를 했다. 하루를 꽉 채운 길고 긴 일정을 끝내고 밤 11시가 되어서야 예약해 둔 여관에 도착했는데, 여관 입구에서부터 "미성년자 혼숙 금지", "1997년생부터 출입 가능" 등의 푯말이 가득했다. 나이가 지긋한 여관 주인은 앳되어 보이는 활동가들의 얼굴을 보며 "혹시 미성년자는 아니지?"라고 의구심을 드러냈다. 어찌어찌 잘 넘어가긴 했지만 긴장되는 순간이었다. 그 뒤로도 방에 온수가 안 나온다거나 무슨 문제가 있어도 청소년인 활동가들은 여관 주인에게 얼굴을 보여 주기 부담스러워 말하지 못했다. 안 그래도 1인당 숙박비 1만 원도 채 안 되는 싼 곳을 잡느라 시설이 별로 안 좋은 곳에 묵었는데, 그런 일까지 있으니 더 부담스럽고 눈치도 보여 편히 쉴 수가 없었다.

우리 단체에서 전국 단위의 행사나 숙박을 하는 워크숍 등을 할 때마다 정도의 차이만 있을 뿐 계속 반복되는 풍경이다. 그런데 법적으로 따지고 보면 억울한 일이기도 하다. 법률상으로는 청소년이 모텔이나 여관 등에서 숙박하는 것이 금지되어 있지 않기 때문이다. 다만 '미성년자의 혼숙 등 풍기를 문란하게 하는 영업'이 금지되어 있을 뿐이다. 이것도 갑갑한 노릇이긴 하지만, 같은 성별끼리 나누어서 잔다면 문제가 될 것은 아무것도 없는 셈이다.

그러나 상당수의 숙박업소들은 청소년들을 아예 받지 않는다. 문제가 생길 소지가 있다는 이유에서다. 가령 처음엔 따로 들어갔다가 나중에 주인의 눈을 피해 혼숙할 수도 있다는 이야기다. 숙박업소 주인이나 직원이 누가 방에 출입을 하고 누가 어디에서 자는지를 일일이 보면서 체크하고 있을 수는 없으니까, 아예 '미성년자'는 받지 않겠다고 해 버리는 것이다. 그들의 편의와 앞서 나간 걱정 때문에 청소년들은 법적으로 금지되지도 않은 추가적인 제한을 당하고 있는 셈이다.

'청소년의 혼숙 등 풍기를 문란하게 하는 영업'을 금지한다는 법 자체에도 문제가 많다. 청소년은 다른 성별끼리 같은 공간에 묵기만 해도 '풍기가 문란'해진다는 말인가? 심지어 판례상으로는 '혼숙'이란 같이 잠을 자는 것만이 아니라 일정 시간을 함께 있는 것을 포함한다고 한다. "남녀 간에 친구는 없다"라고 여기는 이성애 중심적인 고정 관념이 고스란히 반영되어 있으며, 청소년을 무슨 '잠재적 문란분자'로 보는 듯한 사고방식이다. 게다가 청소년들이 이성 간에 성관계를 한다고 한들 그게 무슨 잘못이라는 것인가? 현재 법적으로 만 13세 이상의 청소년은 자신이 원할 경우 동의하는 상대와 성관계를 하더라도 아무런 문제가 없다. 청소년들은 성관계를 할 수는 있으나, 숙박업소에서 혼숙을 해서는 안 되는, 즉 성관계를 할 법한 상황에 있어선 안 되는 애매모호한 위치에 놓여 있는 셈이다. 청소년의 성을 '문란한 것'이라고 손가락질하고 규제하려고만 드는 사회의 단면이다.

청소년은 뭐든 허락 없이 하지 마라?

청소년이 모텔이나 여관 등에서 혼자, 혹은 보호자 없이 숙박하는 것이 금지되어 있지 않다는 것을 알게 되어 놀란 사람도 있을 것이라고 생각한다. 어쩐지 청소년은 모텔이나 여관 등에서 보호자 없이 숙박하면 안 될 것 같고 그럴 경우 꼭 문제가 생길 것만 같은 기분이 든다. 그래서인지 몇몇 유스호스텔에서는 청소년들이 숙박하는 경우 '보호자(친권자) 동의서'를 요구하기도 한다. 뭐, 친권자에게 〈민법〉상 '거소 지정권'(살 곳을 정할 권리)이란 게 있으니까 아주 이해 못 할 짓은 아니려나. 청소년은 반드시 친권자의 관리와 보호하에 있어야만 할 것 같고, 청소년이 하는 모든 활동은 '어른들', 주로 부모 및 보호자나 교사 등이 알고 있고 동행하거나 허락해 줘야만 된다는 사회적 인식이 있는 것이다.

이런 인식은 왜곡된 '안전' 담론 속에서 더 극단적으로 나타나곤 한다. 2013년, 충남 태안 해병대 캠프 참사가 일어난 이후, 여성가족부와 국회가 청소년이 하는 활동 전반을 국가가 관리하는 방향으로 〈청소년활동 진흥법〉을 개정하려 했던 적이 있다. 그런데 당시 개정안의 내용이 매우 황당했다. 숙박/이동형 청소년 활동 전체를 정부에 사전 신고해야 할 대상으로 규정하고, '신고·등록·인가·허가를 받지 않은 단체/개인은 숙박형 등 청소년 활동 금지, 부모 등 보호자와 함께 참여하는 경우 또는 종교단체가 운영하는 경우만 예외'라는 내용이었다. 문구 그대로 해석한다면 이동해서 하거나 숙박을 하는 청소년들의 모든 집단적 활동이 규제당할 판이었다.

이 법안은 결국, '청소년 활동'의 범위가 매우 넓고 모호했기 때문에 대상을 '청소년 수련 활동'(청소년 수련 활동은 '청소년지도자와 함께 청소년 수련거리에 참여하는 체험 활동'으로 정의된다)으로 좁혀서 수정한 안이 통과되기는 했다. 그러나 이런 대책이 논의되는 과정에서 정부나 국회는 청소년들의 자율성을 전혀 인정하지 않는 인식을 드러냈다. 어떻게 하면 청소년들이 더 안심하고 자유롭게 활동할 수 있게 할지 시설이나 운영 기관을 더 꼼꼼히 점검하려 하기보다는, 청소년들의 활동에 대한 사전 신고와 규제를 강화하려고 했던 것이다. 청소년들의 활동에는 지도자나 보호자가 동행하고 지도해야 하며, 문제가 생길 경우 '더 큰 어른'으로서 국가가 감독하고 나서겠다는 논리였다. 청소년들은 뭘 하기 위해서는 어른의 허락과 감독을 받아야 하고, 그 어른들은 다시 국가의 허락을 받아야 한다. 청소년을 안전하게 보호하기 위해.

숙박의 권리

숙박 이야기로 돌아가면, 숙박의 권리는 단지 청소년들이 숙박업소를 이용할 수 있냐는 소비자로서의 권리만의 문제가 아니다. 청소년들이 친권자의 관리로부터 먼 곳으로 이동해서 스스로 시간을 보낼 수 있느냐, 안정적인 공간을 구할 수 있는 기회가 있느냐 하는 문제이다. 그러므로 숙박의 권리란 말하자면 이동의 자유이고 신체의 자유이며 주거 이동의 자유이고 사생활의 자유이자 사회적 관계를 맺고 활동을 할 자유이다. 이는 청소년들의 폭넓은 사회적 활동, 정치적 활동의 자유를 위해 필요한 전제 조건이다.

2015년에 모텔에서 성판매를 하려던 청소년이 살해당한 사건이 일어나자, 모텔에 청소년 출입을 못 하게 해야 한다거나 신분증 검사를 의무화해야 한다는 언론 기사와 입장이 여럿 나왔다. 이처럼 피해 집단에 대한 규제를 강화하고 권리를 제한하여 문제를 '근절'하자는 논리가 청소년들의 경우에는 유독 쉽게 나오고 현실화되기도 쉽다. 좀 더 어렵지만 나은 방법, 안전을 위한 조치나 실질적 지원 등은 뒤로 밀려난다. 우리 사회가 청소년들의 자유와 권리를 상대적으로 경시하기 때문이다.

그러므로 숙박의 자유는 청소년에게도 권리로서 보장되어야 한다. 아, 그런데 숙박이 '자유'롭게 되어도 많은 청소년들에게는 모텔 하나 들어갈 돈도 없는 것이 현실이니, 그것만으로 자유가 있다고 할 수는 없을 것이다. 돈이 별로 없는 이들도 이용할 수 있는 공공성 있는 숙박 공간도 좀 더 필요할 테고, 청소년들에게도 경제적 권리가 보장되는 것도 해결해야 할 과제이다. 역시 사회권과 자유권은 함께 가는 문제이다.

청소년도
성(性)적 자기결정권이 있다

청소년의 성에 대한 호들갑은 이제 그만

    청소년들의 성 문화에 대해 호들갑을 떠는 소리를 곧잘 듣게 된다. '요즘 애들'에 대한 한탄으로는 새로울 것 없는 레퍼토리이긴 한데, 학생인권조례나 차별금지법 등 사회적 이슈와 연관해 좀 더 심한 공격을 받고 있다는 인상이다. 전반적으로는 이런 식의 이야기다. 몇몇 자극적인 사례를 보이며 청소년들이 이렇게 지금 '문란'하다고 개탄한다. 청소년들의 첫 성 경험 연령이 평균 12.8세라는 조사[*]를 거론하기도 한다. 학교의 연애 탄압 규칙을 비판하거나 청

---

[*] 질병관리본부, 〈2013년 청소년건강행태조사〉.

소년의 성을 규제하려는 것에 문제 제기라도 하면, 청소년들이 어찌 성에 대한 것까지 권리로 주장할 수 있느냐며 심각한 사회 질서 붕괴라는 듯이 규탄한다. 청소년의 사생활의 자유나 다양한 청소년에 대한 차별 금지를 보장하는 것이, 청소년들의 성관계를 장려하는 것이고 성병과 임신 등의 문제를 일으킬 것이라고 겁을 준다. 그러면서 보수적인 거부감과 편견에 기대어 청소년들을 '보호'해야 한다고 호소한다.

과장된 공포와 견강부회의 논리

일단 이런 호들갑은 어느 정도 과장된 것이라는 점을 지적해야 할 듯하다. 예컨대 청소년의 첫 성 경험 연령에 대한 조사 결과는, 실은 성 경험이 있다고 답한 약 5%의 중·고등학생들 사이에서 낸 평균이다. 해당 조사에서 대다수인 95%는 아직 성 경험을 해 보지도 않았다고 답했다. 실제로 현재 10대인 특정 세대의 첫 성교 경험 연령을 추적 조사한다면 평균 20세 이상이 될 가능성도 꽤 높으리라. 내가 만나 본 경험으로는 적지 않은 청소년들이 성에 관해 경험도 별로 없고 두려워하거나 방어적인 경우가 많았다. 그러니 너무 걱정 마시라. 청소년들의 성 문화나 의식 등은, 자연스럽게도 우리 사회 전체의 수준과 크게 다르지 않을 테니까. 다른 관점에서 보면 불행한 일이지만 말이다.

또한 학생인권조례나 차별금지법이 제정되면 우리 사회가 성적으로 굉장히 '문란'해질 것처럼 걱정하는 것도 견강부회이다. 차별금지법은 교육 기관이나 고용·노동 영역 등에서 장애, 병력, 외모, 나이, 출신 국가, 인종, 언어, 성별, 성적 지향 및 성별 정체성, 혼인 여부, 임신 또는 출산, 가족 형태 및 가족 상황, 종교, 사상, 학력 등에 따른 차별을 금지하는 법이다. 학생인권조례상의 차별 금지 조항도 마찬가지다. 성별, 성적 지향, 성별 정체성, 임신 또는 출산의 이력 등을 이유로 부당한 차별을 하지 말라는 것은 자유와 평등을 표방하는 사회라면 당연한 원칙이다. 다양한 성적 지향과 성별 정체성을 가진 사람들을 차별하지 않는 것은 이미 존재하는 다양한 사람들을 인정하고 존중하는 일일 뿐이다. 차별이 금지되었다는 이유로 원치 않는 임신·출산을 일부러 하는 사람이란 상식적으로 있을 리가 없다. 따라서 이러한 차별 금지로 인해 직접적으로 성에 관련된 문제가 급증한다거나 성 관련 도덕이 붕괴하지도 않을 것이다.

학생인권조례의 사생활의 자유 등의 조항 역시 학생의 사생활이나 (연애를 포함한) 인간관계에 대해 존중해야 하며, 강제로 처벌을 하지 말라는 것이다. 바람직한 관계 맺기나 연애 방식에 관한 교육 활동이나 대화, 상담은 얼마든지 이루어질 수 있다. 연애 관계를 처벌하지 않으면 교육이 불가능하다는 것은 교육 활동을 폭력적인 처벌로 동일시하는 데서 비롯된 오해이다. 사생활의 자유를 보장하는 것이 성적 도덕을 붕괴시킨다는 논리는, 마치 예전 박정희 정권 독재 시절에 했듯이 경찰이 미니스커트를 단속하고 '이성 교제'를 하는 청소년들을 잡아가지 않아서 우리 사회가 무너지고 있다고 걱정하는 것이나 다를 바 없다.

성적 자기결정권을 침해하는 문제

오히려 지금 우리가 걱정해야 할 것은 한국 청소년들이 부딪히는 성에 대한 규제와 금기 아닐까? 학생들이 서로 팔짱만 끼고 다녀도 처벌하는 학교들이 아직 비일비재하고, 청소년들은 콘돔 하나를 사려고 해도 포털 사이트나 약국 등에서 거부당하기도 한다. 정부에서는 자위용 도구나 기능이 부가된 콘돔이 청소년에게 유해한 물건이라고 규제한다. 성소수자에 관한 표현이나 행사도 규제를 당하는 일이 적지 않다. 청소년의 성을 쉬쉬하고 억압하려고 하는 이런 모습은 참으로 심각한 사회 문제가 아닐 수 없다. 이처럼 청소년의 성적 자기결정권을 자의적으로 침해하는 행위들을 일종의 '성범죄'로 규정해야 할지도 모르겠다.

성적 자기결정권은 이미 인권으로 공인되어 있다. 헌법재판소도 성적 자기결정권이 〈헌법〉상 기본권 중 하나임을 인정한 게 20여 년 전이다. 사람답게 사는 삶에서, 성은 일반적이고 중요한 요소임을 생각해 보면 당연한 판단이다. 연역적으로 생각해 보라. 성적 자기결정권이 인권이자 기본권이고, 청소년도 인간임을 인정한다면, 청소년에게 이러한 권리가 있다는 것 역시 받아들여야 한다.

성적 자기결정권은 성적인 관계를 맺거나 거부할 권리, 자신의 성적 지향과 성별 정체성에 대해 정보를 얻고 자신의 정체성을 형성할 권리 등을 포함한다. 이러한 권리들을 하나의 인권으로 인정하는 것부터 출발해야 한다. 그래야만 그것을 잘 보장하기 위해 뭐가 필요한지 또는 어쩔 수 없이 제한이 필요한 부분이 있는지 등을 논의해 볼 수가 있다. '보호'를 외치다가 정작 청소년에 대한 인정과 존중을 빼먹고 있지는 않은가 돌아볼 수도 있다. 무조건 '어린 것들'은 성에 대해 접근해서도, 알아서도 안 된다는 식의 태도를 벗어나서 말이다.

"청소년의 성적 권리"라는 말을 하면 그것만으로도 무슨 큰일이 난 듯 구는 이들이 아직도 있다. 그러나 청소년의 성적 권리를 어느 정도 제한해야 한다고 믿는 사람들이더라도, 일단 그러한 권리가 존재하고 보장받아야 한다는 것을 인정하고 그 다음 논의를 해야 한다고 생각한다. 청소년들 중 상당수가 성에 관심을 가지고 성적 경험을 하는 것은 엄연한 현실이다. 그 자체가 무슨 충격이고 범죄이고 사라져야 할 일인 양 이야기하는 것은 청소년을 우리 사회의 시민으로, 평등한 인간으로 인정하지 않기 때문은 아닌지 돌아봐야 한다.

권리의 문제로 이야기하는 이유

청소년의 성적 권리를 이야기하면 대개 "애들이 뭘 아느냐?", "임신이라도 하면 책임질 수 있느냐?"란 비난이 돌아오곤 한다. 그러나 성적 권리를 보장하자는 것은, 성에 대해 잘 알도록 정보를 공유하고 교육의 기회를 만들자는 뜻이기도 하며, 임신을 하게 되면 그에 관한 부담을 사회가 함께 나누고 지원하자는 의미이기도 하다. 청소년의 성을 권리의 문제로 이야기하는 이유는 단순히 간섭 없는 자유를 주장하고자 하는 것이 아니다. 우리가 더 인간답게 행복하게 살기 위해 필요한 사회적 환경과 지원의 문제에 초점을 두자는 것이다.

자유와 인권에 대한 논의는, 개개인만의 문제가 아니라 우리 사회가 어떤 곳이 되어야 하는지 그 방향과 기준의 문제다. 청소년의 성적 권리를 비난하고 두려워하는 사회보다는, 누구든 평등하게 성적 자기결정권을 좀 더 부담 없이 누릴 수 있는 그런 사회가 더 자유롭고 좋은 사회일 것이다.

청소년을 '가해자'로 생각하게 만드는 〈청소년 보호법〉

청소년 주류 구매, 처벌은 답이 아니다

"미성년자 여러분, 감사합니다. 여러분의 성원에 힘입어 저희 가게가 쉬게 되었습니다. 앞으로 철저하게 신분증을 확인하겠습니다."

이런 내용의 공지를 써 붙인 가게 사진이 인터넷에 한 번씩 공유되며 화제가 되곤 한다. 좀 더 직접적으로 청소년을 비난하는 어조로 쓰인 경우도 있다. 현행 〈청소년 보호법〉은 술·담배 등을 청소년에게 판매·대여·배포·제공하는 것을 금지하고 있고, 술·담배를 판매한 것이 적발된 가게는 일정 기간 영업 정지 또는 영업장 폐쇄를 당하기도 한다. 제도를 악용하여 19세 미만인 사람이 술을 사 마신 뒤 해당 가게를 신고하겠다고 협박을 하는 등의 사례도 알려진 적이 있다. 이런 사건에 대해 사람들은 청소년이라는 신분에도 불구하고 또는 나이를 속이고 술을 산 사람들 탓에 가게가 피해를 본 것처럼 생각하곤 한다.

이런 여론과 외식업계의 오랜 불만을 반영하여, 제20대 국회에는 식당에서 19세 미만 청소년인 사람이 나이를 속이거나 하여 술을 사면 처벌하겠다는 법안들이 발의되었다. 바른미래당 이혜훈 국회의원이 2018년 5월 발의한 〈청소년 보호법〉 개정안은, 청소년에게 주류·담배 등을 판매한 것에 관해서 청소년이 원인을 제공한 경우 그 청소년에게 선도·보호 조치가 필요하다고 판단되면 학교 내·외 봉사 활동, 심리 치료, 특별 교육 이수를 하도록 하는 내용이었다. 자유한국당 신상진 국회의원이 2018년 11월에 대표 발의한 〈식품위생법〉 개정안은 심지어, 신분증을 위조하는 등의 방식으로 주류 판매 등에 청소년이 원인을 제공한 경우 1년 이하의 징역형 또는 1천만 원 이하의 벌금형에 처하도록 하는 내용이었다.

청소년을 가해자로 생각하게 만드는 법

누군가를 위한다는 조치는 때로는 그 누군가가 비난받는 이유가 된다. 그 누군가가 특혜를 받고 있으며, 그 때문에 다른 이들이 손해를 보고 있다고 믿게 만들기 때문이다. 청소년에게 술·담배를 파는 것을 금지하고 있는 〈청소년 보호법〉도, 청소년들이 비난받게 만드는 원인을 제공하고 있다.

〈청소년 보호법〉은 애초에 청소년을 일방적 보호의 대상으로 보고, 사회와 어른들에게 의무를 부과하고 있다. 청소년이 주체적으로 선택하고 행위를 하는 인간이라는 전제는 결여되어 있다. 그렇기에 청소년에게 술·담배를 판매·제공한 사람은 처벌하지만, 청소년인 사람은 직접 처벌하지 않는다. "왜 보호받지 않고 스스로에게 해로운 일을 하느냐"며 처벌하는 것도 좀 우스운 노릇이니까.

이렇게 청소년을 보호 대상으로만 간주하고 비청소년에게만 의무를 지우는 〈청소년 보호법〉은 비청소년들의 불만을 사기 쉽다. 가령 청소년인 사람에게 술을 팔았다가 영업 정지를 당했다면, 그 사람이 스스로 술을 사 간 것인데 왜 자신이 책임을 지고 피해를 입어야 하느냐고 억울해하는 것이다. 현실의 청소년들은 스스로 생각하고 행동하는 인간인데, 법이 일방적으로 보호받을 대상으로만 설정하고 있으니 현실과 맞지 않는 면이 있다고 느낄 만도 하다.

그런데 이러한 제도에 대한 불만은, 그 이상으로 청소년에 대한 혐오와 비난으로 이어질 때가 많다. 〈청소년 보호법〉을 뜯어보면, 청소년들이 원해서 만들어졌다거나 청소년에게 혜택을 주는 법이라고 보기 어렵다. 그럼에도 청소년들을 책임은 지지 않고 법의 혜택만 받는 '무임승차자', '얌체'라고 보는 것이다. 그리고 술이나 '청소년 유해물'을 구매한 청소년들, 특히 적극적으로 '뚫은' 청소년들은 가해자로, 처벌을 받은 식당 등은 피해자로 여겨진다. 그 청소년들이 직접 해를 입혔다고 할 수 없는 제도적인 문제임에도, 마치 청소년들이 폐를 끼치고 가해를 한 것인 양 보는 것이다. 청소년을 보호 대상으로 보는 법이 청소년을 '가해자'라고 생각하게 만들고 청소년에 대한 혐오를 부추기는 역설이다. 이런 인식과 정동 위에서 그런 청소년들에게 쓴맛을 보여 줘야 한다며 〈청소년 보호법〉 위반 사건에 관련된 청소년에 대한 처벌을 강화하자는 주장이 자라난다.

'보호'를 벗어난 청소년이 받는 시선

우리 사회에는 '청소년 보호'의 문제를 청소년의 인성과 도덕의 문제인 양 여기는 풍조가 뿌리 깊다. 그래서 보호를 벗어난 청소년들은 사회적 비난과 학교에서의 처벌 등의 불이익을 받고 있다. 대표적인 예가 청소년의 흡연·음주를 대하는 방식이다. 청소년의 흡연·음주가 금지되는 이유는 공식적으로는 청소년의 건강에 해롭기 때문이다. 그러나 술을 마시고 담배를 피우는 청소년을 바라보는 사람들의 시선은 보통 그들의 건강을 걱정하는 것이 아니다. 청소년답지 못한 행동, 비행을 저지르는 청소년, 위험한 우범적 존재로 보는 것이다.

대부분의 초·중·고등학교에서는 흡연이나 음주를 학생들을 처벌하는 사유로 정하고 있다. 많은 고등학교에서는 흡연이나 음주는 폭행보다도 더 강하게 처벌할 대상으로 규정한 비합리적인 학생 선도 규정을 갖고 있다. 청소년을 보호하기 위해서라고 하면서 실제로는 청소년을 학교 밖으로 내몰고 있는 것이다. 또한 현행 〈청소년 보호법〉에는 청소년을 직접 처벌하는 내용은 없지만, 술·담배 구입을 적극적으로 하는 등 선도·보호 대상이라고 인정되는 청소년에 대해서 학교장 및 친권자에게 통보하게 하는 내용도 있다. 청소년이 흡연·음주를 하는 것을 보고 다른 사람이 학교에 민원·신고를 해서 조치를 취하게 하는 경우도 이미 비일비재하다.

흡연·음주를 비롯해 보호의 틀을 벗어난 행동들은 기성세대에 대한 도전으로, 어른을 모방하는 행동 또는 사회 질서를 따르지 않겠다는 행동으로 받아들여진다. 청소년을 보호한다는 각종 조치들이 청소년들이 어겨선 안 될 사회적 금기가 되어 버리고, 이를 어긴 청소년들은 도덕적 비난을 받고 '불량한' 존재로 낙인찍히고 단속당한다. 이러한 '청소년 보호'의 속성은, 〈청소년 보호법〉을 어겨서 처벌받은 비청소년들을 '비행을 저지른 청소년들에 의한 피해자'로 인식하게 부추기는 요소다. 사람들은 '못된 청소년들'을 처벌해야 한다고 목소리를 높인다.

〈청소년 보호법〉은 무엇을 보호하는가

〈청소년 보호법〉은 그 이름 때문에 청소년에게 무슨 혜택을 제공하는 법처럼 오해받곤 하지만, 그 내용 대부분은 청소년 유해물, 유해 매체물을 정하고 규제하는 것이다. 즉, 청소년이 보고 들어선 안 될 것, 청소년이 향유해선 안 될 것을 규정하고 이를 청소년에게 제공하지 말라고 하는 내용이다. 이는 사회적으로는 '청소년이 감히 접근해서는 안 되는' 영역을 지정하는 효과를 낸다.

2017년, 정부에서는 피우는 방식의 비타민 흡입제를 청소년 유해물로 지정한 바 있다. 건강에 해가 되는 점이 없음에도 외관이나 흡입 방식이 담배와 유사하다는 이유로 금지한 것이다. 우리 사회가 건강이나 안전을 보장한다기보다도 '청소년다운' 행동을 하도록 통제하는 데 중점을 두고 있음을 드러내는 사례다. 비슷한 경우로 찜질방에 밤 10시 이후 청소년 이용을 금지했다가 보호자의 동의서가 있으면 이용이 가능하게 한 것도 있을 것이다. 이는 결국 찜질방 이용 규제가, 찜질방이 청소년에게 '유해'한 요소가 있기 때문이 아니라, 청소년들이 친권자의 관리를 벗어나 독립적인 숙박 장소로 찜질방을 활용하는 것을 막기 위한 것이었음을 인정한 것과 다름없다.

사실 〈청소년 보호법〉이 밝히고 있는 법의 목적은, "청소년을 유해한 환경으로부터 보호·구제함으로써 청소년이 건전한 인격체로 성장할 수 있도록 하는 것"이다. 청소년의 인격이나 권리를 보호한다기보다는, '건전한 인격체', 즉 사회에서 바람직하다고 여겨지는 어른으로 성장하도록 하려는 것이다. 청소년을 통제하고 사회가 원하는 대로 자라게 하려고 만든 〈청소년 보호법〉이기에, 그 보호의 손길을 거절하는 청소년을 비난하는 여론 역시 어쩌면 법의 의도에 부합하는 것 아닐까 하는 씁쓸한 생각도 든다.

청소년에 대한 처벌이 해법일까?

사실 신분증을 위조한다거나 청소년에게 술을 판 것을 신고하겠다며 협박하는 사람은 현행법상 공문서 위조죄나 공갈죄로도 처벌 가능하며, 그들은 이미 이런 죄로 입건되고 있다. 이혜훈, 신상진 의원이 낸 개정안은 법률의 공백을 메꾼다기보다는, 보호의 틀을 벗어나는 청소년의 행동에 대한 더 강력한 선도와 처벌을 목표로 한다고 볼 수 있다. 신상진 의원의 법안은 청소년의 음주를 범죄화하는 성격도 있다.

술을 산 청소년도 처벌하자고 주장하는 이들은 종종 미국 등에서는 술을 구매한 청소년도 벌금을 내거나 처벌받는다는 사례를 가져온다. 그러나 다른 나라들의 청소년 음주에 관련된 법 제도나 사회적 태도는 다양하다. 한국처럼 술 판매만 불법인 나라도 있고, 한국과 달리 청소년의 '음주 행위' 자체가 불법이라고 명시한 나라도 있고, 술의 종류나 공간과 상황에 따라 세분화해서 규정한 경우도 있어서 허용 여부만을 비교하기는 어렵다. 예를 들어 독일은 16세 이상이면 맥주, 와인 등의 구매가 허용되고, 14세 이상이면 보호자가 동행하면 맥주 등을 마실 수 있다.* 또한 법 외에도 청소년의 음주가 사회적 금기나 도덕적 비난 대상으로 여겨지는 경향이 약한

---

* "각국 음주허용 나이는 韓 19세·美 21세·獨 14세부터… 나라마다 제각각", 〈문화일보〉, 2015년 9월 4일.

나라들도 많다.

음주·흡연을 한 청소년을 처벌하는 것이 좋은 제도인지 여부도 더 많은 논의가 필요하다. 이미 흡연·음주에 대한 낙인찍기는 일부 청소년들이 흡연·음주를 계기로 제도권에서 밀려나고 위험한 상황에 내몰리게 만들고 있다. 청소년에 대한 처벌을 강화하는 것은 이러한 경향을 더 확대시킬 수도 있다. 〈소년 비행 방지를 위한 UN 지침(리야드 가이드라인)〉에서는 "청소년과 관련한 낙인찍기, 희생양 만들기, 범인 취급을 방지하기 위해, 성인이 했을 경우에 범죄로 간주하지 않거나 처벌하지 않는 행위를 청소년이 행할 경우에도 범죄로 간주하지 않거나 처벌하지 않도록 보장하는 법률이 제정되어야 한다"라고 하고 있다. 성인이 할 경우 범죄가 아닌 흡연·음주 등이 청소년이 할 경우 범죄로 간주되는 것은 이러한 지침을 어기는 것이며, 실질적인 청소년 보호나 교육에도 효과적이지 않다. 그런 관점에서 보면 청소년의 음주 행위를 처벌하는 나라들도 이러한 지침에 어긋나는, 안 좋은 법을 갖고 있는 셈이다. 만약 신분증 위조 등을 했다면 위조 행위에 대해서만 처벌받아야 하지, 청소년이 술을 사거나 마셨다는 것이 가중 처벌의 이유가 되어선 안 된다.

2018년 11월, 국회에서는 '청소년이 위반 원인을 제공한 경우' 술을 팔았어도 영업 정지 등의 행정 처분은 면제하는 〈식품위생법〉 개정안이 통과되었다. 차라리 이와 같이 비청소년들의 의무 부과를 상대적으로 가볍게 하거나 면제하는 것이 더 바람직한 접근 방향이라고 생각한다. 이에 더해 청소년의 존엄성과 권리에는 무관심한 채, 통제와 혐오를 유발하고 있는 〈청소년 보호법〉의 문제점을 성찰하고 손봐야 할 것이다.

정말 게임이
문제인가

중독 예방 정책과 청소년 통제

"남의 개인 정보가 고3이라는 이유로 막 다뤄져도 되는가?" 2013년 5월, SNS에서 화제가 된 한 장의 사진에 달려 있던 질문이었다. 고등학교 교실로 추정되는 사진 속 장면에는 칠판에 '3학년 9반 전원 LOL* 계정을 탈퇴 처리할 것이니 억울해하지 말라'는 교사의 공지가 적혀 있었다. 주민등록번호로 검색해서 아이디를 확인하여 탈퇴시키겠다는 부연 설명과 함께. 사실 저 질문에서 "고3"의 자리에 "학생"이나 "청소년"이라는 단어를 넣어도 별 위화감이 없다.

* '리그 오브 레전드'라는 게임.

정도의 차이는 있겠으나 공부 등을 이유로 학생의 사생활이나 개인 정보를 함부로 취급하는 것은 학교에서나 가정에서나 흔한 일이다. 하물며 그것이 '해로운' 게임을 단속하기 위해서라면야.

2013년 제19대 국회에 '인터넷게임 중독 예방에 관한 법률안'이 발의되었다. 이 법안은 "인터넷게임 중독을 예방하여 국민이 건강하고 균형 잡힌 신체와 정신으로 건강한 가족생활을 영위할 수 있도록 하려는 것"이라고 입법 취지를 밝히고 있다. 그런데 이 법안 중에는 중독 유발 게임 아이템을 금지한 내용도 있지만, 실질적인 규제의 대부분은 청소년에 관련된 내용들이었다. 인터넷 게임 청소년 야간 이용 제한(셧다운제)을 기존의 '밤 12시~오전 6시'에서 '밤 10시~오전 7시'로 확대하고, 청소년의 인터넷 게임 이용 내용을 보호자 및 담임 교사에게 알리도록 한 내용 등이었다. 말하자면 청소년의 개인 정보가 친권자와 교사에게 감시당하도록 법제화하려는 셈이었다. 비록 국회에서 통과되지는 못했지만, 이 법안은 게임 중독 예방 논의의 한 속성을 보여 준 사례였다.

보호 논리와 경제 논리

게임을 둘러싼 논쟁은 주로 게임 산업에 대한 규제냐 진흥이냐 하는 구도로 이루어졌다. 그러면서 게임 중독의 폐해를 강조하며 게임을 규제하려는 측과 규제에 반대하는 게임 산업 측 사이의 대립이 부각되곤 했다. 그런데 이상한 점은, 게임 중독 예방을 위한 것이라며 도입되는 게임 규제들 중에 청소년에 관련된 규제가 유독 많았다는 것이다. 예컨대 가장 대표적인 게임 규제 정책으로 꼽히는 2011년 도입된 셧다운제 역시 16세 미만 청소년을 대상으로 하는 것이다. 앞서 소개한 '인터넷게임 중독 예방에 관한 법률안'도 마찬가지였다. 즉, 게임 규제 정책 중 상당수는 다른 측면으로는 '청소년 보호' 정책, 또는 청소년에 대한 통제 정책의 성격을 띤다.

게임 산업의 이윤 추구로 나온 사행성 확률형 아이템의 문제, 중독의 위험 등이 게임 규제의 필요성으로 거론되는 것들이다. 그런데 이런 문제들은 청소년들만 겪는 것이 아니다. 비청소년이 게임에만 열중하다가 아동을 방임한 사건이 일어난 적도 있고, 아이템 구입에 카드 빚을 지며 수백만 원을 썼다든지 하는 사례들도 비일비재하다. 그럼에도 실제 시행되는 규제들은 청소년의 게임 이용을 주 타깃으로 삼을 때가 많은 것은 단지 '중독 위험'만으로는 설명할 수 없다. 이는 물론 컴퓨터 게임, 인터넷 게임이 대개 청소년 등 젊은 세대가 더 많이 즐기는 놀이 문화이기 때문인 부분도 있다. 하지만 그 이상으로, 청소년의 자유와 권리는 '보호'를 위해서라며 보다 쉽게 제한될 수 있다는 점, 게임 규제를 지지하는 여론의 상당수는 청소년들이 게임을 적게 하기를 바라는 친권자들의 목소리가 차지하고 있다는 점도 큰 이유일 것이다.

한쪽에서는 청소년 보호를 주장하며 청소년의 게임 이용을 감시하고 통제하는 정책을 만들려고 한다. 다른 한쪽에서는 게임 산업의 경제적 효과를 강조하며 게임을 규제하지 말고 지원해 달라고 한다. 그 사이에서 정작 청소년의 자유나 권리의 문제는 관심을 받을 틈이 없다. 셧다운제 도입 당시 국회 논의 과정에서도 게임 산업계, 콘텐츠·문화 관련 단체, 교사·학부모단체의 입장을 듣는 공청회 등은 여러 차례 있었지만, 청소년의 의견을 듣는 자리는 거의 없다시피 했던 기억이 있다. 청소년은 게임 규제 문제의 또 다른 당사자이지만, 함께 논의할 존재가 아닌 중독의 피해자 또는 장사나 통제의 대상으로만 생각되고 있다.

중독 걱정의 뒷면

게임 규제와 비슷하게 휴대전화, 특히 스마트폰에 대한 규제도 여러 가지가 등장하고 있다. 이 역시 중독의 위험성 그리고 스마트폰을 통해 소위 청소년 유해 매체물을 접할 수도 있다는 가능성 등이 규제의 이유이다. 스마트폰 중독 역시 청소년들만의 문제가 아님은 마찬가지인데 청소년에 대한 규제가 더 적극적으로 이루어지는 것도 유사한 점이다.

대표적으로는, 2014년 개정된 〈전기통신사업법〉에 따라 청소년이 이용하는 스마트폰에는 청소년 유해 매체물을 차단하는 프로그램을 의무적으로 설치하게 되었다. 그런데 이렇게 설치되는 어플리케이션들 중 일부는 단지 청소년 유해 매체물 차단 기능만 있는 것이 아니다. 친권자가 이용 시간을 통제하는 기능, 인터넷 접속 및 검색 내역이나 대화 내용을 모니터링할 수 있게 해 주는 기능이 있는 것들도 있다. 정부 정책에 의해서 의무 설치되는 어플리케이션에 청소년의 사생활의 자유를 침해하는 기능이 포함되어 있는 셈이다.

학교에서도 학생의 스마트폰 사용을 통제할 수 있는 어플리케이션을 설치하게 하려는 정책이 추진되곤 한다. 이러한 어플리케이션들은 교사가 학생들의 스마트폰의 기능을 일정 시간 동안 중지시키거나 특정한 기능만 사용하도록 원격 제한하는 것이 가능하다. 야간 자율 학습 때 적용하는 기능도 있으며, GPS 기능과 연동하여 학교 안에 있는지 학교 밖에 있는지를 파악하여 적용할 수도 있다. 교사·부모 측의 승인이 없으면 어플리케이션 삭제를 할 수 없도록 막혀 있다. 부모가 '부모용' 앱을 설치하면 설정한 시간에 자식의 스마트폰 이용을 금지시킬 수도 있다. 몇몇 학교들이 이러한 통제 프로그램을 학생들의 스마트폰에 설치하려고 하고 있고, 교육청들 중에 이러한 정책을 검토한 곳도 있다.

이런 어플리케이션들을 개발, 배포하는 기업 측에서는 논란을 의식하여 "학부모 동의를 받고 학생과의 협의를 통해 학생이 스스로 설치하도록" 한다고 밝히고 있다. 그러나 이러한 학생의 동의 절차나 자발성이란 허울 좋은 것이 될 가능성이 매우 높다. 사실상 강제적으로 설치하게 하는 경우가 만연할 것이기 때문이다. 애초에 학생들의 진짜 동의하에 설치하는 것이라면 삭제를 막는 등의 조치는 불필요했을 것이다. 이러한 통제 장치를 설치시키는 것도 보통 스마트폰 중독을 예방하고 올바른 사용 습관을 길러 주기 위한 것이라고 포장되곤 한다. 그러나 실제로 그 목표는 중독 예방이라기보다는 이용 통제와 감시이다.

어떤 이들은 청소년들의 게임이나 스마트폰 이용을 통제하는 것이, 청소년들을 소비 자본주의로부터 지키는 일이고 주체적이고 대안적인 삶의 방식을 가르치는 것이라고 이야기한다. 그러나 타의에 의한 통제는 자율성을 떨어뜨리고 강제가 사라지면 더욱 스스로를 제어할 수 없게 만들 위험도 있다. 또한 청소년들이 학교에서 자신의 욕망을 제어하고 정해진 시간표와 규율에 맞춰 생활하게 교육하는 것은 학교의 오랜 임무였지, 자본주의에 대한 저항이나 대안적인 실천이라 보기 어렵다. 정해진 시간에는 자신의 욕망을 억누르고 일에 집중하다가 퇴근 후에는 소비에 탐닉하는 것이, 이 사회의 모범적인 노동자에게 요구되는 자세이지 않던가.

게임이나 스마트폰에 몰입하여 일상생활과 건강에 지장을 초래하는 사람들은 존재하고, 그런 이들을 위한 도움도 필요하다는 것은 사실이다. 그렇지만 왜 그런 문제에 대한 대응이 청소년에 대한 통제를 강화하는 식으로 자꾸 나타나는지는 좀 돌아볼 필요가 있다. 결국 중독을 걱정하는 이면에는 청소년을 오직 공부만 열심히 해야 하는 존재, 시키는 대로 통제받아야 하는 존재로 보는 우리 사회의 시선이 있는 것은 아닐까. 게다가 게임이나 스마트폰 이용 등을 문제라고 보고 일상생활에 지장을 초래한다고 판단하는 사회적인 기준은 그 사람들이 요구받는 일상생활의 내용에 따라 달라진다. 한국의 청소년들에게 요구되는 학습 시간이나 학습 부담이 과중하기 때문에, 청소년들이 게임이나 스마트폰 등에 '한눈을 파는' 일이 더욱 문제가 되는 건지도 모른다.

청소년들이 게임 등에 중독될까 걱정된다면, 청소년을 통제하려는 욕망을 내려놓고, 청소년들의 삶을 살피려는 자세를 가져야 한다. 놀봄을 기대하기 어렵고 소비 생활을 즐길 수도 없는 여건의 청소년들이 비교적 저렴한 취미 생활인 게임 등에 더 열중하게 되는 것은 아닐까. 청소년의 여가나 놀이는 부족하고 스트레스는 많이 받기에, 게임이나 스마트폰이 몇 안 되는 탈출구가 되는 것은 아닐까. 청소년의 삶을 어떻게 나아지게 할지 모색하고 여가권과 문화적 권리, 쉬고 놀 권리를 더 잘 보장할 방법을 찾는 것이 게임을 둘러싼 논란에서 바람직한 접근 방법일 것이다.

함부로 '아이들을 사랑한다'고 하지 말 것

어린이·청소년과 그 관련 직업에 대한 잘못된 편견

교사를 비롯하여, 교육·보육 관련 직업이나 청소년지도사 같은 직업을 가진 이들과 대화를 하다 보면 자주 듣게 되는 표현이 있다. "아이들/청소년들을 좋아해서/사랑해서" 이 일을 선택했고 계속하고 있다는 말이다(이때 '좋아한다'와 '사랑한다'는 딱히 엄밀하게 의미를 구분해서 쓰이는 말 같지는 않다). 그 직업에 종사하는 사람들 스스로만 이렇게 말하는 것이 아니다. 사회적으로도 그러한 일을 하려면 청소년, 아이들을 '사랑해야' 한다는 것이 일종의 요건처럼 거론된다. 예를 들면 교사라면 '아이들을 진정으로 사랑해야' 좋은 교사가 될 수 있다는 믿음이 은근히 굳건하다.

취향과 감정

그렇지만 나는 '아이들을 사랑한다'라는 말의 의미를 잘 이해할 수가 없다. 만일 어떤 어린이·청소년 관련 일 종사자가 아이들을 좋아한다고, 몸집이 상대적으로 작은 사람들과 나이가 적은 사람들의 특성들이 편하고 즐겁게 느껴진다고 얘기한다면 그게 무슨 말인지 충분히 이해할 수 있다. 그게 올바르거나 바람직하다고 할지와는 별개로, 일단은 취향의 문제로 생각할 수 있다. 하지만 아이들을 사랑한다고 하는 것은 취향이 아닌 감정의 문제이다. 말꼬리를 잡으려는 것이 아니다. 실제로 사람들이 어린이·청소년 관련 일을 하는 사람들에게 요구하는 '아이들을 사랑하는 것'은, 취향의 문제를 넘어서 만나는 아이들에게 헌신적으로 마음을 쓰는 것이나 무언가 훈훈하고 낭만적인 감정을 가지는 것일 때가 많지 않던가.

그러니까, 나는 그런 감정이 잘 이해가 가지 않는 것이다. 어떻게 단지 '아이들'이라는 이유만으로 사랑할 수가 있나? 어린이·청소년 관련 일 종사자들이 만나는 청소년들은 보통 연간 수십 명, 수백 명에 이른다. 그만큼의 사람들을 인간 대 인간으로 만난다면 당연히 서로 안 맞는 사람도 있을 것이고 비호감인 사람도 있을 것이다. 또한 그 사람들 하나하나를 잘 알고 관계를 맺는 것도 어려운 일이다. 그런 상황에서 모든 아이들, 혹은 자신이 만나는 아이들을 사랑한다는 것이 어떤 감정일지 정말이지 상상하기 어렵다.

그렇기에 의심스럽다. 그들이 말하는 '사랑한다'라는 것이 정말 온전한 감정일지. '아이들'을 자신과 동등한 인격체로 상정한다면 '아이들을 사랑한다'는 그런 말을 할 수 있을지. 한 사람 한 사람과 마주하지 않고 단지 자신의 직업적 위치 때문에 사랑한다고 하는 것을 과연 진중한 사랑의 감정이라고 할 수 있을지. 그리고 그런 감정을 직업적 의무로 가지라고 요구할 수 있는 것일지.

애정 표현의 권력

내가 '아이들을 사랑한다'와 같은 이야기를 접할 때 연상되는 것은 '장애우'라는 표현을 둘러싼 논란이다. 장애인을 부르는 호칭으로 친근감을 담겠다고 '벗 우友' 자를 넣어서 만든 말이지만, 비장애인의 입장에서 장애인을 부르는 말이라는 비판, 장애인이 다 친구냐는 비판 등이 제기된 바 있다. 아마 처음 만든 사람은 장애인과 비장애인이 동반자 관계라는 뜻을 담았을 듯싶지만, 비장애인은 장애인을 자의적으로 친구로 삼을 수 있다는 의미로도 읽힐 위험이 있는 것이다.

권력관계는 종종 일방적인 친근감이나 애정 표현의 형태로 나타난다. 가령 나이가 많은 '어른'들은 청소년들에게 "○○ 친구"라는 말을 쓰곤 한다. 표준국어대사전에서도 "친구"에 "나이가 비슷하거나 아래인 사람을 낮추거나 친근하게 이르는 말"이라는 풀이를 등재해 놓고 있다. 그러나 나이가 적은 사람, '아랫사람'은 '윗사람'을 친구로 삼을 수 없다. 호칭이 되었든 어느 정도의 스킨십이 되었든, 이러한 친근함의 표현은 '아랫사람'이 고마워해야 할 일이며 '윗사람'의 아량으로 여겨질 때가 잦다. 관계나 감정의 거리를 좁힐 권력도 불평등하게 배분된다. 친근감이나 애정의 표현은 일반적으로 좋은 것으로 여겨지기에 경계심을 늦추는 경우도 많고, 문제를 제기하기가 더 어렵기도 하다.

이처럼 '친구'라는 관념 속에도 불평등한 관계와 인식이 얼마든지 담길 수 있다. '아이들을 사랑하는 어른', '학생들을 사랑하는 선생님' 같은 관념은 어떠한가? 이때의 사랑은 사람 대 사람 사이의 관계 속의 감정이 아니라, 더 우월한 사람이 미숙하고 열등한 사람에게 '베푸는' 모양새를 취하진 않나? 자신이 '아이들을 모두 사랑하고 있다'고 믿을 수 있는 것은, 그들을 동등한 인간으로 보지 않고 있기 때문은 아닌가?

'사랑'에 거리를 두어야 할 이유

난 늘 사랑하지 않는다고 말했었다. 진심으로 생각했다. 난 '어린 사람들'을 사랑하지 않는 사람이라고. 성향상 맞지도 않다. 특히나 나는 학생들을 사랑하지 않는다. 사랑할 생각도 없다. 덧붙여 의사는 교육 기간 중 끊임없이 환자와 감정적인 관계를 맺는 것을 경계하도록 훈련받는데 왜 교사는 정반대로 끊임없이 사랑하라고 세뇌

받는가에 대해 나는 문제를 제기하곤 했다. 의사가 감정에 빠지면 환자의 상태를 정확히 볼 수 없듯이 교사도 그렇다. "내 자녀의 공부는 내가 못 봐 준다"는 말을 보호자들이 흔히 하는데 감정이 관여되었을 때 교육 활동의 어려움을 표현하는 가장 정확한 말이다. "근데 왜 자꾸 선생보고는 사랑하라고 그래!" 하며 화를 내곤 했었다.*

초등 교사인 진냥이 지적하듯이, 의사는 환자와의 감정적 관계를 경계해야 하는데, 왜 교사는 학생을 사랑하라고 끊임없이 요구받을까? 교육이나 보육은 물론 관계 형성과 신뢰를 필요로 하긴 하지만, 그것이 곧 교사나 노동자의 감정적인 애정을 필요로 한다는 것은 아닐 텐데 말이다. 이는 그동안 어린이·청소년에 관련된 일, 교육이나 보육과 관련된 일들이, 사적인 영역, 가정 안의 일, '어머니/여성'의 일로 간주되어 왔던 전통적인 이데올로기와도 관련이 있다. 이런 경향성은 성차별을 품고 있을 뿐만 아니라, 교육이나 보육 등의 일에 대한 진정성, 성실성의 문제를 '사랑'의 문제로 치환함으로써 여러 가지 문제를 낳게 된다.

교육이나 보육에서 사랑을 강조하는 것은, 우선 공적이고 또 조심스러워야 할 관계를 사적이고 함부로 대할 수 있는 관계로 변질시킬 위험성이 있다. 실제 교육 현장에서도 이런 '사랑'의 이데올로기

---

* 진냥, "[진냥의 인권이야기] 내 사랑이 뭐냐고 물으신다면", 〈인권오름〉, 2012년 10월 31일.

는 자신은 어린이·청소년들에게 잘못된 일을 하지 않을 거라는 잘못된 자신감의 원천이 되거나, 어른들이 하는 일은 모두 '너희를 위한 일'이라고 정당화되는 근거가 되기도 한다. 어린이·청소년들의 독립성을 존중하지 않는 태도로 나타나기도 한다.

　게다가 이는 어린이·청소년 관련 일에 종사하는 사람들의 노동이 정당한 대우를 받지 못하고, 헌신과 봉사로 지탱되기를 기대하는 배경이 되기도 한다. 교사나 보육 관련 노동자들이 파업이라도 하면 '아이들을 사랑하는 선생님/보육자로서 어떻게 그럴 수 있는가!'라는 질타를 받게 하기도 한다. 이는 이러한 일들에 충분한 자원이 투여되지 못하고 개개인의 도덕과 헌신만을 요구하며 지속 불가능한 시스템을 만든다. 그런 점에서도 관련 종사자들이 '아이들을 사랑하는 사람'이라는 인식은 해롭다.

　간혹 내가 오래도록 청소년운동을 해 오고 있다는 걸 알고서는 나에게 "청소년을 정말 사랑하시나 봐요"라는 치사를 하는 분들이 있다. 그러면 나는, 청소년인권은 참 사랑하는데, 청소년한테는 별 관심이 없다고 답하곤 한다. 나는 청소년인권이라는 사상 또는 청소년운동이라는 사회운동에 대한 애정은 있지만, 어린이·청소년 개개인에 대한 애정은 거의 가지지 않고, 어린이·청소년 일반에 대한 애정은 더욱 갖고 있지 않다. 나는 어린이·청소년 관련 일 종사자들이 자신의 일에, 노동에, 활동에 대해 자부심과 애정을 충분히 가질 수 있다고 생각한다. 누군가는 기성세대 이후의 세대인 어린이·청소년에 대해 인류적인 사명감을 가질 수도 있을 것이다. 그러나 이러한 추상적 차원의 사랑과 실재하는 어린이·청소년에 대한 사랑은 명확하게 구분되어야만 한다. '사랑'도 함부로 해서는 안 되는 것이다.

 글쎄, 혹시 그저 내가 좀 별난 종류의 인간이라서 이해나 공감을 못 하는 것일지도 모르겠다. 그래도 나에게 무엇이 더 바람직한지 묻는다면, 교사나 보육 노동자들이 "아이들을 사랑한다"라고 함부로 말하지 않으며, 사회에서도 그런 것을 요구하지 않는 것이 더 나은 모습이라고 답하겠다. 아이들을 사랑한다고 말하는 관련 직업 종사자분들을 만나면 과연 그것이 그 '아이들'을 평등한 인간으로 진지하게 마주하지 않기 때문에 그런 것은 아닌지, 한 번쯤은 다시 생각해 보시라고 권하고 싶어진다. 그리고 아이들을 사랑해야 한다고 의무적으로 요구받는 것이 부담스럽게 느껴지지는 않는지도 묻고 싶어진다. 우리 사회가 어린이·청소년 관련 일을 잘하기 위해서는 어린이·청소년들을 사랑해야만 한다고 믿는 미신으로부터 한시바삐 벗어나길 바란다.

지문 날인은
당연하지 않다

강제적 지문 정보 수집 제도는 청소년인권 문제

제대로 알려 주지도 않은 채 마주치는 지문 날인

대한민국 국적을 가진 사람들은 17세에 주민등록증을 발급받으라는 통지를 받는다. 주민등록증 발급을 위해 주민센터에 가면 과제가 하나 주어진다. 열 손가락에 검은 잉크를 묻혀 가며 손가락을 종이 위에 굴려 회전 지문과 평면 지문을 찍는 일이다. 그런데 많은 청소년들이 이러한 지문 정보 수집에 대해 제대로 된 정보 제공이나 선택의 기회조차 받지 못한 채로 그저 당연히 해야만 하는 일이라 여기고 열 손가락 지문을 날인하게 된다.

나는 17세 때 이미 청소년인권운동을 하고 있었고, 주민등록제도나 강제 지문 날인 제도가 개인의 정보 인권을 침해한다는 비판도 어느 정도는 알고 있었다. 그래서 주민등록증 발급을 할지 말지 고민하며 주민센터에 가는 일을 몇 개월 미뤘다. 하지만 결국에는 지문 날인과 주민등록증 발급을 '순조롭게' 치를 수밖에 없었다. 주민등록증 발급을 거부하겠다고 하자니 부모의 눈치도 보였고, 딱히 대체할 만한 신분증을 준비해 두지도 못했으며, 주민등록증 없이 살 각오가 되어 있지 않았기 때문이었다. 준비가 부족했던 나와 달리, 청소년인권운동을 포함하여 인권운동 활동가들 중 상당수는 지문 날인을 거부하여 주민등록증을 발급받지 않고 여권 등의 대체 신분증을 이용하며 살아간다.

나름대로 강제 지문 날인 제도에 대한 비판 등을 접했던 나였지만 주민등록증 발급 신청을 하러 가서는 적잖이 당황했다. 막연하게 양손 엄지손가락에 도장 좀 묻혀서 꾹 찍으라고 할 거라고 생각했지, 열 손가락 회전 지문 등까지 죄다 날인해야 하는 줄은 몰랐기 때문이다. 사실 대부분의 17세 청소년들이 주민등록증을 만들 때 그런 식으로 지문 정보를 모두 국가에 넘겨야 한다는 것을 사전에 알지 못할 것이다. 지문 날인에 어떤 의미가 있는지, 국가가 지문 정보는 왜 수집하는 것이며 어디에 이용되는 것인지, 지문 정보는 어떻게 관리되는지 등도 안내받지 못한다. 물론 지문 날인을 거부할지 고민해 볼 기회도 없다. 지문을 찍어서 내는 것은 그냥 대한민국 국민이라면 주민등록증을 만들 때 해야 하는 관례로, 당연한 '상식'이 되어 있다.

비상식적인 상식

OECD의 프라이버시 보호 가이드라인을 참고하자면, 개인 정보의 수집은 제한적이어야만 하고 합법적이고 공정한 절차에 따라 정보 주체의 동의를 받아야 한다. 개인 정보의 수집 목적이 명확해야 하고 명시된 목적으로만 이용해야 한다. 그리고 지문은 내 신체의 정보로 명백하고도 민감한 개인 정보에 해당한다.

그러나 지문 날인은 의무적인 주민등록증 발급 과정에서 사실상 강제되고 있고, 별도로 동의하는 절차도 거치지 않는다. 지문 정보의 수집 목적과 범위, 이용 등에 대한 공지도 없다. 하다못해 범죄자에 대해 법원의 영장을 발부받아 강제 수사를 할 때도 그 목적이나 범위 등을 자세히 고지하도록 하고 있는데 말이다. 지문 날인을 규정한 〈주민등록법〉은 지문 정보를 수집하는 목적이 무엇인지 명확히 밝히지 않는다. 그럼에도 지문 정보는 공공 기관이나 사적 영역에서 신분 증명, 범죄 수사나 사고에서 변사자 신원 확인 등에 폭넓게 이용되고 있는 상황이다.

전 국민에 대한 강제 지문 날인 제도가 시작된 것은 박정희 독재 정권 때의 일이었다. 박정희 정권은 '국가 안보', '간첩 색출' 등의 이유로 〈주민등록법〉을 개정하여 강제 지문 날인을 도입하고 주민등록증을 의무 소지하도록 하여 전 국민에 대한 통제를 추구했다. 이렇듯 한국의 강제 지문 날인 제도는 그 필요성 등을 제대로 논의하고 민주적 절차를 거쳐 만들어진 것이 아니었다. 독재 정권에 의해

도입되어 오랜 기간 존속하면서, 지문 정보 수집의 목적이나 이용 방식이나 동의 절차에 대해 법률로 정리되지도 못한 채, 하나의 '상식'으로 자리 잡게 된 것이다. 그러나 전 세계적으로 한국처럼 모든 국민의 열 손가락 지문 정보를 수집하여 보관하고 있는 나라는 드물다는 점에서, 이는 매우 비상식적인 모습이기도 하다.

주민등록증을 만들러 가서 지문을 찍었을 때, 묘한 불쾌감이 등줄기를 쓸고 지나갔던 것을 기억한다. 이 나라는 내가 언젠가 범죄를 저지를 수 있고 그때 지문을 남길지도 모르니까 내 지문 정보를 전부 다 보관해 놓겠다고 하는 건데, 대체 내가 왜 그런 의심을 받아야 한단 말인가? 지문 정보는 혹시 유출이라도 되면 주민등록번호나 비밀번호와는 달리 내 몸에서 떼어 낼 수도 바꿀 수도 없다는 점에서 수집 자체를 최소화해야 한다. 게다가 2010년대에도 국가정보원에 의한 간첩 조작 사건이 일어나는 나라에서, 내 지문 정보가 악용되지 않으리라는 믿음도 그리 확고하지가 않다.

강제 지문 날인을 옹호하며 흔히 나오는 것이 범죄 수사에 필요하다는 논리다. 하지만 그렇다면 대부분의 나라들에서는 왜 지문 정보를 수집하지 않을까? 다른 나라들의 현실과 비교해 보면 별로 설득력이 없는 주장이다. 또한 그런 논리에 따른다면 전 국민의 DNA 정보를 수집하고 휴대전화 위치 정보를 상시 수집, 저장해 두는 것은 어떤가? 범죄 수사에는 아주 유용할 터이다. 그러나 이런 조치를 추진한다면 개인의 사생활을 지나치게 침해하고 감시 국가를 만든다는 이유로 논란이 일 것이다. 강제 지문 날인 제도는 단지

'익숙해서' 쉽게 받아들여지고 있을 뿐이다.

청소년이기에 더 저항할 수 없는

나는 주민등록증을 발급받으며 지문 날인을 강요받는 나이가 17세, 청소년기인 것도 강제 지문 날인 제도가 큰 저항에 부닥치지 않고 유지되고 있는 이유 중 하나라고 추측한다. 청소년은 '어른들이 시키는 대로' 그저 따르라고 요구받는 것이 일상이다. 청소년의 정치적·사회적 발언권도 약해서 나서서 문제를 제기하기도 어렵다. 혹시라도 주민등록증 발급을 거부하려 한다면 사회적·경제적으로 의존하고 있는 친권자와의 갈등도 각오해야만 한다. 예를 들어, 그동안 강제 지문 날인 제도에 대해 헌법 소원이 몇 차례 제기된 적이 있으나, 청소년들의 경우에는 법정 대리인인 친권자의 동의가 있어야만 헌법재판을 청구할 수 있어서 난항을 겪은 적이 많다. 만약 주민등록증 발급과 지문 날인 강요가 20대일 때 일어나는 일이었다면 당사자들의 저항이나 소송 등이 더 활발할 수 있었을 것이다. 정치·경제·사회적 약자인 청소년일 때에 강요당하는 일이기에, 당사자들이 반발하거나 목소리를 내는 것은 한층 더 어려운 것이다.

이러한 정보 인권의 문제는 국가에 의해서만 일어나는 것이 아니다. 내가 다니던 고등학교에서는, 급식소에 지문 인식기를 설치해 두고 급식비를 미납한 학생은 입구에서 출입을 불허하는 시스템을 검토했던 적이 있다. 실제로 여러 이유로 지문 인식기를 설치하고 학생들의 지문 정보를 수집하는 학교들이 존재한다. 국가인권위원회는 대학교 도서관에서 지문 인식 시스템을 설치·운영하는 것이 사생활의 자유를 침해할 우려가 높다고 판단했던 바 있고, 학생들의 출석 확인에 지문 인식 시스템을 도입하는 것이 인권 침해 소지가 있다는 의견을 밝히기도 했다. 주민등록번호 대량 유출 등의 사건이 일어나면서 민간 영역의 주민등록번호 수집 등에 대해서는 경각심이 커졌지만, 변경도 불가능한 지문 정보에 대한 경각심은 너무 부족하다. 나는 강제 지문 날인을 비롯해 정보를 과다하게 수집하는 주민등록제도 탓에 사회 전반에서 정보 인권에 대한 인식이 낮아졌다고 생각한다.

모든 국민에게 열 손가락 지문 정보를 국가에 내놓으라고 요구하는 것이 우리에게 익숙하다고 해서 보편적으로도 타당한 일이 되는 것은 아니다. 우리에겐 익숙하고 상식적인 일도, 정말로 당연한 것인지 한 번 더 질문하고 시야를 넓혀 더 보편적인 기준을 참고해 보면, 사실은 비상식적이고 잘못된 모습인 경우가 드물지 않다. 강제 지문 날인 문제도, 그리고 한국의 많은 청소년인권 문제들도.

'사랑'을 강요하는 국가

국기에 대한 경례·맹세를 거부하며

2007년, 인권·평화단체들이 '맹세야 경례야 안녕'이라는 활동을 펼친 적이 있었다. 바로 '국기에 대한 경례·맹세'(경례·맹세)를 비판하는 활동이었다. 2007년에 대한민국 정부가 경례·맹세에 관한 사항을 〈대한민국 국기법 시행령〉에 넣어 법제화·의무화하려는 것에 반대하며 시작된 활동이었다. 학교 등지에서 이 문제를 겪는 당사자인 청소년들도 이 활동의 중요한 주체로 참여했다. 사실 애국가 제창이나 경례·맹세와 같은 일을 모두가 다 같이 해야 한다고 제일 처음 접하고 몸에 익히는 곳이 학교이다. 아무리 많은 청소년들이 귀찮다고 대충 한다고 해도, 학교에서 수많은 국민의례를 치르면서 그러한 일이 '국민'으로서 당연히 해야 할 일이라는 인식을 자연스레 갖게 된다.

경례·맹세는 일상 곳곳에 자리 잡고 있는 풍습이자 제도이다. 한때는 오후 5시마다 집에서나 일터에서나 거리에서나 경례·맹세를 해야 했다. 그 풍습은 사라졌더라도 박정희·전두환 군사 정권 이래 지금까지 경례·맹세는 학교나 각종 공공 기관 행사 등에서 빠지지 않고 행해지고 있다. 그나마 맹세문의 표현이 "조국과 민족의 무궁한 영광을 위하여 몸과 마음을 바쳐 충성"하던 것에서 "자유롭고 정의로운 대한민국을 위해 충성"하는 것으로 바뀐 것이 민주화 이후의 정권과 군사 독재 정권의 차이였을 뿐이다(내가 어릴 적에만 해도 "나는 자랑스런 태극기 앞에 조국과 민족의 무궁한 영광을 위하여 몸과 마음을 바쳐 충성을 다할 것을 굳게 다짐합니다"였는데, 2007년 노무현 정부 당시 "나는 자랑스러운 태극기 앞에 자유롭고 정의로운 대한민국의 무궁한 영광을 위하여 충성을 다할 것을 굳게 다짐합니다"로 변경되었다).

여전히 강요되는 애국

어떤 이들은 '요즘 애들'이 경례·맹세를 진지하게 하는 시늉도 않는다고 혀를 차지만, 만일 누군가 경례·맹세를 단지 귀찮아서 대충 하는 수준이 아니라 대놓고 의식적으로 거부한다면 그 사람은 결코 호락호락하지 않은 현실과 마주쳐야 할 것이다. 대한민국에서 종교적·사상적 이유로 경례·맹세를 거부한 학생들이 불이익을 받은 것은 그리 오래전 일이 아니다. 경기도 중등 교사인 이용석이 자신은 경례·맹세를 하지 않는다고 학생들에게 말했다는 이유로 징계를 당한 사건이 2006년에 일어났고, 법원도 이용석 교사에 대한 징계가 정당하다고 판결했다.

2013년, 〈조선일보〉가 통합진보당이 반국가적 정당이라고 공격하는 데 경례·맹세와 애국가 제창 문제를 꺼내들었듯이, 정당이나 사회단체 등이 공식 행사에서 경례·맹세 등 국민의례를 하지 않는다는 이유로 비난과 공격을 당하는 일이 드물지 않다. 국가 기관도 아닌데 도대체 왜 그런 걸로 욕을 하는지 나로선 이해하기 어려운 노릇이지만, 또 그런 논리가 먹혀드는 것이 우리 사회다. 애국이 당연한 덕목처럼 생각되고 이에 이의를 가진 사람은 국민 자격이 없다고 잠정적으로 낙인찍힌다.

경례·맹세를 의무화하며 강요하고, 이를 거부하면 처벌하거나 불이익을 주는 것은 명백한 인권 침해다. 자신의 생각을 고백하도록 강요하고, 각 개인의 생각과 상관없이 맹세하라고 하는 것이니 아주 완벽하게 양심·사상의 자유 침해가 성립한다. 민주화 이후로 "몸과 마음을 바쳐"가 삭제되는 등 맹세문의 일부 표현이 수정되었다지만 "충성을 다한다"는 표현은 그대로이니 그 본질은 변하지 않았다. 애초에 지금의 대한민국이 "자유롭고 정의롭다"는 데 동의하지 않는 사람은 이중으로 자신의 생각과 맞지 않는 맹세를 해야 하는 꼴이다.

이미 미국 등지에서는 이처럼 국기에 대한 경례 등을 강요하는 것이 인권 침해임을 사법부가 확인한 예가 있다. 일본에서도 수많은 교사들이 국기·국가법에 저항하고 불복종했다는 이유로 징계를 받았고, 이에 대해 일본 정부는 애국심 강화를 내세워 군국주의 부활과 인권 침해를 자행하고 있다는 인권단체들의 비판을 면치 못하고 있다.

내 사랑의 조건

애당초 사람들의 주권에 의해 구성되고 그 권력을 남용하지 않도록 감시받고 통제돼야 할 민주주의 국가가, 사람들에게 자기를 존경하고 사랑하고 충성을 맹세하라고 하는 것부터가 좀 부적절한 일이다. 사랑이나 존경을 강제로 얻으려는 것은 폭력일 뿐이다. 국가가 개인에게 애국을 강요할 수 없다는 원칙이 세워지는 것이, 우리 사회와 교육이 국가주의로부터 해방되기 위한 선결 과제이다.

나 역시 경례·맹세를 의식적으로 하지 않는다. 경례·맹세를 하지 않는 사람들이 생각보다 많다고 알고 있는데, 대부분은 국민의례 시 기립은 하고 손만 올리지 않는다고들 한다. 나는 확고한 거부 의사를 표현하기 위해 아예 기립부터 거부한다. 정부 기관에서 하는 행사에서는 꼬박꼬박 국민의례를 하기에 모두들 일어나 있을 때 앉아 있기가 은근히 거북스럽다. 고등학교 3학년 때 청소년운동을 시작한 이래로 계속 그랬는데, 졸업식에서도 기립을 거부하자 교감이 다가와서 나무랐던 적도 있다. 청소년인권 관련 토론회를 국회 의원회관 등에서 할 때에도 국민의례가 행사 순서에 들어가곤 하는데, 경례·맹세를 거부하는 나에게 시비를 건 사람도 있었다. 하지만 이골이 나다 보니 그런 거북스러움을 좀 즐기는 마음도 생기고 있다. 나는 애국심을 갖고 있지 않으며 애국심과 충성심을 공공연히 표현하라는 요구에는 더더욱 응하고 싶지 않다.

나와 같이 국민의례 때 일어나지도 않을 사람들이 더 많아지길 바란다. 그리고 특히 무슨 국경일 행사도 아닌데 학교와 같은 공교육 기관에서 청소년들에게 경례·맹세를 당연한 듯이 시키고 강요하는 모습부터 금지되길 바란다. 학교에서 국민의례 등 경례·맹세를 요구하는 행사를 일상적으로 하는 것은 민주주의와는 거리가 먼, 국가주의적인 문화임을 인정하고 경계해야 한다. 나아가 애국가를 제창하고 국기에 대한 경례·맹세를 당연하게 행사 때마다 하는 일이 사라지길 바란다.

어쩌면 언젠가는 나도 내가 속한 국가, 대한민국에 대한 애정을 표현하는 의식에 별 거부감 없이 참여할 수 있는 날이 올지도 모른다. 하지만 이것만은 분명하다. 내가 애정을 표하는 국가나 공동체는, 적어도 사람들에게 존경이나 사랑, 경례나 맹세를 강요하지는 않는 곳일 것이다. 자기를 사랑해 달라고 강압적으로 나오는 그런 무례하고 폭력적인 대상은, 전혀 내 타입이 아닌 걸 어쩌겠는가.

위계와 차별을
낳는 '나이'

청소년운동이 문제 제기하는 나이주의

    예전에 같은 청소년운동단체에서 활동했던 사람이 이런 경험담을 들려준 적이 있다. 30대였던 그의 집에 10대 활동가들이 방문했다. 그런데 10대 활동가들이 가고 난 뒤, 그의 가족이 자신을 크게 나무랐다고 한다. 어린 애들이랑 서로 반말을 하고 지내면 어떻게 하냐는 것이었다. "이렇게 하나둘 무너지면 사회에 질서가 없어진다"라는 등의 말을 했다고도 했다.

    내가 활동하는 청소년운동단체에 처음 와 본 사람들이 신선하게 느끼는 것 중 하나가 오가는 말 속의 '높임법'이다. 분명히 20대인 회원인데도 초등학생 회원과 서로 반말을 하고 '언니'나 '형' 같은 호칭도 전혀 사용하지 않는다. 그런가 하면 나이 차이가 몇 살이 나든 서로 존댓말을 사용하는 경우도 많다. 존댓말과 반말이 나이에 따른 상하관계를 반영하지 않고, 친소親疎에 따라서만 사용되는 것이다. 형, 누나, 언니, 오빠 같은 호칭도 나이에 따른 상하관계를 표현하기 때문에 되도록 사용하지 않는다.

보통 학교에서나 직장 등에서 학년 하나, 나이 한 살 차이로 선후배와 위아래를 확실하게 구별하는 문화에 익숙해 있던 사람들은, 이런 문화를 낯설어하고 때론 충격적으로 받아들인다. 그러다 보니, 특히 동갑인 사이에서만 '친구'가 된다는 고정 관념을 갖고 있는 사람들은, 나이 차이가 많이 나는 듯 보이는데도 서로 '친구'라고 말하는 활동가들을 보고 놀라곤 한다. 상대의 나이가 아무리 적어도 초면에 존댓말을 쓰는 활동가들을 보고 어색하게 느끼기도 한다.

나 같은 경우는 아무리 나이가 적은 상대여도, 1세이든 5세이든 상관없이 존댓말을 쓰는 것이 원칙이다. 그렇지만 그렇게 나이가 적은 상대방이 나에게 반말을 써 오면(말이 서툴러서이든, 나를 친밀하게 느껴서이든) 같이 말을 놓기도 한다. 어쨌건 관계에서는 상호성이 중요하다고 여기기 때문이다. 다른 한편으로는 나이가 아무리 많은 상대여도 나에게 일방적으로 반말을 써 오면 불쾌하다. 상황에 따라 다르긴 하지만, 문제를 제기하고 존댓말을 요구하기도 하며, 그러지 않더라도 두고두고 마음에 담아 두는 편이다.

나이 따지는 사회

　나이에 따른 호칭과 경어 사용 등을 거부하는 것은, 단지 언어에 대한 문제의식이 아니라, 나이에 따른 관계와 역할을 나누고 차별을 만드는 사회적 질서를 거부하고자 하는 것이다. 한국 사회는 특히나 나이를 중요하게 여긴다. 몇 년생이냐고 묻든 몇 살이냐고 묻든 띠를 묻든, 서로의 나이를 확인하고 호칭이나 높임법을 어떻게 할지 정리하는 것은 관계 맺기의 기본 단계다. 더 나아가서 나이를 기준으로 사람들 사이에 위아래가 생기고, 각기 다른 역할을 요구받으며, 차별이 일어나기도 한다. 경어(존댓말)나 평어 그리고 하대(반말)는 나이에 따라 위아래를 나누고 수직적 위계를 만드는 것을 가시화하는 대표적 요소다.

　나이에 따른 이런 사회적 현상, 그리고 이를 정당한 것으로 받아들이는 사고방식을 '나이주의ageism'라고 부른다. '인종주의'나 '학벌주의' 같은 모양새의 조어인 셈이다. 나이주의는 대략 다음과 같은 내용으로 정의해 볼 수 있다. ▲ 나이에 따른 수직적 위계, ▲ 나이에 따른 연소자나 연장자에 대한, 나아가서 청소년과 노인에 대한 차별, ▲ 나이에 따라 특정한 사회적 역할을 요구하거나 과업을 부여하는 등 생애 주기 담론. 정희진은 이에 더해서 '늙음'이나 '어림' 등 나이 관념이 차별과 타자화의 은유로 쓰이는 '차별의 연령화'도 나이주의의 한 유형이라고 들기도 했다.*

　우리가 나이주의라는 개념을 가지고 이야기를 한창 만들어 가던

초창기에, 어떤 분이 "나이주의라는 게 있기는 한 개념이냐?"라고 물은 적이 있다. 실제로 ageism은 영어사전에도 등재돼 있고 학계에서도 쓰이는 개념이다. 그런데 이 개념은 주로 '고령자·노인 차별'이라는 의미로 사용되었다. 한국에도 〈연령차별금지법〉이 2009년 제정돼 시행되고 있는데, 정식 명칭은 〈고용상 연령차별금지 및 고령자고용촉진에 관한 법률〉로 이 역시 주로 고령자·노인에 대한 차별 문제에 초점을 맞추고 있다. 한국의 사회복지학 등에서도 ageism은 주로 '연령주의'라는 번역어로 노인 차별에 관련해서 사용된다.

하지만 다른 한편, 나이주의에 대한 문제의식은 1969년 이 말이 제안된 이후로 계속 넓혀져 왔다. 페미니즘운동에서도 정해진 생애주기를 강요하고 여성을 나이에 따라 다르게 대우하는 사회를 비판하는 의미에서 나이주의의 개념을 사용했던 바 있다. 여성학자인 정희진이 한국에서 나이주의 문제를 정리하여 지적한 주요 논자 중 하나인 이유이다.* 청소년운동에서는 저연령·아동·청소년에 대한 차별, 나아가서 연령대에 따른 이미지 등까지 나이주의 개념으로 묶어서 들여다본다. 특히 한국 사회에서는 나이가 적은 사람들에 대한 차별이 서구 사회에 비해 더 심한 측면도 있어서, 나이주의를 논하면서 '장유유서' 같은 관념이나 나이에 따라 위아래를 가르는 위계 문제를 말하지 않을 수 없다.

모든 연령대의 사람들은 각자의 방식으로 나이주의 문제를 겪고

---

* 정희진(2005), 〈몸에 새겨지는 계엄령, 나이〉, 《인권》, 17호.

있다. 나이주의를 비판하고 나이주의에 반대하는 활동을 하는 것이 지금은 주로 청소년운동이긴 하지만, 나이주의는 모두의 문제이기도 하다. 예컨대 나이가 많다거나 적다는 이유로 일할 때 더 안 좋은 대우를 받는 것, 10대들이 집회에 참가하면 "애들은 공부나 해라" 하거나 노인들에게 "손주들이나 보지, 용돈 받고 조종당해서 나왔느냐"라고 하는 것, 35세 미만 가구는 전세 대출 지원에서 차별받는 것, 40대인데 미혼·비혼인 사람을 뭔가 문제 있다고 생각하는 것 등 나이주의의 사례는 무궁무진하다.

나이에 따른 '갑질'

나이주의는 직접적인 폭력을 낳는다. 청소년에 대한 정당화된 폭력인 체벌이 대표적이다. 또한 대학생들 사이에서의 '군기 잡기' 사건 같은 것도 그 예다. 소수의 기괴한 사례들이 아니더라도 선후배 간의 폭력이나 차별, 통제 등은 드물지 않은 일이다. 나도 고등학교에서 선배들에게 인사를 잘 하지 않는다는 따위의 이유로 '단체 기합' 등을 받았던 경험이 있다. 군사주의와 권위주의적인 문화 때문이기도 하지만, 그 밑바탕에는 나이나 학년에 따라 계급과 서열을 짓는 구조가 있다. 학교 밖에서도, 나이가 적다는 이유로 무례나 무시를 당해 본 경험이 없는 사람은 거의 없지 않을까.

나이주의에 따른 위계와 사회적 배치는 복잡하게 작동하고 있다.

나이가 많은 사람에게는 더 높은 사회적 지위와 부를 가질 것이 요구되고, 그렇기 때문에 나이가 많은 사람이 더 상급자로 여겨지는 것이 자연스럽다고 생각된다. 또, 예를 들어 카페에서의 접객 등의 일은 보통 나이가 적은 사람들이 하는 일로 인식되고, 나이가 많은 사람들은 잘 채용되지 않는다. 이는 주로 젊은 사람이 접객을 하는 게 더 보기 좋다는 편견에 더해, 다른 사람을 맞이하고 '시중을 드는serving' 일은 주로 '아랫사람'이 하는 일이므로 나이가 어린 사람들이 하는 게 자연스럽다는 인식에서 비롯된 면도 있다. 그리고 그렇기 때문에 이처럼 접객을 하는 사람을 더 함부로 하대하고 무례하게 대하는 일이 잦기도 하다.

이처럼 나이주의하에서 나이에 따라 인격을 모독하거나 무례하게 대하는 것에 '나이 갑질'이라는 이름을 붙여 볼 수 있을 것이다. 여러 가지 소위 '갑질' 사건을 보면, 그러한 갑질을 손가락질하는 사람들도 그 배경인 상하관계 자체는 당연시하는 경우가 많다. 그러나 갑질 문제가 갑을 관계 자체를 교정해야 해결될 수 있듯이, 나이 갑질 역시 나이 위계 그리고 나이주의 자체를 교정해야 없어질 수 있다. 또한 무리한 나이 갑질의 배경에는 "버릇없는 요즘 애들"에게 나이 위계가 위협받고 있다는 위기감도 있음을 발견할 수 있다. 역으로 나이를 내세우며 나이 갑질을 하는 것에 대한 반감이 노인 혐오의 심정적 근거가 되기도 한다. 특정한 세대나 사람들의 문제라고 볼 게 아니라, 나이주의라는 시스템과 이데올로기를 비판적으로 볼 필요가 있다.

나이는 인간을 규정할 수 없다

나이주의는 감각의 문제다. "나이 많으니까 편하게 말해도 되지?"라는 말 속의 편하다는 것은 나이주의 속에서 학습된 감각이다. 반면 "서로 편하게 존댓말 하시죠?"란 대꾸는 나이주의 속에선 불편하게 느껴진다. 상대의 나이를 신경 쓰지 않고 만나는 게 당연히 더 단순하고 편할 것 같은데도 말이다.

또한 나이주의는 국가와 경제 논리의 문제다. 어릴 때는 학생답게 학교에 다니고, 젊을 때는 결혼하고 일을 하고, 늙어서는 퇴직하는 흐름을 규범으로 만든다. 경제 활동을 하는 인적 자원을 강조하면서, 노인은 평가 절하 되고 청소년은 투자를 받는 예비 인재 취급을 받는다. 그러므로 나이주의와 맞서는 일은, 교육 체제나 경제 구조를 건드리는 문제이면서, 동시에 지배적인 감각을 바꾸기 위한 일상의 싸움이기도 하다.

나이에 따른 차별과 위계는 보편적으로 겪게 되는 것이고 그만큼 우리 사회 구성원들이 차별에 익숙해지도록 만든다. 다른 차별과 결합하여 문제를 증폭시키기도 하고, 나이주의적 생애 주기 속에서 경직된 삶을 살다 보니 사회를 바꾸는 일이 더 어려워지기도 한다.

그러나 성숙은 나이에 비례하지 않으며, 사람들은 나이 이전에 각자의 삶을 만들어 갈 권리가 있다. 나이는 하나의 참고 사항이거나 살아온 시간을 반영하는 것일 뿐, 그 자체로 우열의 이유는 될 수 없다.

청소년은 '미성숙'하고 나이가 들수록 성숙해진다는 관념, 비청소년과 청소년 사이의 상하 관계 등은 나이주의를 이루는 원형 중 하나이다. 따라서 청소년운동은 나이주의에 맞서 싸우는 최전선에 있는 운동이다. 한국에서도 노인인권운동이 더 활발해진다면 청소년운동과 같이 연대할 수도 있을 것이다. 또한 여성운동이나 노동운동 등도 나이주의 문제와 직접 얽혀 있다. 나이주의는 사회 재생산과 교육·노동·복지 등이 얽힌 사회 구조적 문제이기 때문이다. 그런 문제의식 위에서 근본적인 나이 평등을 지향하는 실천이 가능해질 것이다. 성별이나 장애에 따른 차별에 반대하고 평등을 요구하는 것처럼 말이다.

세대론이나 청년론보다도 나이주의

2014년쯤, 인권교육을 가기로 한 학교에서, 이력서를 보니 나이가 너무 어려서 안 되겠다는 내용의 전화를 받았다. 20대의 '새파랗게 젊은' 강사가 아무래도 못 미더웠나 보다. 청소년인 활동가가 더 나이 많은 교사들을 가르치는 상황이 부담스럽다며 섭외되어 준비 중이던 강의가 도중 취소당한 경우도 있었다. 교원 연수에서 교사들이 나이가 적다고 해서 청소년운동 활동가와 인권운동 활동가를 깔보고 막 대하는 일도 드물지 않다. 몇 번을 당해도 불쾌하지만, 그럴 때면 역시 성숙은 나이에 비례하는 것이 아님을 실감하며 나이주의의 논리가 얼마나 부당한지 느낀다.

　최근에 "나이가 많아도 초면에 존대하는 사람은 좋게 보라"는 조언이 사람들로부터 많은 공감을 받는 모습을 본 적이 있다. 공적인 관계에서나 낯선 관계에서는 나이에 상관없이 상호 경어를 써야 한다는 인식을 가진 사람들도 더 자주 만날 수 있다. 그래도 과거에 비해 나이 위계에 대한 문제의식이 점점 공감대를 넓혀 가고 있는 듯싶다. 그래도 아직 본격적으로 나이 평등을 말하는 것은 낯선 일이고 거부감을 사기 십상이다. 또한 일상적 문화 이상으로 나이에 따른 다양한 억압과 차별의 문제들은 아직 수면 위로 떠오르지도 못하고 있다. 여전히 '세대론'이나 '청년'이 어쩌고 하는 이야기들이 남발되는 것을 볼 수 있는데, 그보다는 보편적인 차원에서 나이주의 문제를 이야기하고 건드리는 게 좀 더 영양이 있지 않을까 싶다. 그랬을 때 나이가 차별이나 억압의 이유가 되지 않는 세상을 꿈꾸고 만들 수 있을 것이라 믿는다.

3부

학교와 사회의 민주주의는 함께 간다

아직도, 독재다

청소년에게는 아직 민주주의가 아니다

2014년 지방 선거 때, 내가 활동하고 있는 청소년인권행동 아수나로의 기획으로, 경기도의 19세 미만 청소년들이 교육감 후보들을 초청해 "표는 없어도 할 말은 있다"라는 이름의 토론 마당을 열었다. 교육감 후보 5명이 오겠다고 했으나 후보들의 사퇴와 번복 끝에 2명의 후보만이 참석했다. 그런데 토론 현장에 선거관리위원회가 나타나서 딴죽을 걸었다. 후보가 참석하면 '사전 선거 운동'이 된다는 이유였다. 선거권이 없는 청소년들과 토론하는 자리가 어째서 선거 운동이냐고 항변해도 소용없었다. 결국 후보들은 행사 첫머리에 인사만 한 뒤 자리를 떠야 했다. 한 선거관리위원회 직원은 이렇게 말했다. "선거권이 없는 청소년은 선거 운동 기간에도 이런 걸 하면 안 된다." 그 말은 마치, 선거권도 없는 너희는 그냥 입 다물고 있으란 소리 같았다. 표가 없으면 말도 해서는 안 된다는.

나중에 찾아보니, 확실히 법률이 청소년들의 이러한 활동을 금지하고 있었다. 먼저 〈공직선거법〉 제81조는 "단체는 후보자 등을 초청하여 정강·정책이나 정견 등을 알아보기 위한 대담·토론회를 할 수 있다"라고 한다. 그런데 그러면서 "제87조에서 정한 선거 운동이 금지된 단체에 해당하지 않는 단체만 가능하다"는 조건을 달고 있다. 제87조 1항에 열거된 선거 운동이 금지된 단체들 중 하나가 바로 "구성원의 과반수가 선거 운동을 할 수 없는 자로 이루어진 기관·단체"이다. 그리고 선거권이 없는 '미성년자'는 〈공직선거법〉 제60조에서 선거 운동을 할 수 없다고 되어 있다(2014년 당시에는 19세 미만이었고, 2019년 12월 27일 선거권 제한 연령 기준이 18세로 낮춰지면서 선거 운동 제한 연령 기준도 18세로 함께 낮춰졌다. 선거권이 없으면 선거 운동을 할 수 없다는 점은 변함없다). 즉, 선거권이 없는 청소년들은 후보자를 초대하여 정책이나 공약을 물어서도 안 되고, 자신들의 주장을 전해서도 안 되었던 것이다.

청소년은 선거 운동이 금지되어 있고 이 때문에 각종 제약을 받는다는 사실은 잘 알려져 있지 않은 문제다. 〈공직선거법〉은 '선거 운동'을, "당선되게 하기 위한 또는 당선되지 못하게 하기 위한 행위 전반"으로 정의한다. 따라서 흔히 상상하듯 후보 이름이 적힌 점퍼 같은 걸 입고 후보와 같이 인사도 하고 춤도 추는 것 따위만 선거

운동이 아니다. 다른 사람한테 어느 후보나 정당한테 투표하라고 설득하거나 어느 후보를 지지한다고 말하는 것 자체가 모두 선거 운동에 해당한다.

한국의 선거법이 시민들의 표현의 자유나 참여권을 과도하게 제한한다는 비판은 어제오늘 일이 아니나, 나이가 적다는 이유로 선거 운동을 아예 금지한 이러한 조항은 특히 문제다. 2018년 6월 지방 선거 때도, 특정 정당을 지지하는 글을 SNS에 게시한 청소년들이 선거관리위원회로부터 경고를 받거나 경찰에 조사받으러 출석하라는 통보를 받는 사건도 일어났다. 대한민국에서 나이가 적어 선거권이 없다는 것은 단지 선거일에 한 표를 행사하지 못한다는 의미가 아니다. 선거라는 중요한 정치적 장에 참여할 수도 없고 말을 얹어서도 안 된다는, 정치적 권리 전반을 박탈당한다는 의미이다.

어른 독재, 보호 독재

한편, 2014년 4월 24일 헌법재판소는 청소년에 관한 두 개의 판결을 내놓았다. 하나는 청소년에게는 정당 가입과 선거 운동의 자유, 선거권 및 피선거권, 주민 발의 참여권 등을 주지 않는 〈공직선거법〉과 〈정당법〉이 합헌이라는 판결이었다. 2012년에 이 헌법 소원을 청구할 때 나도 준비에 참여하면서, 비록 선거권 연령 부분은 위헌 판결이 나오기 어렵더라도, 선거 운동이나 정당 가입 같은 문제는 아주 기본적인 시민적·정치적 자유에 해당하는 것이기 때문에 위헌 판결이 나오지 않을까 하는 기대를 가졌다. 하지만 헌법재판소는 청소년은 정신적·신체적 자율성을 갖추지 못했다면서 결사의 자유와 표현의 자유까지 부정해 버렸다.

다른 하나는 16세 미만 청소년의 온라인 게임을 야간에 강제 차단하는 〈청소년 보호법〉, 소위 '셧다운제'가 합헌이라는 판결이었다. 헌법재판소는 게임도 여가 활동이긴 하지만 청소년에게 이를 규제하는 것은 정당하다고 결정했다. 같은 날 나온 이 두 개의 헌법재판소 판결을 나란히 놓고 보니, 청소년은 〈헌법〉이 보장하는 국민으로서의 주권과 민주주의 사회에서의 참여권도 가져서는 안 되고, 말할 권리, 참여할 권리 등을 모두 금지당해도 되며, 그저 입 다물고 어른들이 시키는 대로 받아들이라는 메시지처럼 읽혔다.

그렇다. 청소년들에게 이 사회는 민주주의가 아니다. '어른'에 의한 독재 사회다. 정치적 대표를 뽑는 선거에 참여할 수도 없고, 누구를 지지한다거나 반대한다는 말 한마디 제대로 할 수 없으며, 정당 활동을 비롯해서 정치적 활동을 불허당하고 금기시당하는 상황은 도저히 민주주의라 할 수 없기 때문이다.

이 독재의 명분은 '보호'이다. 과거 한국에서 박정희가 '개발 독재'를 했다면, 지금의 어른들은 청소년들에게 "이게 다 너희를 위한 것"이라며 '보호 독재'를 한다. 독재 정권이 장발 단속, 미니스커트 단속을 했듯이 초·중·고등학교에서는 청소년들의 머리카락과 복장을 규제한다. 노동자들을 밤새 일하게 했듯이, 청소년들이 밤늦게까지 공부하는 것은 당연하고 훌륭한 모습처럼 여겨지고 강요된다. 또 한편에서는 야간 통행금지를 실시했듯이, 청소년들은 야간에 찜질방이든 노래방이든 게임이든 즐길 수 없게 금지한다. 스마트폰 감시 앱과 위치 추적, 일기장 검사 등 다양한 제도와 장치들이 청소년의 일상을 사찰하고 통제한다. 청소년에 대한 정당화된 폭력, 즉 체벌 등은 이를테면 고문과 구타에 해당한다. 너희는 미성숙하므로 보호받기 위해 폭력과 감시를 당해야 하고 사생활도 규제당해야 하며, 정치에 참여해서도 안 되고 주권자가 되어선 안 된다고 하는 것. 그야말로 독재의 풍경이 아니고 무엇이겠는가?

민주주의여 만세

한국 사회는 오랜 역사에 걸쳐 민주화가 진전되어 왔다. 지방 자치제도 더 확대되었고 교육감도 주민 직선으로 뽑게 되었다. 선거는 물론이요, 시민의 언론·표현·집회·결사의 자유도 더 잘 보장되는 방향으로 변화해 왔다. 그러나 경제적·사회적 소수자들, 차별받는 사람들은 이러한 민주화에서 사각지대에 놓여 민주주의를 차등적으로, 지체하여 적용받았다. 청소년도 민주주의의 사각지대에 있는 존재들이다. 하다못해 1987년 6월항쟁의 결과 만들어진 헌법재판소의 경우에도, 청소년은 '법정 대리인'의 동의가 없으면 헌법재판을 통한 권리 구제를 신청할 수 없게 되어 있다.

교육감 직선제가 긍정적인지 아닌지를 비롯해 선거 제도는 어떠해야 하는지 사회적으로 많은 논의가 있다. 소위 '진보 교육감'들이 선출되어서 청소년들의 삶이 나아지지 않겠냐는 이야기도 있다. 하지만 어쨌든 거기에 청소년의 민주주의는 없다는 점에서 가장 중요한 문제는 외면받고 있다는 생각이 든다. 좋은 왕이냐 아니냐 논하는 것이 무의미한 일은 아니지만, 좋은 왕도 왕이라는 점은 변하지 않는다. 민주주의는 사람들이 주인, 주권자가 되어야 한다는 이념이다. 그리고 주권자가 되기 위해서는 정치적 권리, 참여할 권리가 필수적이다. 성숙이 어쩌고를 논하기 이전에, 자신과 관련된 공적인 결정에 참여할 수 있어야 한다는 민주주의의 원칙 이야기다.

꼭 청소년이 아니더라도, 우리가 제대로 민주주의를 누리고 있는지, 우리 사회가 민주주의 사회인지, 민주주의의 사각지대에 있는 사람들은 없는지 묻고 살피는 것은 언제나 필요한 일이다. 그래서 나는 다시 한 번 오래된 시구를 되뇌어 본다. '타는 목마름으로, 민주주의여 만세.'

'정치적'이면 안 된다?

청소년 시설에서 '정치적'이라고 대관을 거부한 일에 대해

몇 해 전, 내가 활동하던 청소년인권단체, 청소년인권행동 아수나로의 경기도 성남 지역 모임이 한 '청소년 문화의 집'으로부터 동아리 방 이용을 거부당한 일이 있었다. 우리 단체가 교육부의 정책에 항의하는 활동을 한 적이 있다면서, '정치적 사용'이라 안 된다는 것이었다. '정치적'이라고 판단하는 근거가 교육부 정책에 항의한 적이 있다는 것인 점도 우습지만, 정치적 활동을 하는 단체라고 한들 작은 동아리 방에 몇 명 모여 회의를 하는 것이 시설을 정치적으로 사용한다고 할 만한 일인지도 의문스러웠다. 애초에 거부 사유로든 그 '정치적'이라는 말 자체도, 그게 왜 거부 사유인지 고개를 갸

웃거리게 했다.

2014년, 서울시립청소년미디어센터가 동성애자인권연대 청소년인권 팀의 행사에 대해 대관 취소 통보를 하는 사건이 일어났다. 성에 대해 터놓고 이야기를 하는 내용의 행사였다. 담당자는 통보하면서 "청소년에게 동성애가 뭐고 섹스가 뭐냐. 정치적 목적의 행사에는 빌려줄 수 없다"라고 말했다고 한다. 동성애 혐오적 종교단체 등이 "청소년들을 동성애에 끌어들이려는 행사에 반대하고, 공공시설에서 동성애 옹호 행사가 열려선 안 된다"라면서 민원을 제기한 것이 영향을 미쳤다는 소식이 따라왔다. 동성애가 '비정상적'인 것이며 '미성숙한 청소년들이 물들 수 있다'는, 이중의 편견과 차별적 의식이 참으로 답답한 노릇이다.

흥미로운 점은 아수나로에 대관을 거절한 그 청소년 문화의 집과 서울시립청소년미디어센터가 모두 '정치적'이기 때문에 안 된다는 언급을 했다는 것이다. 다른 공공시설에서도 흔히 정치적인 행사에는 대관할 수 없다는 안내를 볼 수 있다. '정치적'이란 말은 언제부턴가 별다른 추가 설명 없이도 공공시설 이용을 거부할 만한 사유가 되어 버렸다. 정치적인 것이 범죄 취급을 받는 다른 예로, 여러 초·중·고등학교들이 아예 학생의 정치 활동을 징계 대상으로 규정하는 학칙을 두고 있는 경우도 있다. 청소년 참정권을 반대하는 사람들은 '아이들이 정치에 물들까 봐' 걱정하곤 한다. 우리 사회에 퍼져 있는 '정치 혐오'에 더해, 청소년들은 미성숙하므로 정치적이어서는 안 된다는 금기가 함께 작동하고 있는 모습이다.

한편, 2014년 서울시립 청소년수련관에서 서북청년단이 '재건 총회'를 열려다가 대관을 취소당한 사건도 있었다. 수련관 관계자는 서북청년단이 청소년단체인 줄 알고 대관했으나 아니어서 취소했다고 밝혔다. 그러나 앞뒤 정황을 보면 이 역시 사회적으로 논란이 일자 정치적 성격을 문제 삼아 취소했을 개연성이 있다. 역사를 조금이라도 안다면 서북청년단의 재건은 결코 긍정적으로 볼 수 없지만, 그럼에도 청소년수련관에서 대관을 취소한 것이 어떤 연유였는지 그리고 그것이 정당했는지 따져 볼 필요는 있을 것이다.

'정치적'이라는 말의 용법

사실 그동안 '정치적 편향성' 또는 '정치적'이라는 규정과 비난은 주로 자신과 생각이 다른 사람들에게 가해졌다. 심지어 자신의 생각은 정의이고 정답이며 윤리라고 진심으로 믿기 때문에, 자신과 상반되는 의견을 가진 사람들에게 '정치적'이라고 쉽게 이름 붙였던 이들도 적지 않을 것이다. 그리고 그런 남용의 결과는 더 힘이 강한 쪽, 기득권에게 유리하기 십상이다. 예컨대 재테크와 주식 투자와 자본가의 관점을 교육하는 것은 실용적 경제교육이 되지만 노동법과 노동자의 관점을 교육하는 것은 정치적 편향 교육이 되듯이.

그러므로 공공시설 등에서도 '정치적'인지 아닌지 모호할 수밖에 없는 판단 기준을 정하고 사용을 제한하는 것보다는, 정치적 입장이나 활동에 무관하게 이용 기회를 보장하는 것이 진정한 '정치적 중립'이 될 것이다.

'정치적'이란 말의 의미는 모호하다. 정부를 비판하는 것이 정치적인 것이 되기도 하고, 갈등과 논쟁이 있는 이슈가 정치적인 것이 되기도 한다. 넓게 보면 우리 사회의 문제들에 대해 가치 판단과 행동을 하는 것은 모두 정치적이다. 그러므로 정치적이면 안 된다는 말은, 현안에 대해 의견을 표하거나 참여해선 안 된다는 뜻이 되어 버린다. 딱 봐도 민주주의의 원리와는 양립할 수 없는 사고방식이다.

정치적이면 공공시설을 이용할 수 없다는 룰은 사회 전체적으로도 바람직한 일이 아니다. 정치 활동에 더 비싸고 불안정한 상업 시설을 이용할 수밖에 없다면, 시민들이 자유롭게 정치적 활동에 참여하기 위해 넘어야 할 문턱이 더 높아지는 셈이기 때문이다. 청소년 시설 등이 '정치적'인 것을 거부하는 배경에는 청소년의 정치적 권리를 부정하는 생각이나 우리 사회의 '정치 혐오'도 있겠으나, 아마도 논란의 소지를 피하고 싶은 마음도 있을 것이라 짐작한다. 하지만 공공시설일수록 더 논쟁이 되고 있는 문제에 관해 공간을 열고 논의의 장을 만들어서 제공해야 하지 않을까? 영리적 목적의 상업 시설이 오히려 권력이나 사회적 압력에 취약할 수 있는 반면, 공공시설은 차별 없이 그 공공성을 지킴으로써 자유로운 정치·사회·문화 활동의 보루가 되어야 한다.

민주주의 사회에서 합의해야 할 기준은?

동성애자인권연대 청소년인권 팀과 서북청년단, 이 둘을 같은 선상에 놓고 비교할 수는 없다. 그러나 만일 둘 모두 '정치적'이라는 이유로 또는 사회적 논란이 있고 다수에게 규탄받는다는 이유로 시설 이용을 거부당한 것이라면, 공공시설 운영의 룰이라는 측면에서는 두 사례를 함께 생각해 볼 수 있을 것 같다(물론 '서북청년단'이 실제로는 구성원 등을 볼 때 청소년단체가 아니라서 청소년 시설에서 대관을 거부한다는 것은 충분히 있을 법한 일로, 이는 시설이 정한 이용 대상과 기준, 우선순위의 문제가 된다). '정치적'이라거나 '다수의 상식'을 근거로 하여 이용을 금지하는 것은 옳은가. 특히 청소년 시설은, 정치적이거나 논란이 되는 행사에는 이용될 수 없는가? 다시 말해, 과연 논란이 별로 없는 합의된 가치, 주류의 가치만이 청소년들에게 전달되어야 하는가? 청소년들이 스스로 자신들의 생각을 만들고 자신들의 목소리를 외치는 정치적 활동은, 청소년들의 문화적 활동이나 봉사 활동 등과 달리 취급받아야 할 이유가 있을까?

나는 서북청년단 재건과 같은 류의 활동에 문제가 있다고 생각하지만, 그것은 단지 그들이 나와 정치적 입장이 달라서는 아니다. 우리가 어떤 표현 또는 어떤 정치적 활동을 제한할 기준이 필요하다면, 그것은 적어도 직접적으로 폭력과 차별을 행하거나 선동하는 것인지 여부가 되어야 할 것이다. 예컨대 공공연히 극우적 폭력을 재현하겠다고 하는 활동과 소수자 혐오와 차별을 선동하는 활동에 제재를 가한다든지 말이다. 그리고 그러한 기준은 공론화와 마땅한 절차를 거쳐서 수립되고 받아들여져야 한다. 그러한 기준을 명확히 하지 않고 서로 '정치적'인 것을 배제하고 규탄하려는 시도들이야말로 위험한 전제를 깔고 있으며, 오히려 민주주의의 다양성을 위협하는 폭거이다. 정치적인 것은 결코 금기가 되거나 차별·처벌·배제의 이유가 되어서는 안 된다. 민주주의 사회에서는, 청소년을 포함하여 모든 시민들이 더 적극적으로 정치적이어야 마땅하다.

학생의 결사의 자유,
교사의 노조할 자유

한고학연의 경우, 전교조의 경우

2005년, 내가 고등학생이었을 때의 일이었다. '한국고등학교학생회연합회'(한고학연)라는 고등학교 학생회 연합 단체가 출범을 했는데, 언론 등에서 정말 난리가 났다. 어느 방송에서는 한고학연을 가리켜 고등학생판 한총련이라는 자극적인 표현을 썼고, 그 배후엔 전교조와 연관된 괴단체가 있다는 확인되지 않은 헛소문을 보도하기도 했다. 당시 〈사립학교법〉 개정 논란과 학생 자치 보장을 위한 〈초·중등교육법〉 개정안이 국회에 상정되어 있던 상황과 연관 지어 가며, 한고학연이 열린우리당이나 전교조와 연계된 단체라는 식의 해석도 나왔던 것으로 기억한다. 그 뒤에도 몇 년 동안 한고학연 배후에 전교조가 있다고 아무런 증거도 없이 중상하는 글들이 인터넷에 떠돌았다.

이 모든 것은 해프닝에 지나지 않았다. 한고학연은 '고등학생 권리 찾기'를 위한 학생회 연합이 필요하다는 인식에서 고등학생들이 자발적으로 만든 학생회 연합 조직이었다. 참여하는 사람들의 수도 그리 많지 않아 출범 당시 대중 조직이라고 볼 수도 없었다. 실제로 출범 이후 한고학연은 '비정치성'을 강조했다. 활동 내용도 여러 교육 현안들에 대한 학생 설문 조사 결과를 발표하고, 권리 침해 신고를 받아서 대처하고, 학생회 운영 노하우(기법)를 나누는 캠프를 여는 정도였다. 나름의 의의가 있는 단체였고 그 가치를 깎아내릴 생각은 없는데, 어쨌건 몇몇 언론의 보도처럼 교육 문제나 사회 문제 등에 대해 적극적으로 운동을 하려 했다거나 전교조와 연계되어 있다거나 무시무시한 힘을 가진 단체는 아니었다. 아마 '학생회연합'이라고 하니까 언론에서 지레 대학생운동의 학생회총연합 같은 것을 떠올리고 자극적인 기사를 쓴 것 아니었을까 싶다. 물론 거기에는 청소년들이 스스로 학생회 연합 같은 조직을 만들 수 없을 것이라는 청소년에 대한 편견도 반영되어 있었다.

그러나 이는 단지 '해프닝'이 아니었다. 한고학연은 이런 의혹(?) 때문에 출범식 장소를 빌리는 것에도 어려움을 겪었고 예정된 출범식 일정도 늦춰졌다. 한고학연 출범을 준비하던 사람들은 학교에서 교사, 교장 등에게 탈퇴를 종용당했으며, 경찰로부터도 조사를 받았다. 출범식에도 교육청에서 장학사가 파견되어 감시를 했다. 이런 과정에서, 청소년들의 결사의 자유는 완전히 무시당했다. 제 뜻대로 모여서 단체를 꾸리는 것은 누구나 자유로이 할 수 있어야 함에도 불구하고, 한고학연은 정부로부터 학교로부터 많은 방해를 받았다. 그리고 이에 대해 한고학연은 한 번도 제대로 사과를 받지도 못했다. 한국의 청소년들에겐 실질적으로 결사의 자유가 제대로 보장되고 있지 않다는 것을 확인하는 사건이었다.

전교조 법외노조화에 느끼는 동병상련

그로부터 8년이 지난 2013년에는 전교조가 정부의 도마 위에 올랐다. 정부가, 〈교원의 노동조합 설립 및 운영 등에 관한 법률〉상 해고된 교사는 노조에 가입할 수 없으니, 전교조가 조합원들 중 해직된 사람들은 쫓아내도록 규약을 바꾸지 않으면 노조로서의 법적 지위를 취소시켜 버리겠다고 통보한 것이다. 전교조 규약은 "조합원이 조합 활동을 하거나 조합의 의결 기관이 결의한 사항을 준수하다 신분 또는 재산상의 피해를 본 경우 규정이 정하는 바에 따라 조합원 신분을 보장하고 조합원 또는 그의 가족을 구제한다"라고 정하고 있다. 이에 따라 당시 노조 활동을 하다가 해직당한 조합원 9명이 전교조 조합원으로 활동하고 있었다. 이들은 사학 비리를 고발하거나 학생인권 문제 등으로 비판적 활동을 했다가 해직당한 경우가 대부분이다.

ILO(국제노동기구)나 OECD에서 정부에 의견을 보낸 것이나, 초기 업적 노조의 경우는 해직자나 구직자 등도 조합원으로 포함될 수 있다는 것이나, 수년 전에 정부도 교사 노동조합에 해직자를 포함할 수 있게 하겠다고 합의를 했었다거나, 그런 여러 가지 이야기들은 이미 많이 나왔으니 굳이 하지 않겠다. 그저 나는 당시 전교조가 노조 설립 취소 위기에 몰린 것을 보면서, 내가 고등학교에 다닐 적에 목격했던 한고학연의 일이 연상되었다.

상상을 해 보자. 만약 초·중·고등학생들이 실질적인 학생들의 대중 조직으로서 수만 명이 가입한 '학생연합' 같은 것을 만들어서 정부의 교육 정책에 대해 비판을 하고 집단행동을 한다면, 우리 사회와 한국 정부는 과연 어떤 반응을 보일까? 학생회들이 연합해서 단체를 만들고 학교 운영이나 교육 정책 결정에 참여할 권리를 요구한다면? 일단 그 단체의 간부를 징계하거나 퇴학시키는 일이 일어날 가능성이 적지 않다. 그리고 그런 식으로 그들을 학생들로부터 떼어 놓고, 이제 학생이 아니라고 말할 수도 있을 것이다. 학생이 아니니까 그 '학생연합' 단체와 대화 같은 것을 할 때도 그 사람들은 배제하라고 할 가능성도 있다.

이것은 역사를 돌이켜보면 그리 허황한 상상이 아니다. 실제로 학교들 중에는 학생회 임원이 뭔가 학생인권 같은 것을 주장하며 활동을 하면 그 사람들을 징계하고 징계 전력이 있으니 학생회 임원이 될 자격이 없어졌다며 학생회에서 배제하는 경우가 종종 있었다. 또한 1989년에 광주고등학생대표자협의회(광고협), 부산고등학생대표자협의회(부고협), 마산창원고등학생대표자협의회(마창고협) 등이 출범하자 실제로 학교는 그 간부들에게 퇴학 등 징계를 가했고, 정부에서는 수사와 구속을 하기도 했다.

전교조가 탄압을 받는 모습을 보면서, 청소년운동의 입장에서 교사들에게 '동병상련'을 느끼게 되는 까닭이다. 결국 교사들의 조직이건 학생들의 조직이건, 탄압을 받는 이유는 다양한 목소리들을 없애고 싶어 하는 한국 정부·교육 체제의 독재적인 사고방식 때문이다. 노동조합을 비롯하여, 사람들의 결사의 자유를 제대로 보장하지 않는 한국 사회 때문이다.

누구나 결사의 자유를 보장받아야

나와 같이 청소년인권운동을 하는 사람 중에는 중학교 때 전교조 교사에게 체벌을 당했던 기억을 가진 사람이 있다. 그 사람은 어느 행사에서 그 교사가 전교조 지회장이라고 소개를 받는 것을 보고, 전교조가 나쁜 조직일 것이라고 생각했다고 한다. 학생들에게 전교조가 어떻게 받아들여지고 있는지 단적으로 보여 주는 일화라고 생각한다. 전교조는 교사들의 노동조합이고, 그중에는 다양한 교사들이 있을 것이다. 청소년인권과 관련해서 전교조의 공과 과를 평가하자면 복잡하다.

그러니 전교조가 착하고 좋은 단체라서, 뭐 촌지 근절에 기여한

단체라서 지켜야만 한다고 말하고 싶지는 않다. 그들이 마음에 들든 안 들든, 전교조가 노조로서의 법적 지위를 박탈당하고 탄압당해야 할 이유는 되지 않는다. 내가 전교조 법외노조화에 반대하는 것은, 교사들도 학생들도 비슷한 방식으로 교육 체제 안에서 결사의 자유를 무시당하고 있기 때문이다.

더군다나 정부가 전교조를 법외노조화한 빌미란, 전교조 조합원들 중에서도 그나마 학생인권, 학교 민주주의 등에 대해 관심을 갖고 활동을 하다가 해직당한 이들을 조직에서 배제하라는 것이었다. 이는 전교조 안에서 그런 문제들에 대해 남아 있던 조금의 의지와 관심마저 버리라는 압박과 다름없다. 전교조의 해직 조합원 중 1명인, 인천외고에서 학생인권 보장을 주장하다가 해직당한, 박춘배 교사 같은 사람을 생각하면 청소년운동을 하는 이들이 더더욱 침묵하고 있을 수는 없는 노릇이다.

나는 전교조가, 더 정확히 말하면 교사들 전반이 지금보다 더 학생인권에 대해서 교육도 많이 받고 인식도 달라져야 한다고 생각한다. 그리고 그것과 별개로 교사들의 노동조합의 권리도 보장되어야 한다고 생각하고, 그들의 권리를 위해 조금이나마 힘을 보탤 것이다. 요컨대, 나는 전교조를 보면서 자꾸 한고학연이 떠오르고 광고협, 부고협, 마창고협 등이 떠오르는 것이다. 학교에서 결사의 자유를 무시당하는 같은 처지의 사람들끼리의 공감이라고나 할까? 오지랖이 넓은 것일지도 모르지만, 교사의 권리조차 무시하는 정부가 학생들의 권리라고 존중해 줄 것 같지는 않아서 그런다. 결사의 자유가 보장되지 않으면 민주주의가 아니라고 한마디 해 주고 싶다. 그러면서, 내 마음 한편에서는 전교조 또는 교사들 역시 학생들이 자신들의 목소리를 내는 조직을 만들고 결사의 자유를 행사할 때 기꺼이 지지하고 힘을 보태 주지 않을까, 뭐 그런 희망을 슬쩍 가져 본다.

학생들의
파업권

학업 거부를 통한 정치적 의사 표현

"5월 17일 전국 모든 중·고등학교 학생들 단체 휴교 시위. 문자 돌려 주세요."

2008년 5월, 5월 17일에 '휴교 시위'를 하자는 문자 메시지가 중·고등학생들 사이에서 퍼져 나갔다. 미국산 소고기 수입 관련 문제로 촉발된 대규모 촛불 집회가 연일 이어지던 중이었다. 당시 교육부·교육청들은 지도를 강화하여 학생들이 그날 등교 거부를 하지 못하도록 하라는 공문을 학교들로 내려보냈다. 검경은 문자 메시지를 처음 발송한 사람을 찾아내서 기소했다(이후 법원에서 무죄 판결을 받았다). 조직적으로 준비된 것은 아니었기에, 실제로 등교 거부를 한 학생들이 얼마나 됐는지는 집계되지 않았다.

2019년 9월 27일, 한국에서도 '기후를 위한 결석 시위'가 열렸다. 전 세계 여러 나라에서 'School Strike for Climate'라는 이름으로 전개되고 있는, 기후 위기에 진지하고 책임 있게 대처할 것을 촉구하는 학생들의 행동의 불씨가 한국으로도 옮겨 붙은 것이다. 전국 각지에서 행동이 벌어졌고, 서울 광화문 집회에는 500여 명이 모였다.

나는 2008년이 떠올라 이번에는 교육부에서 '결석 시위'를 만류하거나 억제하기 위해 어떤 조치를 취하진 않았나 궁금해서 언론 기사를 찾아봤다. 내부적으로 무언가 대응책을 마련하거나 억제하려 든 지역교육청이 있었을지도 모르겠지만, 일단 언론 보도 중에서는 교육부·교육청이 결석 시위를 막으려 한단 기사는 찾을 수 없었다. 오히려 서울시교육청이 〈'생태 문명 전환 도시 서울' 공동선언〉을 통해 "학교에서 학생들의 기후 위기 대응 활동을 지원"한다는 입장을 밝혔다는 기사를 볼 수 있었다.

동맹 휴학의 역사

2008년과 2019년 사이에 놓인 것은 무엇일까? 똑같이 '정치적인 의사 표현을 위해 학교를 빠지고 시위를 한다'라는 행동에 대해 교육부·교육청의 대응이 완전히 다른 이유는 무엇일까? 물론 정권의 차이가 중요할 것이다. 2008년 이명박 정부에 비해 현재 문재인 정부의 표현·집회·시위의 자유에 대한 태도는 크게 진일보해 있다. 2008년 집회가 이명박 정부에 반대하는 색깔이 뚜렷했고 이명박 정권에 위기감을 안겨 준 대규모 촛불 집회의 한복판에서 일어난 일이었던 반면, 2019년 '기후를 위한 결석 시위'는 비록 청와대와 정부의 책임을 묻고 있기는 하지만 더 거시적이고 전 지구적인 문제를 다루고 있다는 차이도 영향이 있을 것이다.

정권의 차이보다는 시대의 차이, 11년이라는 시간과 그간 우리 사회의 변화를 볼 수도 있겠다. 2005년, 문재인 정부와 같은 민주당 정권이었던 노무현 정부 때도, 청소년들이 상대 평가 내신 등급제에 반발하며 거리로 나오자 교육부 등에선 청소년의 집회의 자유를 부정하며 시위를 막으려고 들었던 적이 있다. 같은 민주당 정권이지만 교육부의 태도가 달라진 것은 우리 사회 전반의 인식과 시선이 달라졌기 때문일 것이다. 우리 사회는 그래도 2005년이나 2008년에 비하면 청소년들의 정치적 행동이나 집회·시위에 대해서 덜 부정적인 환경이 되었다. 이는 그동안 꾸준히 청소년들이 집회나 시국선언 등 정치적 행동을 해 온 역사, 그리고 청소년인권운동이 청소년의 정치적 권리를 주장해 온 역사의 성과이다.

사실 '결석 시위'의 역사는 곧 학교의 역사와 함께하는 것으로, 한국에서만도 거의 백년을 거슬러 올라간다. 학생들이 어떠한 요구를 관철시키기 위해 집단적으로 수업 등 학사 일정 참가를 거부하는 행동을 가리키는 '동맹 휴학', 줄여서 '맹휴'라는 말이 오래전부터 쓰였다. 일제 강점기 때부터 동맹 휴학은 독립운동의 방식으로 또는 학생들의 권익을 주장하는 방법으로 사용되어 왔다. 예컨대 1922년 9월 영암공립보통학교에서 동맹 휴학을 한 학생들은 조선인을 무시하는 일, 조선 역사를 가르치지 않는 일, 학생을 구타하는 일 등을 불만 사항이라고 밝히며 시정을 요구했다. 1928년 서울 휘문고등보통학교 학생들은 학교 운영에 학생들이 뽑은 학생 대표를 참여시키라고 요구하며 동맹 휴학을 하기도 했다.*

최근까지도 대학교의 경우에는 동맹 휴학이란 말이 간혹 쓰이고 있다. 그러나 초·중·고등학교의 경우에는 동맹 휴학이라는 말이 낯설어졌다. 대신 '휴교 시위', '등교 거부', '결석 시위' 등의 표현이 그때그때 사용되고 있다. 이는 학생들이 조직화되어서 행동하는 것, 곧 '동맹'이 그만큼 어려워졌다는 점, 또한 정치적 주장의 방편으로 학업을 거부하는 행동이 드문 일이 되고 동맹 휴학의 역사적 기억이 계승되지 못하고 있다는 점을 반영한 것일지도 모르겠다.

처벌 사유가 되는 결석과 거부

2019년 9월 '기후를 위한 결석 시위'는 동맹 휴학의 맥을 부활시키는 사건이었던 것처럼 보인다. 이를 막으려는 정부의 노골적 움직

---

* 김호일(1991), 《독립운동사 교양 총서 18 – 일제하 학생운동》, 독립기념관 한국독립운동사연구소, 94~100쪽.

임이 없었다는 점은 우리 사회가 청소년들의 정치적 행동에 대해 좀 더 긍정적으로 변화했다는 신호처럼 보이기도 한다. 그러나 분명히 해 둬야 할 것은, 여전히 학생이 학업을 거부함으로써 정치적 의사를 표현하는 행위는 일종의 일탈로 여겨지고 있으며, 결석 시위 역시 많은 어려움과 한계 속에서 진행되었다는 사실이다.

결석 시위를 준비한 '청소년기후행동'에서 그동안 언론 등을 통해 밝힌 바에 따르면, 결석 시위에 참석한 학생들 중 상당수가 학교에 체험 학습 신청을 하고 교사의 허락을 받고 학교 수업에 빠졌다. 교사가 허락해 주지 않아서 참가할 수 없었던 경우도 있다고 하고, 가족 여행이라고, 어찌 보면 거짓 사유로 체험 학습을 신청한 경우도 있다고 한다. 학교 수업에 무조건 출석해야 하는 게 당연했던 과거에 비하면 체험 학습 같은 제도가 생긴 것은 바람직한 변화일 수도 있다. 그러나 교사에게 허가받은 체험 학습의 형태로만 학교를 빠질 수 있다는 것은, 아직도 학생들의 거부 행동의 의미를 온전히 표현하기 어려운 여건에 놓여 있다는 뜻이기도 하다.

과거 군사 독재 정권 시절부터 현재까지도 학교 규칙 안에는 '정치 활동', '동맹 휴학', '백지 동맹'(집단적 시험 거부) 등을 중징계 대상으로 명시한 조항들이 존재한다. 게다가 학교들 중 대다수는 단순한 '무단 결석'조차도 징계 대상으로 삼고 있고, 일수에 따라서는 퇴학 등 강력한 징계까지도 가능하다. 학교의 입장에서 결석이란 단지 학생이 수업 등 교육 활동에 참석하지 못하는 불이익을 스스로 선택하는 일이 아닌 것이다. 학생으로서 해선 안 되는 일탈이며,

게다가 집단적으로 정치적 의사에 의한 결석을 하는 행위는 중징계 대상이 될 만큼 심각한 잘못이라 보는 것이다. 즉, 학교는 학생이 주체적으로 학업을 거부할 수 있다고, 교육의 권리를 행사하는 주체라고 생각지 않는다. 이러한 편견이나 처벌의 위험 때문에 학생들은 학교를 전면적으로 거부하는 행동에 쉽게 나설 수가 없다.

인정받지 못하고 있는 '학교 파업'

외국에서 결석 시위를 "School Strike"라고 부르는 데서 알 수 있듯이, 학생들의 학업 거부는 노동자의 파업strike과 유사한 성격을 갖고 있다. 비록 학생들은 임금 노동 계약을 맺은 것도, 노무를 제공하는 것도 아니지만, 학업을 거부함으로써 사회 속에서 자신들에게 주어진 자리를 벗어나 사회의 일부를 마비시킬 수 있다. 학교에서 얻을 수 있는 배움과 성장을 포기하며 자신들의 정치적 의사를 표현할 수 있다는 것이다. 비록 한국에서는 실정법과 행정부에 의해 노동자들의 파업권도 제대로 보장받지 못하고 있지만, 노동자에게 파업 등 단체행동의 권리가 있다는 것 자체는 〈헌법〉에도 명시되어 있고 보편적으로 인정받고 있다. 같은 이유로 학생들의 학교 파업권 또한 원칙적으로 고려해 볼 가치가 있다고 생각한다. 노동자들에게 파업이 자신들의 주장을 드러내고 관철시키는 중요한 수단이자 일종의 참정권이듯이, 학생들의 파업도 마찬가지이다.

전 세계적으로 'School Strike for Climate'에 참여하고 금요일마다 학업을 거부하는 학생들의 수는 수십만 명을 넘고 있다. 캐나다 밴쿠버, 미국 뉴욕 등에서 노동자들과 학생들이 파업을 하며 수만 명씩 시위에 나서고 있다. 청소년들이 정당에도 가입할 수 있고 정치 활동을 하는 것이 이상하지 않은 사회이기에 가능한 모습이다. 뉴욕시 교육 당국은 시위에 참가하는 학생들을 결석으로 처리하지 않겠단 입장을 밝힌 적도 있다.

이제 한국에서도 결석 시위가 시작되었지만 그 규모는 크지 않다. 이는 기후 위기에 대한 경각심이 대중화되지 않은 탓도 있겠지만, 한국의 청소년들이 더욱 학교에 매여 있고 정치적 행동을 할 권리를 존중받지 못하고 있는 탓도 크다고 생각한다. 사실 교육부 등이 잠잠한 것은 아직 동참하는 학생들의 수가 많지 않기 때문이기도 할 것이다. 만일 결석 시위의 규모가 커져서 수천 명, 수만 명의 학생들이 기후 위기에 대처해야 한다고 외치며 학교에 가기를 정면으로 거부한다면, 사회적으로 '학생답지 못하다'는 손가락질과 학교의 처벌이 돌아올 광경이 눈에 선하다.

그러나 청소년은 학교 안에만 갇혀 있어야 하는 존재가 아니라 이 사회를 살아가는 시민이다. 교육의 의무하에 강제로 학업에 매진해야만 하는 교육의 대상이 아니라 교육의 권리를 보장받으며 스스로 교육에 참여하고 살아가는 주체이다. 그렇다면 학생들에게 자신들의 의사를 표현하기 위해 학교를 박차고 나올 권리, 동맹 휴학의 권리, 즉 학생들의 파업권이 마땅히 인정되어야 하지 않을까.

학생회와 민주주의

학교와 사회의 민주주의는 함께 간다

나는 초·중·고등학교 학생회를 곧잘 '노동조합'에 비교해 본다. 실제로 학생회는 영국 등지에서는 'student union'이라고 불린다. 노동조합labor union 같은, 구성원들의 권익을 위해 활동하는 '조합'인 것이다. 'student government'라고 하기도 하는데, 직역하면 '학생들의 정부'라는 뜻인 셈이다. 학생회란 학생들의 뜻을 민주적으로 모아 학생들의 권익을 위해 활동하는, 학생들의 조합이자 정부인 것이다.

그러나 대학교의 학생회면 몰라도, '학생들의 조합이자 정부', '학생들의 권익을 위해 활동하는 조직'이라는 정의는 초·중·고 학생회의 현실과는 동떨어진 이야기처럼 들린다. 내가 학교를 다닐 적 경험해 본 학생회의 모습을 떠올려 보면, 일단 학생회장이란 공부도 잘하고 다른 학생들에게 인기도 있는 학생에게 주어지는 명예직과 같은 것이었다. 학생회장 선거는 학생들에게 민주주의와 선거를 체험하고 학습하게 하는 과정쯤으로 생각되었지, 학생들을 대표할 권력자를 뽑는 과정으로는 생각되지 않았다. 학생회장 선거에서 내건 공약은 지키지 못해도 어쩔 수 없는 것으로 여겨지기 일쑤였다.

일단 뽑고 나면 학생회장·부회장과 그들이 구성한 학생회 임원들은 무언가 학교 행사에 참여하거나 활동을 하기는 했지만 관련 소식을 들을 일은 손에 꼽을 만했다. 조금 잘 운영된다는 학생회의 경우에는 학교에 뭔가 건의 사항을 제출했다는 소문이 들려오거나 학교 축제 기획을 책임지고 한다는 정도였다. 안 좋은 경우에는 학생회가 나서서 학생들의 용의·복장과 생활을 단속하며 '선도부' 행세를 했다. 좋은 경우에도 학교 행사에서 무언가 역할을 하는 들러리에 불과했으니 학생회가 학생들의 권익을 위한 조직이라는 말이 어색하게 느껴질 수밖에 없다.

'어용 학생회'가 되기 좋은 조건

한국 초·중·고 학생회는 학생회장 선거 등 구성 과정에서부터 뭔가 이상하다. 여러 학교의 학생회칙을 살펴보면, 학생회장 및 부회장의 자격으로 '품행이 방정', '타의 모범이 되는 자' 등의 규정을 둔 경우가 대부분이며, 교사 추천서를 요구하는 학교도 많다. 학교로부터 징계를 받은 적이 있으면 학생회장·부회장이 될 수 없다는 규정은 거의 모든 학교에 있다. 심지어 시험 성적이 상위 몇 % 이내여야 한다는 따위의 기준을 둔 곳도 드물지 않다. 노동조합으로 치면 노조 위원장 선거에 출마하려면 '근무 태도가 성실한 자'여야 하고, 기업 이사의 추천서를 받아야 하고, 회사로부터 징계를 받은 적이 없어야 하며, 업무 평가 실적이 상위 몇 % 이상이어야 하는 셈이다. 노동조합의 간부를 뽑는 데에 사측에서 이런 식으로 간섭한다면 노조 탄압이나 부당 노동 행위라는 비판을 들을 법하다. 이런 식으로 운영된다면 '어용 조합'이 되기 십상이다. 그런데 초·중·고 학생회에서는 당연한 것처럼 받아들여지고 있다.

   문제는 학생회장 선출 과정만이 아니다. 학생회 활동의 자유도 바닥이다. 학교 규정들을 조사하다가 본 어느 고등학교의 학생회칙에는 대놓고 "학생회의 모든 활동은 학생지도위원회 의장인 학교장의 승인을 받아야 효력이 발생한다"라는 규정이 존재하고, 학생회 회의 소집도 학교장의 승인을 받아야만 할 수 있다고 되어 있었다. 학생회 회의 안건을 학생회 지도 교사가 지정하고 학생회에서 자체적으로 정한 안건을 자르는 일도 다반사다. 학생회에서 신문을 발간하려고 했는데 제지당한 사건, 학생회 부회장이 강제 자습에 반대하는 서명 운동을 했단 이유로 징계받고 부회장에서 잘린 사건, 학칙 개정을 위해 학생회에서 설문 조사를 하려는데 교사가 불허한 사건 등 탄압 사례가 끊이지 않는다.

　혁신학교가 확산되고 민주시민교육이나 학생 자치를 활성화해야 한다는 인식이 높아지면서 일부 학교들에서는 학생회 활동을 확대하고 장려하는 모습이 나타나고 있다. 긍정적이라면 긍정적인 변화이지만 한계도 뚜렷하다. 학교장이나 지도 교사의 성향에 따라 학생회의 재량권이나 활동 범위가 오락가락하게 되는 것은 진정한 의미의 자치권이라고 할 수 없기 때문이다. 그래서 학생회 활동을 보장하고 장려한다고 하다가도, 학교와 갈등을 빚거나 학교 현실에 도전하는 활동을 하면 학교 측의 태도가 손바닥 뒤집듯 바뀌곤 한다. 간혹 학생회의 활동이 학교 홍보용 '보도 자료'로 활용되는 모습도 보인다. 학교 운영에 참여할 권리는 보장하지 않고 학생회에는 축제나 행사 등만 잘 기획하고 준비하라고 선을 긋기도 한다. 학생회의 권한과 지위가 법적으로나 사회적으로나 확고하지 못하니 생기는 문제이다.

　사실 학생회 자체가 민주화의 성과이다. 과거에는 '학도호국단'이라는 이름으로 중학교·고등학교·대학교에서 군사 훈련을 하고 정부 행사에 학생들을 동원하는 단체를 조직하기도 했다. 그러다가 학도호국단 폐지, 학생 자치 보장 요구가 거세지자 1980년대에 들어서 학생회로 바뀌게 된 것이다. 1987년 대통령 직선제를 요구한 6월항쟁 이후, 중·고등학교에서도 학생들이 "대통령부터 반장까지 직선제로!"라고 외치며 투쟁해 학생회장 직선제를 이루었고 자주적 학생회를 만들기 위해 애썼다(그 이전에는 학생회장을 학급회장들의 간선제로 뽑았고 사실상 학교장이 내정하는 식으로 뽑히기도 했다). 2000년대에는 학생회장 등 학생 대표의 학교운영위원회 참여를 요구하는 운동과 학생회를 법제화하여 지위와 권한을 보장하라는 운동이 이어졌다. 1920년대 항일독립운동을 하던 학생들의 요구를 봐도 자치권, 학내 언론·출판·집회·결사의 자유, 직원회에 학생 대표 참가 등이 있었다. '어용 학생회'가 아닌 '민주 학생회'를 바라는 목소리, 학생회의 자치권과 참여권 요구는 거의 100년 묵은 과제인 셈이다.

좋은 학생회를 위한 조건

학생회를 만들고 형식적으로 학생회장·부회장 선거를 치른다고 해서 학생회가 제대로 돌아가지 않는다는 것은 명백하다. 초·중·고 학생회가 유명무실한 존재가 아니라 학생들의 권익을 위한 '학생 조합'이 되기 위해서는 학생회 안팎으로 개혁과 변화가 필요하다. 제대로 된 학생회, 좋은 학생회가 실현되려면 다음과 같은 조건들이 갖춰져야 한다.

첫 번째로 꼽아야 할 것은 당연히 학생회의 자주성과 독립성이다. 특히 학교로부터 운영과 활동에 간섭받지 않으며 활동할 수 있게 되는 것이 우선이다. 그러기 위해서는 현재 대부분의 초·중·고 학생회칙들을 뜯어고쳐야 할 것이다. 학생회장 선거에 출마하는 데 시험 성적이나 학교 징계 이력 등의 제한이 있는 것은 부당하다. 혹시나 학생회에서 결정한 자체 징계 이력은 제한 조건으로 삼을 수도 있겠지만, 학생회 활동에 학교장이나 교사가 간섭할 수 있게 한 내용은 모두 삭제해야 한다. 아니, 애시당초 학생회의 규칙은 학생회가 스스로 결정하고 공개하면 될 일이지, 학교 측이 학생회칙을 정하는 것 자체가 잘못된 일이다.

독립성을 위해선 학생회는 자율적인 재정적 권한을 가져야 한다. 초·중·고 학생들의 경제력에 현실적 한계가 있기에 대학과 같이 학생회비를 걷는 방식으로는 어려움이 있을 수 있다. 이 때문에 법적으로 또는 학교와의 협상을 통해 학생회 활동에 대한 예산 지원을 보장받을 필요가 있다. 학생회 지도 교사나 교사들로 꾸려진 학생회지도위원회 등은 없애야 한다. 아니면 '지원 교직원' 등으로 바꿔 학생회에 대한 실무 지원 역할 또는 학생회와 학교 측 사이의 통로 역할만을 해야 한다. 예를 들면 학생회 지원 교직원이 학교에서 지원받은 예산에 관한 회계 실무와 같은 일을 할 수도 있을 것이다.

두 번째 조건은 참여의 권리, 정치적 권리를 보장받는 것이다. 학생회가 실제로 학교 안팎에서 정치적 활동을 하며 영향력을 행사할 수 없다면, 의사 결정 과정에 유의미하게 참여할 수 없다면 학생회의 효용성은 크게 떨어질 것이다. 학생들의 학생회 활동에 대한 기대감이나 효능감도 낮을 수밖에 없다. 낮은 수준으로는 정치적 활동을 통해 학교에 문제를 제기할 수 있는 공식 기구로서, 학교와 대화할 상대로서의 위상을 인정받아야 한다. 높은 수준으로는 실제로 학교 운영과 의사 결정 과정에 권한을 가지고 참여하는 것을 보장받아야 한다.

　노동조합은 단체교섭권과 단체행동권을 보장받음으로써 사측에 압력을 가하고 사측과 단체협약을 체결할 수 있다. 한국에는 아직 소수의 사례만 존재하지만, 노동조합의 경영 참여를 제도적으로 보장하는 경우도 있다. 학생회가 학교생활규정 문제나 급식 등 학생들의 생활과 밀접한 문제에 관해서 학교 측과 협의하는 것은 단체교섭권에 해당한다고 할 수 있다. 그리고 학교운영위원회나 교육과정·교재 결정 과정 등에 학생 대표가 동등한 자격으로 참여하는 것은 경영 참여라 할 수 있다. 이에 더해 학교 담장을 넘어 사회적·정치적 활동을 통해 학생들의 권익을 위한 목소리를 낼 수도 있어야 한다. 이러한 실질적 권한과 힘이 없다면, 아무리 학생회가 독립성을 가지더라도 다수 학생들도 지금과 같이 학생회를 그리 의미 있게 여기지 않게 될 것이다. 그러면 입시에서 학생회 활동 경력을 '스펙'으로 삼으려는 사람들 등 학생회를 통해 사리사욕을 추구하는 사람들이 자리를 차지하기도 쉬워진다.

　학생회가 소수 임원의 사적 이익을 위해 운영되지 않도록 하면서 투명성을 갖추도록 하는 세 번째 조건이 바로 민주성이다. 원칙적으로 학생회의 '회원'은 해당 학교 재학생 전원이다. 학생회장·부회장은 학생들의 대표인 동시에 학생회 운영위원회 또는 집행부의 장을 맡는 것이다. 따라서 학생회는 소수의 학생회 집행부 임원들의 마음대로 운영돼서는 안 되며, 학생들의 여론을 형성하고 의견을 모으고 민주적인 참여를 이끌어 내면서 활동해야 한다. 그리고 학생회 집행부가 중대한 잘못을 했을 경우 학생들이 소환·탄핵할 수 있는 절차를 마련하고, 학생회 집행부가 학생들에게 평가받고 그 결과가 후임 선거 과정에도 반영되도록 하는 문화가 뿌리내려야 한다.

민주적인 학생회 운영과 활동은 크게 두 가지 차원으로 생각해 볼 수 있다. 하나는 학생회 활동과 예·결산 등을 투명하게 공개하고 학생들에게 적극적으로 알리는 것이다. 이를 위해서는 학생회 집행부가 다수 학생들에게 효율적으로 소식을 전하고 의견을 들을 수 있는 창구를 만들어야 한다. 다른 하나는 각 학급·학년 대표로 구성된 대의원회나 학급회장 등 학생들의 의견을 수렴하고 참여를 조직할 수 있는 의결 기구를 활발하게 운영하는 것이다. 대의원회와 같은 기구는 학생들의 다양한 의견을 대변함으로써 학생회 집행부의 활동이 민주적으로 이루어지도록 견제하는 역할을 함과 동시에, 학생회의 의제를 학생 다수에게 전파하고 필요할 경우 다수의 참여를 조직할 수 있다.

앞서의 것들이 운영과 활동 방식에 관한 조건이었다면 마지막은 좋은 학생회의 지향, 목적에 관한 조건이다. 바로 학생회가 학생들의 인권·권익을 위해 활동해야 한다는 것이다. 이는 학생회가 그 본연의 목적에 충실해야 한다는 뜻임과 동시에 학생회의 정치적 입장에 대한 고민을 요청하는 것이기도 하다. 학생회는 학생 일반의 권리 신장과 이익 대변을 위해 활동해야 한다. 또한 학생 중 소수자의 인권이 차별받거나 무시되는 일이 없도록 신경 쓰고 자유롭고 평등한 학교를 만들기 위해 노력할 책무가 있다. 그 범위는 학교 안에만 한정되지 않는 것으로, 가능하다면 다른 학생회나 시민 사회와 연대하여 학생들의 인권과 권익을 위해 발언하고 정치에 참여해야 할 것이다. 이는 학생회 집행부나 대의원 등의 주체들의 의지와 노력, 사회적 기대와 지원, 그리고 학생회의 자주적·민주적 운영 등이 결합되어야 달성될 수 있는 조건이다.

학교의 민주주의, 사회의 민주주의

우리 사회의 민주주의가 더 진보하기 위해서는 학교에 좋은 학생회를 만드는 것이 필요하다. 더 많은 민주주의, 민주주의 확대를 표방하는 정치 세력도 이를 위한 정책을 추진해야 마땅하다. 민주주의는 단지 국가 차원에서 대통령과 국회의원 등을 선거로 뽑는 것만으로 완성되지 않기 때문이다. 형식적·절차적 민주주의를 넘어 참여적 민주주의, 실질적 민주주의로 나아가기 위해서는 일터나 지역공동체 차원에서의 민주적인 참여가 활성화되어야 한다. 이러한 참여적 민주주의의 핵심 요소 중 하나로 꼽히는 것이 노동자의 기업 경영 참여이다.* 그렇다면 같은 맥락에서 학생의 학교 운영 참여도 우리 사회가 참여적 민주주의를 이루기 위한 과제라고 할 수 있으리라. 학교의 민주주의 수준은 한국 사회의 민주주의 수준과도

---

* 학술단체협의회 엮음(2008), 《사회를 보는 새로운 눈》, 한울, 128~130쪽.

연결되는 것이다.

흔히 학교가 민주주의교육을 해야 한다는 말을 많이 하곤 한다. 〈교육기본법〉에서도 교육의 목적 중 하나를 '민주시민으로서 필요한 자질'을 갖추게 하는 것이라고 정하고 있다. 그러나 학교의 현실이 비민주적인 마당에, 민주주의를 교과서로만, 말로만 교육한다고 제대로 될 리가 없다. 학교가 민주적으로 운영되기 위한 중요한 요소가 학생회가 제대로 자리 잡고 활동하는 것이다. 특히 학생회가 단지 '연습', '학습'의 과정으로 치부되지 않고 유의미한 권한을 가지고 학교 운영에 참여할 수 있게 하는 것이 중요하다. 대학 학생회의 경우에도 독립성은 상당 부분 보장받았으나, 참여의 권리는 매우 제한적으로만 인정받고 있는 실정이다.

교육부에서는 학교운영위원회에 학생이 참관하는 게 가능하게 한다든지 학교장의 재량에 따라 학생 대표의 의견을 청취할 수 있게 한다든지 하는 안을 내놓은 바 있다. 하지만 진정한 참여 보장은 동등한 자격과 의결권을 갖게 하는 것이다. 학교운영위원회의 경우라면 위원으로 참석하도록 하는 것일 터이다. 학교운영위원회는 사립 학교에서는 자문 기구밖에 되지 않고, 공립 학교에서도 교육과정이나 학교 운영에 행사하는 영향력이 제한적이라는 한계가 있기는 하다. 이는 학생 대표의 위원 참여를 주저할 이유가 아니며, 학생의 동등한 참여를 보장함과 동시에 학교 민주주의 강화를 위한 개혁을 추진해야 할 문제다.

초·중·고 학생회에서 학생회장을 학생들이 직접 선거를 통해 뽑게 된 것 자체가 학생들의 투쟁으로 얻은 소중한 성과였다. 그러나 선거를 통해 직접 학생들의 대표를 뽑는 것만으로는 학교의 민주주의와 학생회의 자주성·참여권·민주성 등이 확보될 수 없다. 이럴 때는 루소의 말이 떠오른다. "국민은 투표할 때만 주인이 되고, 투표가 끝나면 노예가 된다." 그런데, 청소년·학생들은 투표할 권리조차 제대로 인정받지 못하고 있다. 학교에서 학생들이 민주적으로 참여할 권리를 보장받는 것과 사회적으로 참정권을 인정받는 것은 함께 가는 문제일 수밖에 없다.

학교 민주주의와
'학생 사회'

학생들에 의한 민주주의는 어떻게 가능한가

"민주주의의 최후의 보루는 깨어 있는 시민들의 조직된 힘입니다." 자주 회자되는 노무현 전 대통령의 말이다. 이 말은 민주주의의 기반은 제도보다는 시민들의 아래로부터의 힘이라는 의미를 담고 있다. 특히 여기에서 '조직된 힘'이라는 말에 주목해 본다. 민주주의는 개개인이 아니라, 조직화된 정치적 인간에 의지하는 것이다. 그리고 시민들이 관계 속에서 상호 작용하며 조직되어 공적으로 활동하는 영역을, '시민 사회'라 부른다.

더 강한 민주주의를 위해서는 시민 사회가 강해야 한다고 주장한 정치학자 벤자민 바버는, "궁극적으로 민주 정부는 시민의 일상적 권력의 연장"*이라고 말한다. 시민의 일상적 권력이 바로 시민 사회에서 만들어지는 것이다. 민주주의가 작동하기 위해서는 제도적인 참여나 공정한 선거 제도나 삼권 분립 같은 것만이 아니라 시민 사회의 존재가 필수 불가결하다. 흔히 생각하는 NGO나 시민단체들 같은 결사체들에 더해, 지역 단위의 여러 자치적 주민 모임들, 언론, 노동조합, 협동조합, 학계, 온라인 게시판 등이 모두 시민 사회의 일부이다. 정당이나 기업 등도 시민 사회에 한 발을 걸치고 있다. 미시적으로는 가족 및 지역 주민들, 일터의 동료, 온라인 게시판 등에서 주고받는 상호 작용들도 모두 시민 사회를 구성한다.

이러한 원리는 학교 민주주의에도 적용할 수 있다. 학교에서의 민주주의는 학교 구성원들의 시민 사회, 학생들의 경우로 말하자면 '학생 사회'가 없이는 불가능하다. 학생회가 활발하게 민주적으로 운영되고 정치적 힘을 갖기 위해서는 제도가 갖춰지는 것 이상으로 학생 사회에서 나오는 아래로부터의 힘이 필요하다. 따라서 학생회를 비롯하여 학생 자치와 참여에 대한 논의는 학생 사회에 대한 고민과 함께 가야 한다.

---

* 벤자민 바버 씀, 이선향 옮김(2006), 《강한 시민사회 강한 민주주의》, 일신사, 110쪽.

'학생 사회'의 의미와 의의

대학교 안에서 또는 대학생운동에서 "학생 사회"는 비교적 흔하게 쓰이는 말이다. 단순히 재학생 대중을 이르는 경우도 많지만, 보통 학생회, 과, 동아리, 학회, 세미나 모임, 학내 언론, 온라인 커뮤니티 등의 요소들이 학생 사회를 이루는 실체들로 여겨진다. 학생회는 학생 사회의 중요하고 대표적인 조직으로 여겨지기는 하나, 학생회가 곧 학생 사회를 의미하지는 않는다. 오늘날 대학생운동이 과거에 비해 쇠퇴한 것은 이러한 학생 사회가 전반적으로 약화되고 형해화되었기 때문이다. 대학교와는 상황과 조건이 다르기는 하지만 초·중·고등학교의 학생 사회의 문제도 크게 다르지는 않다.

> 학교 시민교육은 '학생 사회 활성화'를 중심에 두고 여타의 것들이 그것에 기여하는 맥락에서 학교 문화를 설계하고, 학교 혁신을 구상하는 것이 적절하다. (……) 학교에 학생 사회는 있는가? 학생 집단은 있다. 학생 조직은 있다. 그러나 학생 사회는 없다.*

배이상헌 교사는 학교 민주주의나 시민교육이 학생 사회 활성화를 주된 목적으로 삼아야 한다고 주장하며, 현재의 학교에는 학생

---

* 배이상헌(2017), 〈학교 민주주의, 학생 사회를 상상하라〉, 《가장 민주적인, 가장 교육적인》, 교육공동체 벗, 220~224쪽.

사회가 없다고 평한다. 학생 사회가 없다는 말은 학교에는 다수의 학생들이 모여 있고 학생회나 동아리 등의 형식적인 조직도 있기는 하지만 학생들이 소통하고 상호 작용하는 장은 없다는 지적이다. 학생 사회가 아주 없지야 않을 것이다. 그러나 매우 취약하고 그 작용도 제한적인 경우가 많다는 점은 부정하기 어렵다. 학생 사회가 취약하기에 학생 개인은 학교나 관료 체계 그리고 타인들과 오직 서비스의 소비자이거나 원자화된 개인으로만 만나게 된다. 학생들 사이에 소규모의 분절된 또래 집단들이 존재하고 그들 사이에 공유되는 문화나 이야기들은 있으나 그것이 개별 학교 혹은 지역의 학생들에게 널리 공유되거나 여론을 형성하지도 못한다.

시민 사회가 잘 형성되어 있고 역량을 가지고 있어야 민주주의 정치도 잘 작동할 수 있다. 흔히 정당이 잘돼야 정치도 잘된다고 하는데, 시민 사회가 잘돼야 정당도 잘될 수 있다. 시민 사회를 통해야만 관련자들이나 전문가들을 포함해 다양한 시민들이 정보를 얻고 공론을 형성하고 참여할 수 있기 때문이다. 민주주의적인 정당 정치와 정치인 역시 시민 사회의 토양에서 출현할 수 있다. 학생회도 마찬가지다. 학생 사회가 활성화되어 있다는 것은 학생회 선거에 나서고 정치적 책임도 질 수 있는 학생들의 모임들이 다양하게 존재한다는 의미이고, 학생회 임원 외에도 다양한 학생들이 목소리를 내고 참여하고 있다는 의미이다. 또한 학생 사회는 학생회에 정치적 힘을 부여하는 지지 기반이자, 학생회가 학생들의 다양한 의견을 반영하여 활동하도록 민주적인 압력을 행사하는 환경이다.

현재의 초·중·고에서는 형식적으로나마 학교 규칙 제·개정 시 학생들의 의견을 청취하는 절차를 둔 곳들이 많다. 그러나 그 과정에서 학교장이나 교사가 학생회장 등 몇 명에게만 형식적으로 의견을 묻는다든지, 학생회장 등이 학생들의 의견을 모으는 과정 없이 개인적 생각만으로 의견을 제출한다든지 하는 일이 비일비재하다. 학생 사회가 제대로 존재하고 작동한다면 먼저 학생들 사이에서 규정 개정 과정이 알려지고 여론이 형성될 것이며 학생회는 그러한 여론을 만들고 대변하는 역할을 할 것이다. 또, 학생 사회가 제대로 없는 현실에서는 학생들 사이의 여론 주도권을 오히려 발언력을 가진 교사가 쥐는 경우들이 많다. 그래서 학생인권에 대해 부정적인 인식을 교사들이 앞장서서 학생들에게 심어 주기도 하고 심각한 경우에는 학교에 저항적인 학생에 대한 따돌림을 교사가 조장하는 사례까지 있다. 학생 사회가 존재한다는 것은 이러한 현실을 바꾸어 자율적인 공론의 장과 관계망들을 가진다는 것이다.

'학생 사회'를 만들기 위해서는

수십 년 전 중·고등학교에서는 학생들 사이의 유대감이나 소속감 등이 현재보다 더 강했고, 학생 사회라고 할 만한 모습도 더 활발했다고 평할 수 있다. 그러나 이는 중등교육이 보편화되지 않은 시대의 엘리트 의식의 성격이 있지 않았을까 하는 의심이 든다. 민족의 독립이나 민주화 등 사회적 소명이 강하게 요청되던 시대상도 영향을 미쳤으리라. 만일 그렇다면 이런 의식이 희박해진 것은, 입시 경쟁이나 시간의 박탈도 큰 요인이기는 하지만, 중등교육이나 고등교육이 좀 더 일반화되는 과정 속에서 과거의 의식을 대체할 만한 보편적이고 민주적인 연대의 문화와 인식을 만들어 내지 못한 탓일 것이다.

학생 사회가 만들어지고 발달하기 위해서는 학생들이 공유할 수 있는, 이 시대의 청소년이자 학생으로서의 또는 시민으로서의 유대감이나 연대의 감각이 더 강화되어야 한다. 이를 위해서는 학생들이 공유하는 문화나 사상, 생활적 요소에 대해 모색해 봐야 한다. '사회'는 항상 '문화'와 함께한다. 학생들의 언어나 생활 양식, 학교생활에서 공유하는 경험들이 문화로 표현되고 이를 통해 학생들이 유대감과 소속감을 가질 수 있다. 동아리 활동과 축제 등을 함께 하고 전시나 공연 등을 꾸준히 하는 것도 한 축이 된다. 근래에 활발해지는 페미니즘 동아리 활동은 학생들이 공유하는 사상과 시대의식의 가능성을 보여 주기도 한다. 학생 식당이나 매점(협동조합)을 공동으로 운영하거나 만드는 일, 수업이나 과제에 관해서 정보를 공유하고 함께하는 일 등을 통해서 자신들의 생활을 같이 꾸려 나가고 친밀감을 가지며 공동체적 경험을 할 수 있다. 청소년운동 안에서도 조직화를 위하여 영화 동아리라든지 학생들끼리 서로 숙제를 해 주는 계/두레 같은 방안을 토론했던 적이 있다.

학생 사회의 형성을 위한 외적 조건으로는 여유 있는 '시간'과 '공간'도 필수적이다. 시간이란 우선 학생들이 토론하고 소통하는 시간이다. 학급 회의 시간이나 학생회 회의 시간 등이 대표적이다. 다음으로 이러한 회의 시간보다 어쩌면 더 중요한 것이 비어 있는 시간, 학생들이 자유롭게 쓸 수 있는 여유로운 시간이다. 이는 점심시간의 여유일 수도 있고 동아리 활동을 하는 시간일 수도 있으며 수업이 파한 뒤의 시간일 수도 있다. 공간은 학생들이 모임, 전시, 회의, 집회 등에 사용할 수 있는 다양한 공간들을 뜻한다. 고정적으로는 학생회실이나 동아리 방 등이 있을 것이고, 학생들이 각종 활동을 하고 소통하기 위해서 학교 공간을 자유롭게 활용할 수 있는 시스템도 갖춰야 할 것이다. 학교 밖의 공공성 있는 공간이 역할을 할 수도 있다.

언론의 역할은 중요하다. 외부의 간섭을 받지 않는 학생들의 언론은 학생들의 공론과 집단적 의견 형성을 위해 꼭 있어야 한다. 자율적인 언론은 학생 사회의 '집단 이성'의 기반이라고 할 수 있다. 꼭 신문의 형태를 띨 필요는 없다. 가령 일주일에 한 번 배포되는 주보나, 격월로 발간되는 생활 문집 혹은 학생 활동 소식 같은 것을 생각해 볼 수 있다. 온라인이나 SNS를 통한 인터넷 언론도 가능하다. 이미 페이스북에서 '대신 전해 드립니다'와 같은 페이지들이 이런 기능을 제한적으로나마 하고 있다. 학교 안에 자유롭게 쓸 수 있는 게시판을 가지는 것도 '언론'의 일부이다.

마지막으로 학교 외부로부터의 연대와 자극도 빼놓을 수 없다. 대학교 학생 사회의 경우에도 중요한 축을 이루는 조직들은 여러 학교들을 넘어서 연합하여 만들어진 단체인 경우가 많다. 학교의 자원은 한정되어 있으며 학생들의 삶은 학교 바깥에 전 사회적으로 존재한다. 지역 사회, 다른 학교, 동아리 연합, 혹은 시민단체 등 학교 외부와의 연대, 그리고 이들에 대한 정보를 얻고 자극을 받는 일은 학생 사회의 발전을 위해 없어서는 안 되는 요소이다. 현재에도 많은 학생회나 동아리들이 각자 성격에 따라 연합을 구성하고 정보를 주고받고 있다. 예를 들어 학교를 넘어선 청소년 대중 조직이나 동아리를 육성하는 단체와 같은 존재들은 광범위한 '학생 사회'를 만드는 매개가 될 수 있다. 특히 특정 학교의 학생 사회가 학교 안에 한정된 폐쇄적인 공동체에 머물지 않고 청소년 대중을 비롯하여 우리 사회 전체와 유기적으로 연결되려면 더욱 그럴 것이다.

학생 사회가 완벽한 답일까

지금까지 학교 민주주의를 이야기하면서 학생들의 경우는 주로 '학생 자치'를 이야기했고 이는 곧 학생회의 자율성을 강화하는 것 정도로만 이해되었다. 그러나 학교 민주주의를 제대로 하려고 한다면 학생들 사이에서도 민주적인 과정과 역동성이 존재해야 한다. 학생회 중심, 제도적 권한이나 참여 기구 중심으로만 문제를 접근해 온 방식은 마치 시민단체도 정치 세력도 정당도 언론도 존재하지 않는데 선거 제도나 선출된 대표자의 권한만을 논의하며 민주주의를 꿈꾸는 것과 같은 모습이었다. 물론 유의미한 참여의 기회와 실질적인 권한을 위한 제도의 변화는 반드시 이루어져야 한다. 다만 그러한 참여의 기회와 권한을 행사하기 위해, 학생들 사이에서 어떻게 실질적인 민주주의가 작동하고 민주적인 권력이 만들어질 수 있는지에 대한 성찰 역시 함께 가야 한다는 이야기이며, 그 열쇳말은 바로 '학생 사회'이다.

그러나 학생 사회 논의에는 몇 가지 한계나 우려되는 점도 있다. 하나는 학생 사회에 대한 논의가 마치 학생들의 역량이 부족하여 학교 민주주의가 어렵다는, 학생들을 탓하는 논의가 될 수도 있다는 우려이다. 학생 사회가 자연스레 형성되지 못한 것은 학생들의 참여와 자율적 활동을 가로막고 억압해 온 학교 환경의 탓이 크다. 또한 학생 사회 활성화를 너무 성급하게 추진하고 성과를 바라서도 안 된다. 학생 사회는 단기간에 어떤 정책적 조치로 만들어지는 것이 아니라 긴 시간에 걸쳐서 여러 가지 요소들에 의해서 아래에서부터 서서히 만들어질 수밖에 없다. 정책적으로 할 수 있는 것은 이에 대해 우호적인 환경을 제공하는 것뿐이다. 학생인권조례 등 학생들의 시민적 정치적 권리나 참여권 및 자치권 등을 지지하는 제도가 그러한 우호적 환경에 보탬이 될 것이다.

나아가서 학생 사회를 너무 이상화해서도 안 된다. 시민 사회가 그러하듯이, 학생 사회 안에도 사회적 차별과 불평등, 위계 등이 존속할 것이다. 더 많은 갈등과 혼란을 낳는 장이 될 수도 있다. 이는 학생 사회의 의의와 필요성을 부정할 이유가 아니라, 학생 사회 속에서 학생들이 그리고 이에 연대하는 시민들이 대처하고 해결해 나가야 할 과제이다.

개별 학교 단위에서의 '학생 사회'가 현재와 미래에 유효한 것인지, 얼마만큼의 의의와 실현 가능성이 있을 것인지도 고민스러운 문제다. 학교가 가지는 영향력은 여전히 크지만, 학생들의 관계나 마음속에서 학교의 위상은 점점 작아지고 있는 듯하다. 교통과 통신, 인터넷의 발달은 학생들이 과거에 비해서 학교 안의 인간관계에 덜 연연하며 자신에게 좀 더 편하고 마음이 맞는 관계를 찾을 수 있게 해 주고 있다. 어떤 학생들에게는 학교보다도 자신이 활동하는 온라인 커뮤니티가 더 소속감을 느끼는 '사회'일 수도 있다. 학교 자체가 무의미한 공간이 되고 학교를 그만두는 학생들도 적은 수가 아니라는 점 등 '교육 불가능' 상황도 영향을 미치고 있다.

이런 현실에서 개별 학교 단위를 중심으로 한 '학생 사회' 모델이 과연 어느 정도까지 힘을 가질 수 있을지는 장담할 수 없다. 온라인이나 공동의 관심사, 지역적 성격 등을 반영하여 개별 학교 이상의 수준에서 '학생 사회'나 문화를 만들어 나가는 것을 상상하고 시도해 보는 것도 필요할지 모른다. 학교 민주주의도, 학생 사회도 고정적인 것이 아니라 시대와 상황에 맞게 새롭게 만들어 가고 바꿔 나갈 요소일 테니까. 우리의 운동이 학생 사회를 만들어 가기 위해서는, 시행착오를 겪더라도 다시 시도하며 더 나은 실패를 만들어 가는 꾸준한 인내심과 새로운 상상력이, 아주 많이 요구된다.

청소년에 의한 정치를 위해

청소년 참정권, 의미와 현실

'촛불' 이야기에서부터 시작해 보자. 2016년 가을부터 2017년 초까지 한국의 시민들은 대규모 촛불 집회와 각계각층의 선언 등의 정치적 압력으로, 민주주의를 훼손하고 비리를 저지른 것이 드러난 박근혜 대통령을 탄핵시켰다. 그리고 이러한 과정에서 청소년들은 다양한 학교·지역별 시국 선언 발표, 활발한 촛불 집회 참여 등으로 함께했다. 촛불 집회는 나이에 상관없이 청소년도 시민으로서 동참한 역동적인 민주주의 정치의 과정이었다. 이는 청소년들의 민주주의와 정치에 대한 관심과 욕구를 높였고, 우리 사회 안에서 청소년을 동료 시민으로 보는 인식을 확대시키는 계기가 되었다.

다른 한편으로는 기성세대와 정치에 대한 불신도 청소년들의 정치 참여의 당위성을 강화했다고 볼 수 있다. 2014년 세월호 참사는, 결과적으로 청소년이 다수를 차지하는 수백 명의 여객이, 이윤만을 추구하고 안전을 도외시한 정책 및 탈법 행위 그리고 정부의 무능으로 희생된 사건이었다. 이는 기성세대의 방식과 가치관에 대한 의문을 키웠으며 이후 정부의 대응 역시 불신을 키웠다. 또한 박근혜 대통령 탄핵 국면을 맞이하며, 2012년에 박근혜 대통령을 선출했다는 데서 드러난 기성세대들의 '미성숙함', '불완전함' 등도 정치는 어른들만의 것이라는 고정 관념을 깼다. 박근혜 대통령 탄핵을 통해 한국 사회는 민주주의를 회복시킬 저력을 증명했지만, 박근혜 대통령을 당선시키고 민주주의가 훼손되고 세월호 참사와 같은 사건이 일어나게 만들었던 사회 및 정치 구조에 대한 반성은 여전히 필요하다. 이에 따라 선거 제도 개혁과 같은 과제들이 대두되었으며 청소년 참정권 확대도 그중 하나의 과제로 부각되었다.

한국 민주주의의 역사에서 정치적 역할을 한 청소년들의 존재는 그리 새로운 현상은 아니다. 한국에서 평화 집회·시위의 상징이 된 '촛불 집회'만 하더라도 그 시작인 2002년 미군 장갑차 사고 때부터 청소년들의 참여가 두드러졌다. 2000년대 초·중반에는 인터넷에서 정치적 의견을 개진하고 촛불 집회에 참여해서 존재감을 드러낸 청소년들을 언론에서 '청소년 정치인'이라 부르며 조명하기도 했다. 2008년 이명박 정부 때의 연이은 촛불 집회는 또 어떠했나. 당시 미국산 소고기 수입을 반대하는 5월 첫 촛불 집회 참가자의 60%가량이 청소년이었다는 경찰의 추정도 있었다.* 2009년 노무현 전 대통령 서거 당시에도 청소년 시국 선언이 발표되었고, 박근혜 정부 때도 세월호 참사 진상 규명 요구 및 추모 활동에서 청소년들은 대중적으로 참여했다. 촛불 집회 이전을 돌이켜보아도 식민지 시기 일제에 맞서 독립을 요구했던 3.1운동이나 부정 선거로 장기 집권을 꾀한 대통령을 퇴진시킨 4.19혁명에서 청소년, 초·중·고 학생들의 역할은 작지 않았다.

그러나 이러한 역사적 역할과 대조적으로, 청소년들은 우리 사회의 민주주의에서 열외로 취급당해 왔다. 2017년 5월 대통령 선거일에 청소년운동에서 열었던 참정권 요구 집회의 제목은 "이것은 민주주의가 아니다"였으며, 이후 청소년 참정권 운동에서 꾸준히 등장한 "탄핵은 같이 했는데 왜 선거는 같이 못 하는가?"라는 표현은 이러한 모순을 보여 준다. 민주주의를 만들고 수리하는 과정에는 청소년 집단이 함께했지만 그렇게 만들어진 민주주의 체제 속에서는 청소년들은 무권리의 상태로 배제당하고 있는 것이다.

청소년 참정권의 현실

오랫동안 한국의 선거권 제한 연령 기준은 만 20세였다. 그러다

---

* "촛불 시위 60%가 중·고생 … 그들은 왜?", 〈중앙일보〉, 2008년 5월 5일.

가 2000년대에 민주화와 사회 개혁이 진전되고 청소년운동과 시민단체들의 요구가 더해져 2005년 선거권 제한 연령 기준을 19세로 조정했다. 그리고 청소년운동의 오랜 운동 끝에 2019년 18세로 다시 한 번 선거권이 확대되었다. 피선거권 제한 연령 기준은 25세(대통령은 40세)로, 이 연령 제한은 제헌의회 이래로 개선되지 않고 있다.

그런데 한국은 정당의 당원 및 발기인의 자격도 〈정당법〉에서 '국회의원 선거권이 있는 자'로 정하고 있기에 한국 청소년들은 정당에도 가입할 수 없다. 〈공직선거법〉에서도 '미성년자'(현재는 만 18세 미만)의 선거 운동을 금지하고 있기 때문에 청소년들은 선거 운동 기간에 어느 후보에게 투표해 달라거나 어느 후보를 반대한다거나 하는 의견을 밝혀서도 안 된다. 주민 발의, 주민 투표, 국민 투표 등도 19세를 기준으로 하기에 19세 미만의 청소년들은 지방 자치에서의 직접 참여 제도나 개헌 투표 등에 전혀 참여할 수 없다. 서울과 경남, 충북 등 지역에서 초·중·고등학교에서의 학생인권을 보장하기 위한 제도인 학생인권조례 주민 발의 운동이 일어났던 적이 있으나 이때도 당사자인 청소년들은 조례 주민 발의 청구 명단에는 이름을 올릴 수 없었다.

일상생활에서의 참정권 현실도 열악하다. 학교운영위원회에는 교사, 학부모 대표 등이 참여하지만 학생들의 동등한 참여 자격은 법적으로 인정되지 않는다. 학교 규칙을 정할 때 학교장이 학생들의 의견을 청취하도록 규정하긴 했으나 실질적으로 의견이 반영되도록 보장하는 장치는 없고 학교장이 의견을 청취하는 방식 또한 구체적으로 정해져 있지 않아서 형식적 절차가 될 때가 많다. 학생회의 자율적인 권한은 잘 보장되지 않고, 학교 교사들이 학생회장 선거 과정이나 운영에 많은 간섭을 한다. 많은 학교에서 학생들의 언론·표현의 자유, 집회·결사의 자유를 제약하고 정치 활동을 처벌하는 학교 규칙을 두고 있다. 주민 자치나 마을공동체 활동이 활성화되고 있지만 청소년들은 여기에도 동등한 주민으로 참여하지 못하는 경우가 많다. 무엇보다도 청소년들이 우리 사회의 한 구성원이 아니라 '미래의 시민', '시민이 되기를 준비하고 있는 존재'로 간주되고 있다. 경쟁적인 교육 제도 속에서 청소년들에게 한계에 이를 정도로 공부에 집중하는 것이 미덕으로 요구되는 것도 이에 한몫한다. 한국 사회의 청소년의 정치 활동에 대한 부정적 인식은 여전히 상당한 수준이다.

청소년들이 정치 과정에서 거의 완전히 배제되고 있는 현실은 청소년에 관련된 정책이나 사회 논의 과정에도 부정적인 영향을 끼친다. 예컨대 한국에서 교육 문제가 심각하다는 데 대부분의 국민들이 동의하지만, 주로 초점이 맞춰지고 우선 해결해야 한다고 여겨지고 공약이 나오고 정책이 추진되는 것은 학생들의 인권 문제보다도 학부모들이 부담하는 '사교육비' 문제 쪽이다. 2018년, 서울시 교육감이 중·고등학교에서의 두발 규제를 없애도록 정책을 추진하겠다고 발표하자 두발 규제 문제에 대한 논란이 벌어졌고, 여론조사 기관 리얼미터는 조사 결과 두발 자유에 반대한다는 응답이 54.8%라고 발표했다. 그런데 이 조사는 19세 이상 500명에게 실시된 조사였고, 문제의 당사자들은 '여론'에서 제외되어 있었다. 참정권이 없다는 이유로 자신의 문제에서도 '여론'의 일부가 될 수 없었던 것이다. 청소년에 대한 정책이나 법을 만들 때 형식적으로라도 청소년들의 의견을 듣는 일도 드물다. 지방의 교육감이나 지방의회에서도 청소년인권 확대에 반발하는 어른들의 의견을 보다 쉽게 수용하여 학생인권 보장을 위한 조례나 청소년노동인권조례를 폐기하곤 한다.

참정권은 인권이다

청소년의 참정권은 그 자체로 중요한 인권이다. 〈유엔아동권리협약〉은 (18세 미만) 아동의 시민적·정치적 권리를 보장하고 있으며, 선거권을 직접 명시하고 있진 않으나 참여권 보장을 요청하고 있다. 유엔아동권리위원회도 이러한 취지에 따라 한국 정부에 반복적으로 청소년의 시민적·정치적 권리 보장을 권고하고 있다. 2019년 대한민국에 대한 심의 결과 나온 유엔아동권리위원회 권고에서는 선거권 연령을 낮추라는 내용이 직접적으로 언급되기도 했다.[*]

국가인권위원회는 2018년 2월 발표한 성명에서, "모든 국가가 연령에 따라 선거권을 제한하고 있지만, 연령 기준에 의해 선거권을

---

[*] 유엔아동권리위원회(2019), 〈대한민국 제5-6차 국가보고서에 대한 최종 견해〉.

갖는 사람의 범위는 정치적 기본권 보장 측면에서 최대한 확대돼야" 한다고 주장하며, "선거권 연령 기준을 낮추는 것은 정치적 의사 결정에서 기본권 행사의 범위를 확대하는 것으로, 민주주의 원칙의 실현에 더욱 가까이 다가가는 것"이라는 의견을 피력했다.* 현재와 같은 정치 체제에서 선거권은 주권의 상징적 표현으로서 다른 기본권보다도 더 중요한 기본권이며, 제한이 최소화되어야 할 인권의 성격도 가지고 있다.**

청소년의 참정권 보장 측면에서 선거권을 가능한 한 확대하는 것은 분명 중요한 문제이다. 이에 더하여, 선거권 제한 연령 기준을 낮추는 것 외에도 청소년 참정권을 가로막고 있는 여러 법 제도와 사회·문화적 장벽들을 없애야만 한다. 선거권을 비롯해 청소년 참정권은 청소년의 인권 현실을 변화시키기 위한 중요한 장치이기도 하다. 타인에게 내맡겨지지 않은 삶, 스스로 결정할 수 있는 삶, 자기에 관련된 문제를 결정할 때 참여하고 의견을 반영할 수 있는 사회를 만들기 위해서는 청소년에 의한 정치가 필요하다.

---

* "선거권 연령 기준 하향 촉구 국가인권위원장 성명", 국가인권위원회 보도 자료, 2018년 2월 7일.
** [김효연(2017), 《시민의 확장 - 18세 선거권, 민주주의와 세대 평등》, 스리체어스, 90~97쪽] 참고.

청소년이 함께 만든 민주주의

청소년 참정권 보장은 우리 민주주의의 숙제

〈헌법〉 전문 속의 청소년 행동의 역사

〈헌법〉 전문에 따르면, "대한민국은 3.1운동으로 건립된 대한민국 임시정부의 법통과 불의에 항거한 4.19민주이념을 계승"한다. 3.1운동과 4.19혁명에 대한민국의 뿌리를 두는 역사 인식이다. 그런데 바로 이 두 가지 역사적 사건에 청소년들이 주역으로 함께했다는 점은 상대적으로 잘 기억되지 못하고 있는 것 같다.

1919년 일본 제국주의로부터의 독립을 요구하고 선언하며 만세를 불렀던 3.1운동. 그때도 수많은 청소년들이 만세 시위를 벌였고,

운동이 시작하고 확산되는 데도 큰 역할을 했다. 그 이후에도 많은 청소년들이 동맹 휴학과 만세 시위 등으로 독립운동에 나섰다. 1929년 일어난 광주학생독립운동도 빼놓을 수 없다. 그때 독립과 '조선인 본위의 교육 제도'를 요구하고 학생의 자유와 자치를 보장하라고 요구했던 역사는, 지금도 11월 3일을 '학생독립운동기념일'로 기리는 것으로 이어지고 있다.

1960년 이승만 정권의 부정 선거에 항의하며 일어나 대통령을 쫓아낸 4.19혁명. 당시에도 4월 18일 대학생들이 시위에 나서기 전에 2월, 3월, 그리고 4월 대구, 대전, 서울, 부산, 경남 마산 등지에서 시위를 한 것은 고등학생들이었다. 그들은 학생들을 관제 행사에 강제 동원하는 걸 비판하며 정치적 자유를 요구하고 부정 선거와 부패를 비판하는 목소리를 냈다.

희생도 예외가 아니었다. 3.1운동에서는 유관순 열사를 비롯한 많은 청소년들이 다치고 희생됐다. 4.19혁명에서도 갓 고등학생이 된 김주열의 죽음이 중대한 계기가 됐고, 김주열 외에도 3월 15일에 경찰의 총에 죽은 마산고등학교 학생 김용실을 비롯해 수많은 청소년들이 국가의 폭력 앞에 다치고 목숨을 잃었다.

1980년대 민주화운동의 출발점에 있는 5.18 광주에도, 4.19 때만큼 주도적인 그룹은 아니었더라도 청소년 참여자들의 모습이 있었다. 예컨대 박근혜 정부 퇴진 운동을 하다 2015년 구속당해 옥고를 치른 한상균 민주노총 위원장 역시 5.18 때 고등학생 시민군이었다고 알려져 있다. 경제 개발의 역사 속에서도 많은 청소년들이 노동자로 일했고, 자신의 권리를 요구하며 노동운동에 동참한 청소년 노동자들도 많았다.

1987년과 그 전후의 민주화 운동도 마찬가지였다. 많은 청소년들이 독재 타도와 대통령 직선제, 언론의 자유 등을 요구한 1987년 6월항쟁에 참여했다. 그해 12월에는 '서울지역고등학생연합'의 학생들이 노태우 후보의 당선이 부정 선거에 의한 것이라고 규탄, "노태우를 당선시킨 기성세대는 각성하라"라고 외치며 서울 명동성당에서 농성을 벌였다. 사회도 학교도 민주적으로 바꿔 내고 변혁시키려 했던 당시의 '고등학생운동'은, 학생회장 직선제와 자주적인 학생회를 쟁취하기도 했다. 전교조가 출범하고 전교조에 가입한 교사들이 해직당하자 참교육과 교육 민주화를 전교조와 함께 외치며 연대하기도 했다. 그들은 '고등학생들은 사회적·교육적 환경에 의해 그 정치적 능력을 억압당해 왔으며, 고등학생도 사회 변혁의 주체가 될 수 있다'라고 주장했다. 참교육을 외치며, 독재 정권은 물러나라고 주장하며, 학교와 교사의 폭력과 탄압에 좌절하여 목숨을 던진 청소년 열사들도 있었다. 1987년의 6월항쟁과 노동자 투쟁 이후 자리 잡은 정치적·사회적 시스템을 일컫는 '87년 체제'는 청소년들도 함께 만든 역사 위에 세워진 것이었다.

예외 취급 받았던 청소년들의 정치 참여

 청소년들이 정치적으로 굵직한 사건에 참여하고 목소리를 내는 것은 결코 수십 년 전 독립운동이나 민주화운동 시기의, 이를테면 '비정상적인 시대'의 특별한 현상이 아니다. 청소년도 우리 사회에서 함께 살아가는 구성원이기에 실로 자연스러운 현상이다. 그저 청소년들의 참여를 가로막는 정치적·사회적·문화적 장벽들이 존재하여 일상적인 일이 되지 못하거나, 고정 관념에 의해 선택적 망각의 대상이 되어 왔을 뿐이다.
 정치적 활동에 적극적으로 참여한 청소년들이 전체 청소년들 중에서는 소수라고 말할 수도 있겠지만, 그렇게 치면 시민들의 경우도 크게 다르지 않을 것이다. 중요한 것은 사회의 구성원으로서 정치적 국면에서 사유하고 발언하고 행동하는 청소년들의 존재는 역사 속에서 예외적이라기보다는 일반적인 것이었다는 점이다.
 청소년들의 정치적 활동이 이처럼 면면히 있어 왔음에도, 청소년 정치는 제대로 인정받거나 보장받지 못해 왔다. 오히려 청소년들이 정치에 나서는 것은 누군가에게 동원되거나 조종당하는 것이라는 편견에 시달리곤 했다. 스스로 정치적 견해를 가질 수 없는 존재로 여겨졌고 청소년의 정치 참여는 사회 문제처럼 다루어졌다. 2008년 미국산 소고기 수입 반대 촛불 집회 당시 한 보수 논객은 청소년을 보호해야 한다며 집회를 하는 공간을 청소년 통행 금지 구역으로 지정하라는 주장을 내놓았다.

민주주의와 개혁, 참여를 내건 노무현 정부에서도 초등학생들이 전북 부안 핵 폐기장 반대 시위에 나서자 청소년들의 집회 참여를 막는 법안을 검토했고, 2005년 고등학생들이 교육 정책을 비판하며 거리로 나오자 교육부가 집회 참가를 막으라고 학교들에 지시했다. 때로는 해당 이슈에서 같은 진영에 있는 사람들조차도 '청소년들까지 나오게 만들어서 미안하다', '어른들이 해결할 테니 청소년들은 참아라'라며 청소년의 정치 참여를 긍정적이지 못한 것으로 간주했다.

청소년들이 이렇게 끊임없이 정치적 활동을 하고 집회·시위 등에도 참여해 왔지만, 청소년의 집회의 자유는 위태롭고 애매한 회색 지대에 놓여 있다. 초·중·고등학교들 중 학생들의 정치 활동이나 집회 참가를 규제하는 내용을 징계 규정에 가지고 있는 곳들이 수두룩하다. 경기도 등에서 학생인권조례가 만들어질 때 '집회의 자유' 조항은 안 된다는 반발 때문에 '집회의 자유'가 조례안에서 빠지기도 했다. 〈헌법〉과 〈유엔아동권리협약〉에 이미 집회의 자유가 명시되어 있음에도 말이다. 오구마 에이지는 "데모를 해서 무엇이 바뀌는가?"라는 질문에 "데모할 수 있는 사회를 만들 수 있다"라는 대답을 소개하며, 참가하면 "참가할 수 있는 사회, 참가할 수 있는 자신이 탄생한다"라고 말했다.* 하지만 청소년들은 데모를 해도 여전히 데모를 할 수 없는 처지에 놓여 있다.

* 오구마 에이지 씀, 전형배 옮김(2014),《사회를 바꾸려면》, 동아시아, 438쪽.

청소년 참정권 보장이라는 숙제

대한민국은 독립의 과정, 민주화의 시작점과 전환점까지 모두 청소년들이 함께 만들어 온 나라이다. 청소년들이 같이했으니 대가를 내놓으라는 이야기는 물론 아니다. 역사 속의 청소년들이 오늘날의 청소년들과 같은 세대인 것도 아닌 데다가, 3.1운동을 했던 세대도, 4.19혁명에 나섰던 세대도, 박근혜 퇴진을 외쳤던 이들도 대가 같은 것을 바라고 나선 것은 아니었을 테니까 말이다. 그저 역사를 보면 '청소년들은 미성숙하고 무능력해서 정치를 할 수 없다'라는 말이 얼마나 궁색해지냐는 이야기다. 바로 그 미성숙한 청소년들이 함께 행동하고 희생해서 만든 나라에서 민주주의를 누리고 있으면서 청소년들은 민주주의 사회의 시민이 되어선 안 된다고 막는 것은 모순적이다.

역사에 정치적 발자취를 남긴 청소년들은 오늘날의 청소년들에게 본받을 만한 위인, 청소년답지 않은 특별한 존재로만 여겨지곤 한다. 과거의 청소년들은 나라를 위해 나섰다고 그들을 본받으라고 한다. 하지만 그러면서 현재의 청소년들은 '학생'이나 '자식'으로 얌전히 있을 것을 요구하며 '예비 시민', '미래의 주역'으로나 여긴다. 그래서 청소년은 법률에 의해 선거를 비롯해서 정당 가입 등 각종 정치 참여를 제한당하고 있다. 초·중·고등학교에서는 독립운동과 민주화운동을 가르치지만, 바로 그 학교들 대부분이 집단행동이나 정치 활동, 언론·표현의 자유를 금기시하는 제국주의·독재 시절의 규칙들을 고수하고 있다. 청소년들이 같이 투쟁하고 행동해서 민주주의를 만들어 온 역사와 그 민주주의에 참여할 권리를 박탈당하고 있는 현실 사이에는, 오로지 청소년에 대한 편견과 억압만이 도사리고 있다.

이러한 역설이 드러난 것이 바로 선거권 연령 하향을 둘러싼 논란이었다. 2016년 이후 국회에서는 선거권 제한 연령 기준을 19세에서 18세로 낮추자는 논의가 불거졌다. 2018년 지방 선거를 앞두고 청소년운동단체와 시민단체들이 삭발 투쟁과 국회 앞 농성도 이어 갔지만, 청소년들은 아직 미성숙해서 안 된다거나 학생들이 정치에 휩쓸려서는 안 된다는 식의 반대 의견도 굳셌다. 결국 18세로 선거권 제한 연령 기준을 낮추는 법안은 2019년 12월이 되어서야, 일부 야당의 고집스런 반대 와중에 통과되었다. 사실 청소년들의 정치적 활동은 역사 속에 끊임없이 존재했고 청소년들이 이미 정치에 참여하며 역사를 써내려 왔음에도, 이를 인정하지 않고 막아야만 한다는 아집은 우스운 노릇이다.

〈헌법〉 전문에 새겨진 대한민국의 역사를 긍정하는 이라면, 청소년 참정권 보장에 반대하며 함부로 청소년의 정치적 미성숙을 운운해선 안 될 것이다. 그 역사야말로 청소년이 이 사회의 시민이라는 증거이기 때문이다. 청소년 참정권 보장은 한국 민주주의 발전사에 남아 있는 숙제들 중 하나이다.

18세 선거권, 오랜 노력 끝에 이룬, 어쩌면 생각보다 중요하진 않은

선거권 연령 하향 운동의 역사와 의의

2019년 12월 27일, 국회에서 국회의원 156인의 찬성으로 〈공직선거법〉 개정안이 통과되었다. 개정안 중에는 "18세 이상의 국민은 대통령 및 국회의원의 선거권이 있다"라는 내용도 포함되어 있었다. 18세 선거권이 현실이 된 날이었다.

'선거권 제한 연령을 18세로 하향하는 것', 즉 18세 선거권 논의는 오랜 역사를 가지고 있다. 대한민국임시정부에서도 선거권 제한 연령 기준을 18세로 삼았다. 그러나 1948년 정부 수립 당시에는 선거권 제한 연령 기준이 21세였고, 1960년 4.19혁명 이후 20세로 확대되었다. 그 이후에도 세계적 추세에 맞추어 18세 선거권으로 바꾸자는 주장은 꾸준히 제기되었다. 예컨대 김영삼 전 대통령도 신민당 총재 시절 18세 선거권을 거론했던 적이 있고, 1987년 개헌 당시에도 18세 선거권이 쟁점으로 논의되었다. 그러나 40년이 넘도록 20세라는 벽은 쉽사리 깨지지 않아 왔다.

청소년인권운동으로서의 선거권 운동

선거권 연령을 낮추라고, 적어도 18세 선거권은 해야 한다고 청소년의 입장에서 요구해 온 역사도 짧지 않다. 1990년대 초반, 군사 독재를 계승한 노태우 정권에 반대하는 운동이 벌어지던 와중에 '고등학생정치활동쟁취공동실천위원회'라는 단체가 18세 선거권을 주장했던 적도 있다.

18세 선거권이 청소년인권 차원에서 이슈로 부상하고 본격적인 캠페인과 입법 운동이 벌어진 것은 2000년대 초반을 시발점으로 잡을 수 있다. 그 이전에도 선거권 연령 하향 요구가 시민 사회로부터 제기되곤 했지만 주로 대학생단체(만 20세라는 제한 기준은 대학생 중 상당수도 선거권을 갖지 못하게 했다)의 주장이나 시민단체의 정치 개혁 주장 중에 포함된 것이었다. 2002년 대선 시기, 청소년 모임 '낮추자'는 18세 선거권으로 청소년에게 선거권을 보장할 것을 주장하며 토론회와 청소년 모의 투표 활동을 했다. 2004년 총선을 앞두고는 '18세선거권낮추기청소년연대'가 결성되어 모의 투표나 거리

행동, 본격적인 입법 운동을 벌였다. '18세선거권낮추기청소년연대'는 제17대 국회에 18세 선거권 법안을 제1호 국민 청원으로 제출하고 과반수의 의원들에게 18세 선거권에 찬성한다는 서명을 받아내기도 했다.

이 운동은 2005년, 20세였던 선거권 제한 연령 기준을 19세로 낮추는 성과를 이루었으나, 목표로 했던 18세 선거권은 이루지 못했다. 19세와 18세 사이의 차이, 그건 바로 18세부터는 청소년/10대/고등학생이 일부 포함된다는 것이었다. 당시 한나라당은 '일부라도 고등학생이 포함되는 것이 문제'이고 청소년을 '보호'해야 한다고 하면서 정치적 자유를 주는 것은 맞지 않는다고 주장했다. 국회 과반을 차지한 열린우리당은 18세 선거권이 당론이었으나, 청소년 참정권 문제에 대해 그리 확고한 입장을 갖고 있지는 않았던 것으로 보인다. 열린우리당은 선거권 연령 하향의 논거로 주로 국제적 추세나 고령화 시대에 대한 대처, '젊은 정치' 등을 들었고, 18세 중에는 고교 졸업자나 대학생 등도 포함된다고 주장했다. 열린우리당 의원이 국회에서 18세로 선거권 연령을 낮추되 고등학교 재학생은 제외하자는 제안을 내놓기도 했다. 18세 선거권을 가로막는 가장 큰 장벽이 청소년은 정치를 해서는 안 된다는 편견이었는데, 18세 선거권을 찬성한다는 정치 세력조차 이러한 편견을 극복하지 못하고 있었으니 사실 18세 선거권은 요원한 노릇이었다. 선거권 연령을 낮추는 것이 자기 정당에 유리한지 불리한지를 계산하고 있던 면에서는 어느 쪽이든 별로 다르지 않았을지도 모르겠다.

청소년운동이, 청소년들이 만들어 낸 변화

이후 몇 년간 선거권 제한 연령 기준을 낮추기 위한 운동이 활발하게 일어나지는 않았다. 그렇다고 해서 청소년 참정권 운동이 없었던 것은 아니다. 2005년 두발 자유화 운동이나 2008년 촛불 집회 등을 거치며 청소년의 언론·표현·집회·시위의 자유를 보장하라고 국가인권위원회에 진정을 제출하거나 학교 현장에서의 탄압에 맞서 싸우는 운동이 꾸준히 일어났다. 교육감 직선제가 시행된 것을 계기로 삼아, 청소년운동단체들이 '기호 0번 청소년 교육감 후보'로 출마를 선언하고 청소년은 참여할 수 없는 선거에 대해 문제를 제기하는 퍼포먼스와 캠페인을 기획한 바도 있다.

2012년 총선과 대선이 같이 치러진 해에 청소년 참정권, 선거권 연령 하향 운동이 재차 부상했다. 청소년인권행동 아수나로 등의 단체들이 모여 '청소년의 정치적 기본권 내놔라 운동본부'(내놔라 운동본부)를 결성하여, 헌법 소원과 정당들에 관련 공약 요구, 투표소 앞 1인 시위, 토론회 등의 활동을 했다. 내놔라 운동본부는 선거권·피선거권, 정당 가입, 언론·표현·집회·결사의 자유 보장, 학생 자치 및 학교 운영 참여 보장, 주민 발의 등 지방 자치 참여 보장을 청소년의 정치적 권리를 위한 과제로 제시했다. 2014년 '1618 선거권을 위한 시민 연대' 활동 등 모의 투표 형식으로 청소년의 선거 참여 보장을 촉구하는 활동도 꾸준히 이어졌다. 2016년 총선 때도 청소년의 선거권과 선거 운동의 자유 보장을 요구하는 활동이 이어졌다.

선거권 연령을 낮추기 위한 운동은 2016년 하반기에 전환점을 맞이했다. 박근혜 대통령 퇴진 촛불 집회와 탄핵을 계기로 정치 개혁의 당위성이 커졌고, 청소년들이 박근혜 대통령 퇴진 운동에 활발하게 참여한 가운데 청소년 참정권 문제도 시민들의 관심을 받게 됐다. 2000년대 이후 끊임없이 정치적 목소리를 내고 사회 문제에 참여해 온 청소년들의 존재와 그에 대한 기억이야말로, 청소년에게 정치를 금지해야 한다는 사회적 인식을 바꾼 큰 힘이었다. 2016년 총선 결과 제20대 국회에서 18세 선거권을 찬성하는 정당들의 의석을 합치면 과반에 이르렀고, 청소년의 정치 참여를 긍정하는 의견, 청소년의 권리를 보장해야 할 필요성이 18세 선거권의 주된 논거로 자리 잡았다. 반대하는 정당 안에서도 18세 선거권을 받아들여야 한다는 목소리가 나오곤 했다. 2016년 말 국회에서 18세 선거권 내용을 담은 〈공직선거법〉 개정안이 전체 회의에 상정될 뻔했으나 아쉽게 멈추는 등 국회 상황은 희망을 가져 볼 만했다. 전국 여러 지자체에서도 청소년 참여를 보장하기 위한 청소년의회를 만드는 등의 논의가 활발해졌다.

2017년 하반기 결성된 촛불청소년인권법제정연대는 청소년 참정권과 학생인권을 보장하는 법 개정을 이루어 청소년이 학교에서나 사회에서나 시민으로서 살 수 있도록 하는 것이 2016년 '촛불'의 과제라고 주장했다. 촛불청소년인권법제정연대는 2018년 3월, 청소년들이 삭발 시위를 하고 국회 앞에서 한 달이 넘게 거리 농성을 벌이고 시위를 하며, 18세 이하로의 선거권 연령 하향 그리고 선거 운동 및 정당 가입 등 정치 활동의 자유를 요구하며 청소년 참정권 이슈를 환기시켰다. 촛불의 기억과 청소년 참정권 운동에 힘입어, 선거권 제한 연령 기준을 18세로 하향하는 데 대한 19세 이상 국민의 찬성 여론은 50%를 넘게 됐고, 고등학생 중 65.9%가 찬성한다는 조사 결과*도 나왔다.

  그럼에도 청소년의 정치 참여를 부정적으로 호도하며 선거권 연령을 낮추는 것을 반대하는 목소리는 만만치 않았다. 자유한국당은 '고등학생이 정치에 참여하는 것과 교복 입고 투표하는 사태는 안 된다'라고 주장했고, 다른 나라들이 18세 선거권을 시행하는 것은 학제가 달라서라며, 학제를 개편하여 18세 이전에 고등학교를 졸업하게 해야만 18세 선거권에 찬성할 수 있다고 내세웠다(사실 자유한국당의 이러한 거짓 주장과 달리, 18세 선거권을 시행 중인 국가들 중 상당수가 고등학교 재학 중일 때 선거권을 가지며, 청소년기에 정당에 가입하여 활동하는 경우도 쉽게 볼 수 있다). 선거권 연령이 낮춰지면 '고3 교실이 정치판이 될 것'이고 '전교조 교사들이 학생들을 정치에 동원할 것'이라며 뚜렷한 근거도 없이 과장된 공포감을 조장하기도 했다. 이에 더해 자유한국당 의원들이 다른 여러 사안들로 국회 일정 참여를 거부하며 18세 선거권 실현은 계속 미뤄졌다.

  결국 2019년 4월, 18세 선거권과 선거 제도에서 비례성을 높이는 개혁안을 담은 〈공직선거법〉 개정안이 자유한국당 등을 제외한

---

* 한국청소년정책연구원(2017), 《고등학생들의 정치참여욕구 및 실태 연구》.

다른 정당들에 의해 '신속 처리 안건'으로 지정되었고, 2019년 12월 27일 18세 선거권을 포함한 법안이 국회 본회의를 통과, 2020년 1월부터 시행되었다. 긴 시간 동안 청소년들이, 청소년운동이 요구하고 행동하며 이루어 낸 변화였고, 청소년은 정치나 선거에 참여해선 안 된다는 금기를 부수는 순간이었다. 하지만 또 한편으로는 18세 선거권 단독이 아니라 다른 선거 제도 개혁안을 통과시켜야만 한다는 당위성 속에 끼워서 처리하듯이 통과될 수밖에 없었던 상황은 청소년인권 문제가 여전히 정치 세력들의 주요 관심사가 아니라는 방증이기도 하다. 또한 모든 정당이 찬성할 수밖에 없을 만큼 확고한 국민들의 지지와 운동의 세력을 가지지 못한 채, 반대 입장을 굽히지 않던 제1야당을 우회하여서 통과된 과정도 아쉬운 점이다.

18세 선거권의 의의와 남아 있는 과제들

'18세 선거권'이 가지는 의미는 단지 선거에 좀 더 이른 나이부터 참여하게 됐다는 것이 아니다. 우리 사회에서 통상 '미성년자', '초·중·고 학생', '청소년', '10대' 등의 이름으로 불리던 집단 중 아주 일부라도 정치와 선거에 참여할 수 있게 됐다는 의미가 크다. 그렇기 때문에 청소년운동단체들이 18세 선거권을 청소년 참정권의 문제로 이야기하고 청소년도 정치에 참여할 수 있어야 한다는 주장을 했던 것이다. 그리고 18세 선거권에 반대하는 이들은, 바로 그 이유 때문에 18세 선거권을 반대했다. 실제로 18세 선거권이 이루어지자마자 몇몇 정당들은 청소년 또는 고등학생을 위한 공약을 내놓고 있다. 또한 여러 학교들이 가지고 있는 정치 활동 금지 규정들을 손봐야 한다는 언론이나 시민사회단체의 지적도 늘어나고 있다. 모두 18세 선거권이 촉발시킨 변화의 기회이다.

하지만 또한 우리는 잊어서는 안 된다. 18세 선거권이 곧 청소년 참정권인 것은 아니라는 점을 말이다. 18세 선거권을 통해 선거권을 갖게 되는 사람들은 청소년 집단 중 극히 소수이다. 18세 선거권 실현만 가지고 청소년들이 대의제 정치에서 크게 의미 있는 영향력을 행사할 수 있으리라 기대하기는 어렵다. 또한 여전히 청소년의 정치 활동이나 선거 참여 등을 제한하고 있는 잘못된 법 제도들이 남아 있으며, 사회적·문화적 장벽도 사라지지 않았다.

만일 한국 사회가 계속해서 '성인'과 '미성년자'를 나누고 '미성년자'에게는 참정권을 포함한 각종 인권을 제한하는 것을 당연히 여긴다면, 18세 선거권 실현도 단지 19세였던 기준선을 18세로 바꾼 것에 지나지 않게 될 것이다. 즉, 18세 미만의 청소년들은 계속해서 참정권도 무엇도 없는 상황에 놓여 있게 될 것이다.

18세 선거권을 포함하여 청소년 참정권에 반대하는 주장은, 일정 나이 이상이라면 정치의 주체가 될 수 있지만 나이가 어린 사람들은 사회의 주류 가치에 따라 교육을 받아야 한다는 나이주의적인 차별 의식을 배경에 깔고 있다. 비청소년들에게 교육을 받아야 할 청소년들이 정치를 한다는 것은 이러한 질서를 혼란시키는 것이기에, 교육의 대상이고 '아직 사회에 나오지 않은' 청소년들이 공적 결정 과정에 참여하고 정치를 하는 것은 금지되어야 한다는 것이다.

청소년운동의 문제의식은 이런 나이주의적 차별 의식을 비판하면서 넓어져 왔다. 2000년대 초·중반에는 18세 선거권을 주장하면서 종종 '18세면 병역의 의무도 있고 결혼도 할 수 있다'라며, 18세면 충분히 성숙한 성인이라는 논거를 들곤 했다. 그러나 청소년 참정권을 요구하는 입장에서는 이와 같이 '18세면 충분히 어른'이라고 주장하는 것은 적절치 못하다. 결국 청소년들은 참정권을 얻을 수 없고, 사회가 인정한 '어른'이 되어야만 정치 참여를 할 수 있다는 말이기 때문이다. 2010년대 이후로 청소년운동에서는 '참정권은 의무의 대가가 아니다', '나이는 참정권을 제한할 합당한 근거가 아니다', '20대 이상이라고 해서 성숙하고 합리적이지 않다'라는 주장을 더 앞세우려 노력하고 있다. 선거권만이 아니라 나이에 상관없이 일상적으로 참여할 수 있는 권리를 보장할 수 있는 다양한 권리들을 이야기하려 하고 있다.

'몇 살부터?'는 그만

1989년, 유엔에서는 〈유엔아동권리협약〉이 채택되었다. 그 전에 만들어진 1924년 〈제네바선언〉이나 1959년 〈유엔아동권리선언〉과 비교해 보면, 〈유엔아동권리협약〉은 법적 효력이 있는 국제 조약이라는 점에서도 차별화됐지만, 내용적으로도 새로운 점이 있었다. 바로 아동의 시민적·정치적 권리, 참여권 등을 처음으로 아동인권의 내용으로 공식적으로 포함시킨 것이다.

예컨대 〈유엔아동권리협약〉 제15조에서는 "당사국은 아동에게 결사의 자유와 평화적 집회의 자유에 대한 권리가 있음을 인정한다"라고 집회·결사의 자유를 명시하고 있다. 제12조에서는 "자신의 의견을 형성할 능력을 갖춘 아동에게는 본인에게 영향을 미치는 모든 문제에 대해 자유롭게 의견을 표현할 권리를 보장하고, 아동의 나이와 성숙도에 따라 그 의견에 적절한 비중을 부여해야 한다"라고 하여 아동이 결정 과정에 의견을 내고 그 의견이 정당한 비중으로 반영될 권리도 밝히고 있다. 이러한 내용은 그 이전의 아동권리선언 등에서는 찾아볼 수 없었던 것이다. 국제 사회가 아동의 인권에 대해 이야기하기 시작한 뒤 아동의 정치적 권리를 중요한 요소로 받아들이기까지 65년이라는 시간이 걸린 셈이다.

한국은 1991년에 〈유엔아동권리협약〉에 가입했고 이에 따라 협약은 한국에서도 국내 법률과 같은 효력을 발휘하게 되었다. 그러나 아시다시피 한국 정부는 법을 잘 지키지 않는다. 한국 사회에서 청소년들의 정치적 권리, 참정권 등이 잘 인정되고 있다고 보기는 어렵다. 오랜 시간 동안 '청소년들은 정치를 해서는 안 된다'라는 의견이 더 사람들의 '상식'에 가까웠고, 정부에서도 이런 현실을 바꾸기 위한 적극적인 노력을 하지 않았다. 이번 18세 선거권 통과를 통해 비로소 〈유엔아동권리협약〉상 참여권 내용을 실현할 계기가 마련되었다고도 할 수 있다.

  18세 선거권은 청소년 참정권 확대를 위한 중요한 변화이다. 하지만 18세 선거권은 청소년 참정권이나 참여할 권리의 완성이 아닌 첫걸음일 뿐이다. 2016년의 박근혜 대통령 퇴진 운동과 탄핵은 민주주의가 단지 정기적인 선거 그 이상의 것임을 보여 준 사건이었다. 우리의 참정권과 주권이 선거나 투표라는 형태로만 행사되는 것이 아니며, 선거가 끝난 뒤에도 우리가 주권자임은 변함없다고 선포한 것이다. 청소년 참정권에 관한 과제도 더 폭넓은 권리로 생각되어야 한다. 적어도 촛불 집회에 참여하거나 시국 선언을 한 청소년들이 학교로부터 위협이나 불이익을 감수해야 했던 현실은 바꾸어야 하지 않을까? 수능을 끝낸 고3들이 거리로 나오길 기대했던 시민들이, 이제는 수능 시험과 상관없이 고등학생들이 우리 사회의 문제에 대해 생각하고 발언하고 행동할 수 있는 교육 환경과 삶의 조건을 만들려 한다면 어떨까?

  선거권 제한 연령 이야기를 하면 거의 대개 "그럼 몇 살부터가 옳은가?"라는 질문을 한다. 우리는 몇 살이 되면 충분히 성숙해져서 선거를 할 수 있게 된다는 식으로 생각하는 데 익숙하기 때문이다. 이렇게 '몇 살부터'를 묻는 사고방식에서 벗어나야 한다. 참정권, 참여할 권리, 정치적 권리는 자신의 의견을 가지고 말하고 행동하는 모든 사람들에게 보장되어야 할 권리이다. 선거권은 우리가 의사 결정에 참여하고 의견을 표현하고 대표를 뽑는 하나의 방법일 뿐이다. 우리 사회와 행정 편의상의 한계로 선거권 제한 연령 기준을 두어야 하더라도, 그럼 선거권을 제한당한 사람들은 어떻게 참정권을 보장받아야 하는지를 물어야 한다. 설령 투표를 못 하더라도 그 사회의 시민으로서 참여하고 행동할 수 있어야 한다. 18세 선거권에 대한 국회 안팎에서의 논의가 이제는 청소년인권과 민주주의에 대한 논의로 나아가기를 바란다.

누가 선거에 참여할 수 있는 자격이 있는지를 따지는 것이 아니라, '우리는 지금 우리 삶의, 우리 사회의 주인인가' 물을 때 민주주의가 더욱 완전해질 수 있다. 민주주의는 우리가 표의 주인이라는 뜻이 아니라, 우리의 삶과 사회와 국가의 주인이라는 뜻이기 때문이다. 그래서 18세 선거권은 중요하지만, 어쩌면 생각보다 중요하지 않을 것이다. 청소년들의 참정권을 19세까지 유예시킬 것인지 18세까지 유예시킬 것인지를 토론할 것이 아니라, 청소년들이 지금 당장 아랫사람 취급을 받지 않고 의견을 존중받으며 같이 결정 과정에 참여하고 말하고 모이고 행동할 수 있게 보장해야 한다.

선거권 제한 연령이 몇 살이냐 하는 것 이상으로, 청소년은 아직 어리다고 빼놓는 사회, 어른 말에 토 달지 말라고 하는 사회, 청소년들의 행동은 어른들에게 조종당하는 것이라고 폄하당하는 사회, 청소년들은 공부만 해야 한다면서 학교·학원에 갇혀서 자유 시간도 갖지 못하는 사회인 것이 더 큰 문제이다. 〈유엔아동권리협약〉은 '자신의 견해를 형성할 능력이 있는 아동'은 '본인에게 영향을 미치는 모든 문제'에 대해 발언하고 참여할 수 있다고 했다. 19세 이상이나 18세 이상이 아니라.

학교는 '정치판'이
되어야 한다

18세 선거권 시대, 학교는 준비되어 있는가*

잠시 기억을 돌려 본다. 2013년 말, 철도노조가 파업을 하고 철도 민영화가 논란이 되며 대학에서부터 '안녕들 하십니까' 대자보가 붙기 시작했다. '안녕들' 대자보는 곧 초·중·고등학교로도 확산되었으며, 학교가 아닌 자신의 동네에 대자보를 붙이거나 대자보를 써서 사진을 찍어 SNS에 게시한 청소년들의 사례까지 포함하면 '안녕들' 대자보에 참여한 청소년들의 수는 상당히 많을 것이다. 시대의

* 《가장 민주적인, 가장 교육적인》(공저)에 실렸던 글을 변화된 상황에 맞춰 다듬고 보완하였습니다.

흐름을 돌이켜 보면 '안녕들' 대자보는 그동안 피폐해지고 후퇴당한 민주주의와 인권의 문제들을 삶 속에서 체감한 이들의 발언이었다고 의미를 부여할 수도 있을 듯싶다.

'안녕들' 대자보는 초·중·고등학교에서는 다른 차원의 관심과 문제를 불러일으켰다. 청소년들의 대자보는 붙이자마자 제거당하기 일쑤였으며, 상당수 학교에서는 처벌 대상이 되었다. 알려지고 공론화가 된 경우는 차라리 나았을지도 모른다. 많은 학교에서 학생들은 교무실에 불려 가서 꾸중을 듣고, 경위서나 반성문을 작성하고, 친권자를 학교로 소환하는, 비공식적인 징벌을 받았다. 명백하게 처벌과 통제의 성격을 띠고 있었음에도 공식 징계가 아닌 그저 '교육'이나 '지도'로 포장되는, 그런 조치들. 대학생들이, 사람들이 '안녕들 하십니까' 하고 자기 삶을 돌아보는 와중에도, 초·중·고등학교 안에서는 안녕을 묻고 안녕하지 못하다고 호소할 자유조차도 없었다.

그중 인터넷에 회자되며 눈에 띄었던 사례가 하나 기억난다. 교사가 대자보를 붙인 학생을 교무실로 불러서 '왜 네 의견을 남에게 강요하느냐'라고 혼내고 친권자를 학교로 불러오게 했다는 이야기였다. 그 교사는 학생이 자신의 의견을 다른 사람들이 볼 수 있도록 게시한 것이 곧 '의견을 강요'한 것이라고 느껴졌나 보다. 왜였을까? 사람들이 다른 사람의 의견을 보기만 하면 그 의견에 따라야 하는 습관이나 나약한 자주성을 가지고 있다고 믿어서? 혹은 강요되어도 좋을 만큼 권위를 가진 의견만이 게시되어야 한다고 믿어서? 문제는 이런 식의 사고방식이 의외로 자주 발견된다는 것이다. 가령 '너는 왜 네 생각만 옳다고 생각하고 주장하느냐' 같은 말도 본질적으로 다르지 않다. 이런 사고방식이 널리 자리 잡고 있는 것은, 지금 학교의 원리가 민주주의나 정치적 원리와는 동떨어져 있기 때문은 아닐까?

학교는 준비되어 있는가

18세 선거권에 반대하는 주장 중 가장 흔히 접할 수 있었던 것이 '학교가 정치판이 될 수 있다'라는 이야기였다. 말할 것도 없이, 이 말 자체는 청소년과 학교에 대한 편견을 담고 있다. 노동자들에게 참정권을 보장하면 일터가 정치판이 될 것이라거나, 여성에게 참정권을 보장하면 (여성이 가사 노동을 주로 한다는 편견 속에) 집안이 정치판이 될 거라고 우려하는 것과 다름없다. 그러나 이를 차치하고라도 학교의 현실을 생각해 보면 오히려 반대의 상황을 우려해야 하는 것 아닌가 싶다. 18세 선거권이 실현되었으나, 학생들의 정치 활동이나 발언 등을 학교에서 금지하고 변화를 거부하려는 모습이 나타나고 있기 때문이다.

정치적 자유가 실질적으로 보장되지 않는다면 18세 선거권의 의미도 무색해진다. 1987년 6월항쟁은 보통 '대통령 직선제' 쟁취로 기억되지만, 그 성과 중 언론의 자유 보장이나 정당 활동 보장, 고문 금지 등 인권 보장 역시 민주화의 중요한 한 축이었다. 애초에 자유롭게, 두려움 없이, 말하고 듣고 모일 수 없다면 직선제에 과연 얼마만큼의 의미가 있겠는가? 흔히 선거는 민주주의의 꽃이라고 하는데, 꽃은 뿌리, 줄기, 잎이 있어야만 필 수 있다는 점에서 적절한 비유이다. 꽃은 재생산의 역할을 한다는 점에서 중요하지만, 꽃만을 꺾어서 꽃병에 꽂아 두면 금세 시든다는 점을 잊어서는 안 된다. 민주주의의 근본은 오히려 다른 뿌리, 줄기, 잎에 해당하는 인권 보장과 평등한 정치적 자유, 사람들의 결사·행동·참여에 있다. 18세 선거권이 실현되었지만 일상 속에서의 정치 활동을 금지당하고 학교와 학원에 장시간 갇힌 채로 다른 데 눈 돌릴 여유도 갖지 못한다면, 그 선거권이 얼마만큼의 의미가 있고 영향력을 발휘할 수 있을지 의문스럽다.

그러므로 18세 선거권에 대해 학교가 준비되어 있느냐는 질문은, 학교가 청소년들의 정치 활동을 보장하고 권리를 잘 행사할 수 있는 환경을 조성해야 한다는 요구로 읽혀야 한다. 서울시교육청에서 2017년 2월 23일 연 토론회 '선거권 연령 하향, 학교는 무엇을 준비해야 할까?'에서 천희완 교사는 "선거권 연령 하향 시대, 학교는 준비되어 있습니다"라는 제목으로 발제를 하며, 교과별 민주시민교육 현황에 대한 평가를 했다. 다른 발제자들도 공통으로 지적한 것이 '토론식 수업을 해야 한다'라는 것이었다. 학교에서 민주주의와 정치에 대해 교육하는 것도 물론 중요한 일이고, 수업에서 토론이 필요하단 것도 맞는 말이다. 하지만 그 이상으로 학교가 준비해야 할 것들이 있다. '18세가 되었을 때 선거에 잘 참여할 수 있게 교육한다'는 것과, '정치 활동을 하는 (18세) 청소년들과 함께하는 학교를 만들어 간다'는 것은 다른 일이다.

예를 들어, 선거권이 생긴다는 것은 현행법상 공식적으로 정당 당원이 될 자격을 가진다는 뜻이기도 하다. 그러나 상당수 학교들이 학생의 정치 활동을 금지하는 규칙, 학교장의 허락 없이 교외 행사나 단체 참여를 규제하는 규칙 등을 두고 있기에 이와 정면으로 충돌하게 된다. 만약에 어떤 18세 고등학생이 학교 안에 정당 모임을 만든다고 했을 때 학교에서는 어떻게 대처할 것인가? 동아리로 등록하겠다고 하면? 종교 동아리는 가능한데 특정 정당의 동아리는 불가능한가? 학생회가 특정 정당과 관계를 맺고 학교 개혁을 추진하면 어떻게 반응할 것인가?

현행 법 체계가 낳는 불합리도 있다. 18세부터만 선거권이 있고 선거 운동과 정당 가입이 가능하고 그 미만은 금지해야 한다면, 학교에서는 18세 이상인 학생만 정치 활동을 허락할 것인가? 그러면 생일이 지나서 18세가 되었는지 안 되었는지 매번 따질 것인가? 정당하지도 못하고 실무적으로도 비현실적인 이야기다. 또한 18세인 청소년은 선거 운동을 할 수 있어서 자신이 지지하는 정당이나 후보에 대해 자유롭게 말할 수 있는데, 18세 미만의 청소년은 그런 이야기를 하면 법을 위반한 것이 되어 버린다. 자유로운 토론을 가로막는 악법이자, 18세 이상인 사람들의 일방적인 선전이 가능하게 하는 불평등한 제도이기도 하다. 이러한 문제들 앞에서 학교는 해

오던 대로 정치 금지를 선언하고, 수업 안으로만 토론과 정치적 이슈를 한정시키려고 할 가능성이 크다. 그리고 이는 정치를 박제하고, 교사의 가르침과 국가가 정한 교육과정 안으로 가두는 결과를 낳을 것이다.

정치하는 청소년과 함께하는 학교

적어도 대자보를 게시하는 일을 '남에게 자기 의견을 강요하는 것'이라고 생각하는 학교는 전혀 '정치판이 될' 준비가 되어 있지 않다. 강요와 강요 아닌 것을 구분하는 것은 근대적 민주주의에서 기초적인 것이다. 강요와 직접적 폭력은 제거하거나 최소화하고, 그러면서도 서로 합리성을 가지고 있다고 가정한 평등하고 자유로운 주체들이 각자의 주장과 가치관을 이야기하고 서로에게 영향을 끼치면서, 토론·선전·선동*을 통해 집단적 의사를 형성해 가는 것이 민주주의적 정치의 전제다. 현실에는 미디어 독점과 이데올로기적 격차, 그리고 발언력에 엄연한 차이가 있긴 하지만 그럼에도 이러한 원칙은 유의미하다.

그러나 많은 학교들에는 여전히 체벌이나 '기합' 등 자의적인 폭

---

* 선동은 보통 부정적 뉘앙스로 쓰이지만, 그 뜻은 사실 '부채질'이다. 다른 사람을 행동하도록 부추기고 촉구하는 것이다. 우리가 함께 행동할 수 있는 기회, 선동의 자유는 정치의 핵심이다.

력의 가능성이 남아 있고, 학교 구성원 사이의 평등을 부정하고 있으며, '교육'이라는 이름으로 강요를 정당화하고 있다. 학생들을 주체성이 없는 교육의 대상으로 생각하기 때문에 의견의 표현과 강요를 구분할 필요성을 느끼지 못하는 것이다. 학교가 수업과 같이 정해진 틀 안에서 선별된 정보와 지식만을 전달해야 한다는 믿음 역시 반정치적이다. 우리가 틀릴 수도 있고 다른 의견과 입장을 가질 수도 있으며 그럼에도 우리는 우리의 입장과 주장을 내세울 수 있고 내세워야 한다는 것을 인정하는 것이 정치적 활동의 전제이다. 학교는 '토론 형식의 수업'을 도입하는 것보다 더 근본적인 부분에서 바뀌어야 비로소 정치를 받아들일 수 있을 것이다.

청소년들이 참정권을 가질 때, 학교는 무엇을 준비해야 하는가? 물론 학교에는 일종의 규칙이나 약속이 있어야 할 것이다. 하다못해 동아리들의 학교 공간 활용에 관한 것이든, 대자보 및 게시물 관리의 규칙이든 말이다. 학생들이 정당이나 정치인을 초대하여 학교에서 토론을 하거나 이야기를 듣고자 한다면 학교에서 어떤 절차에 따라 공간을 활용하고 홍보할 수 있게 할 것인가도 고민해 볼 문제들이다. 그러나 그러한 규칙은 정치적 자유를 공평하게 누리기 위해 필요한 것이고, 이는 정치적 자유가 보장됨을 전제로 한다. 초·중·고등학교가 먼저 준비해야 하는 것은 학교가 '정치판'이 될 수 있다는 것을 받아들이고, 정치하는 청소년들과 함께하는 일상을 준비하는 것이다. 대학교라는 선례가 있기에 시행착오는 생각보다 많이 줄일 수 있을지도 모른다.

'18세 선거권'을 그저 18세부터 투표를 할 수 있다는 것 정도로 받아들인다면, 청소년 참정권을 이야기하면서 18세 선거권 이상으로 구체적인 이야기는 하지 않는다면, 학교교육은 변하지 않을 것이다. 학교는 '선거권 연령 하향 시대'에 적응하기 위해서가 아니라, 스스로 변화하기 위해 준비해야 한다. 그것은 촛불 광장에서 열린, 사회와 삶과 통합된 민주주의·정치교육의 장을 학교 안에도 만드는 작업이다.

청소년이 대선 후보를
선출하는 세상을 꿈꾼다

청소년의 정당 활동을 보장하라

 2019년 12월, 핀란드에서는 사회민주당의 산나 미렐라 마린이 34세의 나이로 총리에 취임했다. 언론들은 세계 최연소 행정부 수반이라며 호들갑을 떠는 기사들을 냈다. 이만큼 젊은 총리의 등장은 이례적인 일이라지만, 사실 유럽 등지에선 '젊은' 정치인들의 모습이 그렇게까지 드물진 않다. 2014년 31세의 나이로 스웨덴 교육부 장관이 된 녹색당의 구스타프 프리돌린은 19세에 국회의원이 된 경력을 갖고 있다. 한국을 방문한 적도 있는 독일 녹색당의 안나 뤼어만 의원은 2002년에 19세의 나이로 독일 연방의회 의원이 됐다. 2018년 국제의회연맹 자료에 따르면 노르웨이, 스웨덴, 핀란드 등의

10~20대 국회의원 비율은 10%를 넘어선다.*

최근 들어 '청년 정치'가 하나의 화두가 되어서인지, 한국에서는 그런 '젊은 정치인'의 모습을 보며 부럽다는 이야기가 나온다. 한국에서는 상상하기 어려운 일이라고도 한다. 당연한 일이다. 한국의 피선거권 연령 제한 기준은 국회의원이나 지자체장 등은 25세, 대통령은 40세다. 19세 국회의원이나 34세 대통령의 등장은 법으로 봉쇄되어 있다. 피선거권 연령 제한 문제 등부터 개선해야 청소년·청년들의 정치 참여가 활발해지고 '젊은 정치인'도 등장할 수 있을 거라는 지적이 나오는 이유다.

십수 년 동안 청소년운동단체들과 시민단체들은 선거권·피선거권 연령을 낮춰야 한다고 꾸준히 요구해 왔고, 2019년 18세 선거권을 이루기도 했다. 그런데 청소년 참정권을 위해 해결해야 할 과제가 선거권 연령 하향만 있는 것은 아니다. 청소년·청년들의 정치 활동을 활성화하기 위해서는 어쩌면 더 중요한 과제가 또 하나 있다. 바로 정당 활동의 자유 보장 문제다.

유례없는 정당 가입 연령 규제

대한민국의 〈정당법〉 제22조는 "국회의원 선거권이 있는 자"로 발

---

* "45세 미만 국회의원 6.33%, 150개국 중 143등", 〈프레시안〉, 2019년 3월 12일.

기인 및 당원의 자격을 명시하고 있다. 사실상 선거권이 없는, 현재는 18세 미만 청소년들의 당원 가입을 인정하지 않고 있는 셈이다.

그러나 정당에 가입하여 활동하는 데 꼭 국회의원 선거권이 있어야만 할 필연적 이유는 없다. 국가인권위원회도 정당 가입 가능 연령을 선거권 연령보다 낮추는 것을 검토하라고 의견을 표명한 바 있다. 또한 민주주의 국가들 중에서는 한국과 같이 국가가 정한 법률로 정당에 가입할 수 있는 연령 등을 규제하는 사례는 찾아보기 힘들다. 대개는 각 정당에서 자체적으로 연령 등의 당원 가입 자격 요건을 정하며, 아직 선거권을 제한당하고 있는 청소년 때부터 당원 가입이 가능한 당들이 다수다.

예를 들어, 영국의 보수당은 연령 제한이 없고, 노동당은 15세부터 가입이 가능하다. 독일 사회민주당은 14세부터, 프랑스 사회당은 15세부터다. 그리고 이러한 정당들은 '유스 조직', 즉 청소년·청년 조직을 두어 10대, 20대들이 정당 활동에 활발히 참여할 수 있게 하고 있다. 앞서 언급한 스웨덴의 프리돌린은 11세에 녹색당에 가입했고 16세에 녹색당 유스 조직의 대변인을 지냈다. 독일의 안나 뤼어만도 대략 15세 무렵에 녹색당에 가입했다고 한다. 그 밖에도 10대 때부터 정당에 가입하는 사람들이 숱하게 많고, 유명 정치인들 중 상당수도 10대 때부터 정치 활동을 시작했다.

젊은 정치인, 젊은 국회의원이 많이 등장하는 것은, 청년 정치를 활성화시켜야 한다는 목적의식에 의해 이루어지는 것이 아니라, 정당 안에서 청소년기부터 정치 활동을 하고 당내 입지를 만들어 가며 정치인으로 성장하는 과정의 결과물일 뿐이다. 그러려면 무엇보다도 청소년들이 정당에 가입하고 정치 활동을 하는 것이 당연하고 자연스럽게 받아들여지는 것이 대전제이다.

청소년들이 당내 경선에 참여한다면

한국에서 청소년들에게 정치는 오랫동안 금기였다. 물론 선거권 제한 연령 기준을 완화하여 청소년들이 선거에 참여하는 것은 이러한 고정 관념을 깨는 중요한 계기가 될 것이다. 이에 더해, 청소년들이 정당에 가입하는 것은 그보다 더 큰 인식의 변화를 불러일으킬 수도 있다. 정당의 당원으로 활동한다는 것은 정치적 권리를 가진 시민으로서 일상적으로 할 수 있는 가장 대표적인 정치 활동이기 때문이다. 정당 안의 청소년 조직들이 잘 꾸려지면, 청소년 대중의 의견을 민주적으로 입법 등에 반영하는 통로가 될 수 있을뿐더러 정당들이 청소년들의 문제에도 관심을 갖도록 만드는 역할도 할 수 있을 것이다.

또, 만약 청소년이 당원이 되면 당의 대표를 선출하는 과정이나 주요 선거에서 출마할 후보를 결정하는 당내 경선 과정에 참여할 수 있게 된다. 비록 선거일에는 한 표를 행사하지 못하는 나이여도, 본선 후보를 결정하는 예선에는 참여하여 결과를 좌우할 수 있게 되는 것이다. 대통령 후보들은 당내 경선 과정에서 청소년 당원들을 만나고 그들의 표를 얻기 위한 정책을 약속해야만 할 것이다. 청소년 당원들이 다른 당원들과 함께 국회의원 후보를, 시장이나 도지사 후보를, 대통령 후보를 결정하는 과정에 참여하고 발언하는 모습을 상상해 보라. 그건 선거권 연령을 낮추는 것만큼이나 혁명적인 변화일지도 모른다.

자유로운 정당 가입은 〈헌법〉이 보장하고 있는 결사의 자유에 해당하는 기본권의 문제이다. 또한 〈유엔아동권리협약〉이 아동에게도 차별 없이 보장해야 한다고 요구하고 있는 결사의 자유와 참여권의 문제이다. "정당 가입 연령 제한을 폐지하고 정당 자율적으로 운영"하게 한다는 것은 문재인 대통령의 대선 공약이기도 했다. 제20대 국회에서도 정당 가입 연령을 15세로 낮추는 개정안, 연령 제한을 폐지하는 개정안 등이 여럿 발의되었다. 그럼에도 국회에서 이 문제는 아직까지 한 번도 비중 있게 논의되지 못했다.

사실 법률로 정당 가입 연령을 제한하는 것은 정당들의 입장에서도 문제 삼을 만하다. 누가 정당의 당원이 될 수 있는지는 각 정당들이 결정할 수 있어야 한다. 이는 정당의 결사의 자유이자 자유로운 정당 활동의 영역이기도 하다. 국가가 불필요하게 당원의 자격에 제한을 두는 것은 정당의 자유로운 정치 활동을 규제하는 것이나 다름없다. 한국의 정당법이 선거권이 없는 청소년의 정당 가입을 인정하지 않는 것은, 청소년인권에 무관심한 한국 사회의 한계를 보여 주는 것인 동시에 정당의 자유로운 활동을 제약해 온 한국의 후진적 정치 현실을 드러내는 것이기도 하다.

청소년 정당 활동 보장이 민주주의 강화의 조건

한국의 정치가 고령화되어 있고 '청년 정치'가 빈약하다는 문제의식이 제기된 지도 제법 시간이 흘렀다. 그러나 한국 정치의 고령화는 청소년·청년의 정치 참여를 막는 제도, 한국 사회의 강고한 나이주의, 그리고 엘리트 기득권 중심의 정당 및 정치 구조가 유발한 현상일 따름이다. '청년 정치'를 강조하면서 청년 정치인을 '발탁', '영입'하고 젊은 이미지를 내세우는 것은 또 다른 형태의 청년에 대한 대상화이자 청년의 이미지를 소비하는 태도이다. 고령화 자체가 문제의 근본인 것처럼 말하며 '낡은', '늙은' 정치라고 비판하는 것도, 청년이라 뭔가 특별하고 새로운 것처럼 말하는 것도 또 다른 형태의 나이주의이다. 청년 정치를 주창하고 청년 정치인을 내세울수록 정치를 바꾸지 못하고 정치에서 청소년·청년의 자리가 넓어지지 않는 이유이다. 청년 정치인의 일반화는 한국의 정치가 더 민주화되고 평등해지고 진입 장벽이 낮아진 결과로 나타날 일일 것이다.

한국 정치는 물론 지금보다 훨씬 젊어져야 하지만 단순히 생물학적 젊음을 정치 개혁의 목표로 오인해선 곤란하다. 그보다 훨씬 중요한 것은 '엘리트-자산가-장·노년층 남성'으로 획일화된 지금의 정치 주도 집단을 근본적으로 바꿔 내는 것이다. 요컨대 한국 정치에 진정으로 필요한 것은 '세대 교체'라기보다 '성분 교체'다.*

이렇게 한국 정치가 바뀌기 위한 필요조건 중 하나가 청소년의 정당 활동 보장이다. 정치학자 최장집 교수는 꾸준히 '민주주의 정치가 잘되려면 정당 정치가 잘돼야 한다'라는 의견을 피력해 왔다. 나는 정당 정치가 잘되기 위해서는 시민들의 정당 참여가 활성화되어야 할 것이며 그러기 위해서도 청소년의 정당 활동이 활발해져야 한다고 생각한다. 청소년들이 정당에 참여하고 정치 활동의 경험을 쌓으며 정치의 주체로 성장할 수 있어야 건강한 참여 문화가 만들어지고 세대를 넘은 정치적 주체 재생산이 구조화될 수 있다. 정당들이 적극적으로 정치교육 기관 역할을 하고 청소년들을 조직화해야 우리 사회의 정치 의식이 높아질 수 있다.

정당 당원이 되어 활동하는 데 법률상 나이 제한은 폐지되어야 한다. 청소년들도 자유롭게 정당에 가입하고 정치 활동을 할 수 있어야 한다. 청소년 참정권 보장은 청소년이 이 사회의 시민으로 함께 살아가기 위해, 청소년인권 현실을 개선하기 위해 꼭 필요하다. 나아가 우리 사회 민주주의가 더욱 활기를 띠고 튼튼해지게 만들기 위해서도 필요하다. 선거권 연령을 낮추는 것부터 시작하여 청소년의 정당 활동을 보장하는 선거법·정당법 개혁이 하루빨리 현실이 되기를 바란다.

* 박권일, "한국 정치, 세대 교체와 성분 교체", 〈뉴스민〉, 2019년 12월 23일.

교육감 선거만
청소년도 하게 하자는 주장의 함정

참정권과 청소년에 대한 고정 관념과 오해

'교육감 선거만은 청소년들도……'

2016년 국회의원 선거 직후, 제20대 국회 활동이 시작된 지 얼마 안 되어 더불어민주당 박주민 의원은 선거권 제한 연령 기준을 18세로 낮추는 〈공직선거법〉 개정안을 대표 발의했다. 그리고 이와 함께 〈지방교육자치에 관한 법률〉 개정안도 발의했는데, 그 내용은 교육감 선거에서만 선거권 제한 연령 기준을 16세로 하자는 것이었다.

2018년 문재인 대통령은 대통령 개헌안을 발표하면서 "18세 이상의 국민은 선거권을 가진다"라는 조항을 넣었다. 이에 대해 18세 미만으로 선거권이 확대될 가능성을 막는 것으로 해석될 수 있다는 비판이 제기되자 청와대는 이 조항을 "모든 국민은 선거권을 가진다. (……) 18세 이상의 국민의 선거권은 보장된다"라고 바꾸었다. 그러면서 청와대는 개헌안을 수정한 사유를 설명하면서 "교육감 선거권은 16세로 하자는 제안도 있는 만큼"이라는 언급을 했다.

그보다 좀 더 전인 2013년, 국가인권위원회는 선거권 연령에 대한 의견 표명을 했다. 그런데 그중 선거에 따라서 연령 기준을 달리할 수도 있다는 제언을 하며, "선거권 연령 기준의 하향과 함께, 선거의 목적이나 성격에 따라 선거권을 부여하는 기준을 달리 정하는 것도 검토해 볼 수 있습니다. 예컨대, 교육감 선거의 경우, 다수의 청소년이 교육 정책이나 학교 운영의 직접적인 영향을 받는 당사자임에도 현재는 이러한 사항을 관장하는 교육감 선거에 참여할 수 없습니다. (……) 교육감 선거권 연령 기준의 하향을 검토해 보는 것은 의미가 있습니다"*라고 교육감 선거를 특별히 언급했다.

이와 같이 교육감 선거만은 청소년들이 참여할 수 있어야 한다거나 선거권 제한 연령 기준을 더 낮출 수 있지 않겠느냐는 주장이 공식적으로 거론되고 있다. 청소년운동 일각에서도 2014년 '1618 선거권을 위한 시민 연대'라는 연대체가 "18세 선거권, 16세 교육감 선거권"을 주장한 적도 있다. 최근에도 청소년들이 참정권을 요구하

---

* "선거권 등의 연령 기준 하향 검토 필요", 국가인권위원회 보도 자료, 2013년 2월 26일.

는 운동을 하면서 '청소년들이 교육 문제의 당사자인데 그래도 교육감 선거 정도는 해야지' 같은 말을 많이 듣게 된다.

청소년들의 삶에 중요한 영향을 미치는 교육 문제인데 청소년들이 왜 그 일을 책임질 선출직을 뽑는 데 참여할 수 없는가? 중요한 민주주의의 원리를 담고 있는 타당한 의문이다. 교육감 선거를 소재로 삼아 청소년이 왜 자신과 관련된 문제에 참정권이 없고 민주주의에서 소외되어 있는가 이야기를 시작하는 것은 유용한 접근 방법일 수 있다. 그렇지만 그러다 보면 '그럼 왜 교육감 선거만?'이라는 질문도 뒤따라온다. 사실 교육감 선거의 경우에만 청소년들이 참여해야 하는 당위성이 더 크다는 주장에는 몇 가지 함정이 있다.

교육 정책은 교육감이 정하나?

첫 번째 함정은 교육 정책은 교육감만 정하는 것도 아니고 교육감이 교육 정책에 대한 유일한 정치적·정책적 책임자도 아니라는 점이다. 오히려 중앙 집권적인 성격이 강한 한국의 정부 구조에서는 교육과정을 비롯하여 교육 정책에 대해 더 많은 것을 결정하는 것은 대통령과 교육부 등 부처 장관과 국회일 것이다. 만약 교육 정책이 청소년들에게 큰 직접적 영향을 미치기 때문에 청소년들이 교육감 선거에 참여해야 한다면, 마찬가지로 대통령이나 국회의원을 뽑는 데도 참여해야 할 것이다. 그리고 그것이 대부분의 시민들이 참정권을 행사하는 원리이다. 대통령이나 국회의원이 자신들의 삶에 관련된 수많은 정책을 종합적으로 결정하기 때문에 투표를 하고 정치에 참여하는 것이다.

지방 자치로 시야를 좁혀서 봐도 마찬가지다. 한국은 교육 자치를 일반 자치와 분리해서, 교육청을 일반 지자체와 별도로 운영하고 있기 때문에 간과하기 쉽지만, 지역교육청의 권한에 속하는 여러 정책들도 지역 의회를 거쳐야 하는 경우가 부지기수다. 그렇다면 청소년들이 교육 정책에 대해 영향력을 갖기 위해서는 시의원·도의원 등을 뽑는 데도 참여해야 하지 않을까? 또한 경상남도의 경우 몇 년 전 홍준표 도지사 때문에 초등학교 무상 급식이 중단되었던 사례에서 알 수 있듯이, 시장·도지사 등도 간과할 수 없다.

우리는 교육이 정치적으로 중립적이어야 한다는 고정 관념이나, 교육 자치가 일반 자치와 분리된 현실로 인해 교육이 다른 정치적·사회적 문제와 관계없이 독립적으로 이루어질 수 있다는 착각을 갖곤 한다. 그러나 교육 제도나 교육과정 등 교육 정책은, 다른 사회 문제가 그렇듯이 대단히 정치적으로 결정되는 문제이다. 청소년이 교육 정책의 직접적 당사자이므로 교육감 선거에 참여할 수 있어야 한다고 믿는다면, 다른 선거에도 참여할 수 있어야 한다.

청소년은 학생이기만 한가?

두 번째와 세 번째 함정은 "청소년=학생"이 아니라는 점과 연관된다. 청소년 중 다수는 학생이다. 하지만 청소년이 학생으로서만 사는 것은 아니다. 청소년은 부동산 정책이나 주거 정책, 사회 간접 자본 건설에 영향을 받는 지역의 거주민이기도 하고, 경제 정책의 영향을 받는 노동자이자 소비자이기도 하며, 교통 정책의 당사자인 대중교통 이용자이거나 자가 운전자이기도 하다. 농업 정책, 환경 정책, 외교 정책 등 어떤 문제이든 대부분은 청소년들의 삶과 정도의 차이가 있을 뿐 관련이 있다. 단적인 예로, 세월호 참사는 선박 안전이나 해난 구조 시스템의 문제가 청소년 여행자들의 안전과 생명의 문제로 직결된 사건이지 않았던가.

따라서 청소년이 교육 문제의 당사자이기 때문에 교육 관련 선거에 참여할 수 있어야 한다는 논리라면, 청소년은 다른 문제의 당사자이기도 하기 때문에 다른 선거나 정치적 의사 결정 과정에도 참여할 수 있어야 할 것이다. 우리 사회가 학생이 아닌 다양한 청소년들의 삶의 면모를 쉽사리 떠올리지 못하는 이유는, 현실적으로 청소년들이 학교에 다니는 것 외에는 공적인 영역에서 참여하고 활동할 기회가 너무나 부족하기 때문일 터이다. 하지만 그 이상으로 우리는 청소년들을 오로지 학교에 다니는 학생으로만 여기고, 동시대에 살고 있는 사회적 존재로 인식하지 못하고 있다. 청소년이 교육 문제의 당사자라는 문제의식을 가질 수 있다면, 청소년이 주민이자 시민이자 국민이며 다른 사회적 문제에서도 당사자라는 데까지 생각이 미쳐야 할 것이다.

학생 아닌 청소년들

세 번째 함정은, 청소년들이 모두 학생이 아니며 교육감의 행보와는 큰 관련이 없는 청소년들도 존재한다는 점이다. 교육감의 업무 범위는 유치원 및 초·중·고등학교에 관한 사무이다. 그런데 청소년 중에는 유치원 및 초·중·고등학교에 다니지 않는 경우가 분명 적지 않게 있다. 한국교육개발원의 교육 통계에 따르면 2016년 초등학교의 학업 중단자는 14,998명, 중학교의 학업 중단자는 8,924명, 고등학교의 학업 중단자는 23,741명이다. 이는 2016년에 학교를 그만둔 사람들만 집계된 것으로, 누적된 초·중·고 학생이 아닌 청소년은 대략 30~40만 명쯤으로 추정되고 있다.

과거 민주당 등에서 '학교 재학 중인 고등학생은 제외하고 18세 선거권'이라는 발상을 내놓았던 사례가 있긴 하나, 학교 재학 여부로 선거권 보장을 달리한다는 것은 법리적으로나 직관적으로나 받아들여지기 어렵다. 그야말로 사회적 신분에 따른 차별이기 때문이다. 그러므로 만일 교육감 선거권 연령만 낮춘다면, 학교에 재학 중인 청소년만이 아니라 학생이 아닌 청소년도 교육감 선거에만 참여하게 될 것이다. 학생이 아니고 교육감의 정책에 큰 영향을 받지 않는 청소년의 입장에서는 의문을 느낄 만하다. 왜 자신과 직접적 관련이 적은 교육감 선거에는 참여할 수 있는데, 그 외의 시장이나 구청장 선거, 국회의원 선거 등에는 참여할 수 없단 말인가? 단지 모든 청소년이 학생일 거라는 고정 관념의 결과물 아닌가? 결국 교육감 선거의 연령 기준만 낮추는 것은 학교에 재학 중인 청소년들에게만 의견 반영의 기회를 확대시켜 주는 것 아닌가? 청소년은 곧 학생이고 학생은 자신과 관련된 교육감 선출에만 참여해야 한다는 생각이 초래하는 불합리인 셈이다.

민주주의의 예외 지대?

이러한 난점들은 '교육감 선거만은 청소년이 참여할 수 있어야 한다'는 생각이 근본적으로 난센스임을 보여 준다. 결국 청소년의 참정권을 온전하게 보장해선 안 된다는 전제 위에서 나온 미봉책이기 때문이다. 처음부터 청소년을 민주주의의 예외 지대에 놓고 있는 안이기에 체계적이지 못하고 무리한 점이 생긴다.

민주주의 사회에서 일반적으로 정치는 영역별로 쪼개어져서 이루어지지 않는다. 물론 각각의 정책 수립 과정에서는 당사자들과 의견을 협의하기도 하고 이해관계를 가진 대표 단체, 압력 단체와 교섭을 하기도 한다. 하지만 대표를 선출하고 국회를 구성하는 과정, 정당들과 시민들이 소통하고 정책을 만들고 공약하고 실현하는 과정은 더 총체적이고 공적으로 이루어진다. 시민으로서의 삶 자체가 총체적인 것이고 또 여러 정치적 결정들은 서로 연결되어 있으므로 당연한 일이다. 정치 참여나 시민권 행사란, 단지 자기와 직접 관련된 한정된 영역에서의 참여 이상이다.

그런 면에서 교육감 선거에 한해서만 참정권을 보장하자는 것은, 청소년 참정권을 확대·보장하려는 취지와는 모순되는 부분마저 있다. 청소년 참정권을 반대하는 주장 중 주요한 내용이 청소년이 '학교에서 교육받는 학생'이기 때문에 정치에 참여해서는 안 된다는 것이다. 청소년 참정권을 비롯한 청소년인권 보장 요구는, 청소년을 '학생'과 '학교'라는 틀 안에만 가둬 두려는 사회를 바꾸려는 것이기도 하다. 청소년이 이 사회의 시민으로 인정받고 살아가기 위한 권리를 요구하는 것이다.

선거권 없는 청소년의 참여권은 어떻게 보장해야 하는가

청소년 참여 기구의 진짜 역할

2019년, 울산광역시와 대구광역시의 시의회에서는 '청소년의회 조례'가 통과되지 못하는 사건이 벌어졌다. 일부 보수 단체들이 청소년의회가 청소년을 정치에 끌어들여 이용하려는 것이라며 반대했기 때문이었다. 청소년의회 조례는 선거로 뽑히거나 선발된 청소년의원들이 지자체의 청소년 관련 정책에 의견을 제시하고 입법 제안 등을 할 수 있도록 청소년의회를 운영하려는 시도였고, 청소년 참여권과 민주주의교육을 확대하자는 취지를 갖고 있었다. 이러한 조례안이 청소년은 정치를 해서는 안 된다는 편견의 벽에 부딪혀 좌절된 것이다. 특히 울산의 청소년의회조례는 청소년의원을 청소년들이 선거를 통해 선출한다는 점에서 의의가 컸으나, 바로 그 점이 반대의 이유가 되기도 했다. 여전히 청소년 참정권을 위해선 넘어야 할 산이 많음을 보여 준 사례였다.

사실 청소년의회나 이와 비슷한 '청소년 참여 기구'는 여럿 존재하고 있다. 예컨대 정부 집계에 따르면 지자체 청소년참여위원회는 2018년 기준 광역 시·도에는 17개, 기초 시·군·구 단위에는 171개 존재한다. 이런 마당에 대구·울산의 청소년의회 추진이 공격의 대상이 되었던 것은 그만큼 청소년인권 확대 흐름에 대한 반동 현상이 거세지고 있다는 증거일 것이다. 기존 청소년 참여 기구들이 존재감이 없고 인지도도 낮다는 점도 한몫했을 것이다. 반대의 대상조차 되지 못할 정도로 눈에 띄지 않았으니 말이다.

전시 행정적인 참여 기구

한국의 청소년 참여 기구로는 크게 3가지가 꼽힌다. 〈청소년활동진흥법〉에 의해 만들어진, 청소년수련시설 내의 청소년운영위원회, 그리고 〈청소년기본법〉에 따라 만들어진 지자체의 청소년참여위원회와 중앙 정부 단위의 청소년특별회의이다. 이 중 정부의 정책에 참여할 수 있는 기구는 청소년참여위원회와 청소년특별회의이다.

청소년참여위원회는 1999년부터 지자체에 설치되기 시작하여 앞서 언급했듯 대다수의 지역에서 운영되고 있으며, 지자체의 정책과 사업에 대해 청소년들이 의견을 제시할 수 있게 한 기구이다. 지역에 따라 '미래세대위원회'라든지 '차세대위원회'라든지 여러 명칭이 혼용되고 있다. 근거가 되는 조례를 가지고 있는 경우도 있고 지자체장의 재량으로 운영되는 경우도 있다. 운영 방식이나 활동 내용도 편차가 큰 편이다. 또한 중앙 정부 차원에서는 여성가족부 청소년참여위원회가 운영되어 오다가 2016년 중앙청소년참여위원회로 이름을 바꾸어 활동하고 있다.

청소년특별회의는 2005년부터 정식 운영된 참여 기구로, 총 400여 명이 참여하여 1년에 1회 정책 과제를 정리하여 정부에 제안하는 활동을 한다. 청소년특별회의는 청소년참여위원회의 구성원들과 선발직 청소년위원 등으로 꾸려지며, 지역 청소년참여위원회는 청소년특별회의의 지역 회의 역할도 한다. 상당수 구성원이 청소년참여위원회와 겹친다는 이야기다. 청소년참여위원회와 청소년특별회의는 모두 〈청소년기본법〉에 따라 9세부터 24세까지 참여할 수 있다. 비교적 근래에 생겨나고 있는 청소년의회는 주로 아동친화도시 유니세프 인증을 추진하는 지자체들이 꾸리기 시작한 지역 참여 기구이다.

이러한 청소년 참여 기구들을 아예 들어 보지도 못한 청소년들도 많을 것이다. 정부에서 공식 운영하는 청소년 참여 기구인데도 다수의 청소년들에게 알려지지도 않은 실정이다. 이는 청소년참여위원회나 청소년특별회의를 구성하는 방식에도 원인이 있다. 대부분 자원한 사람들 중 정부 기관이나 전문가가 심사해 '선발'하는 방식이며,

보호자 동의는 필수, 학교장이나 청소년 시설 기관장의 추천을 요구하거나 우대하는 경우가 많다. 그러다 보니 청소년 대부분은 그런 기구에서 참여자 모집을 하는 줄도 모르고 지나치게 되며, 관심이 높은 청소년들 아니면 교사나 청소년 시설을 통해 정보를 접하고 권유를 받은 소수의 청소년들이 참여하게 된다. 이러한 선발 방식하에서는 위원들은 청소년 대중에게 어필하거나 다양한 의견을 수렴할 동기도 약하다. 또한 학교장 추천과 공무원·전문가에 의한 선발 과정을 거치다 보니 편향성이 생길 수밖에 없다. 이런 식으로 선발된 청소년들이 과연 청소년을 대표한다고 할 수 있을지 의문이다.

청소년 참여 기구들의 자율성도 문제다. 가령 청소년특별회의는 대략적으로 정해져 있는 연간 일정에 따라 회의와 토론, 행사 등을 진행하고 정책 제안을 제출하는 방식으로 활동한다. 청소년참여위원회도 자율적으로 활동을 기획하고 의제를 설정하여 활동하거나 예산을 운용할 권한이 없는 곳이 많다. 형식적으론 자율성이 있더라도 담당 공무원이나 지자체장에게 간섭당하는 일도 적지 않다. 스스로 정치적 행위자로서 활동을 기획하고 현실을 조사하고 여론을 형성하고 정부를 압박하는 활동을 할 결정권 및 자원이 없는 기구가 청소년의 정치적 권리를 확대한다고 할 수 있을까?

청소년 참여 기구들이 실질적인 참여의 권한을 가지고 있는지도 따져 봐야 한다. 현재 청소년 참여 기구들이 가진 권한은 대개 정책 제안이나 자문, 의견 제출 정도에 그치고 있다. 정책 제안 수용률이 높다고 평가되지만, 이는 정부 부처에서 제안을 받아들인다고 응답한 것을 기준으로 한 것일 뿐 실제로 구현되는지를 모니터링한 결과는 아니다. 청소년 참여 기구에 참여해 본 청소년들을 대상으로 한 조사 결과, 청소년 참여 활동이 UN에서 제시한 청소년 참여 수준 5단계 중 1단계 "어른들이 의사 결정을 하고, 청소년에게 지시한다"에 해당한다는 응답자가 37.4%, 2단계 "어른들이 청소년들에게 정보를 제공하고, 자문을 구한다"에 해당한다는 응답자가 35.1%로 체감하는 참여 수준이 낮은 것으로 나타났다.* 청소년 참여 기구에서 제시한 의견이 반영될 것이냐는 전망에 대해서는 단 23.1%만이 반영될 것이라고 생각한다고 답했다.**

정책 결정 과정에 유의미한 역할을 할 수 없고 발의권, 거부권 등을 가지지 못한 참여 기구는, '청소년들의 의견도 들었다'라는 전시 행정, 변명거리용이 될 위험이 높다. 유엔아동권리위원회는 청소년 참여에 대해 이렇게 지적한다. "아동의 의견을 '듣는 것'처럼 보이는 것은 상대적으로 큰 도전이 아니며, 실질적인 변화를 위해서는 그들의 견해에 적절한 비중을 두는 것이 필요하다. 아동의 견해를 듣는 것 자체만으로 끝나서는 안 된다."***

---

* 1단계 : 어른들이 의사 결정을 하고, 청소년에게 지시한다. 2단계 : 어른들이 청소년들에게 정보를 제공하고, 자문을 구한다. 3단계 : 어른들과 청소년들이 같이 동등한 입장에서 의사 결정을 공유한다. 4단계 : 청소년들이 의견을 제시하고, 어른들과 의사 결정을 공유한다. 5단계 : 모든 의사 결정을 청소년들이 하고, 어른들은 청소년들을 단순히 지원한다.
** 최창욱 외(2013), 〈청소년참여기구 활성화 방안 연구〉, 한국청소년정책연구원.
*** 유엔아동권리위원회(2003), 〈아동권리협약 이행을 위한 일반 조치(제4조, 제42조, 제44조 6항)〉, 일반논평 5호.

선거권을 빼앗긴 청소년들의 참정권을 위해

청소년의회 등 청소년 참여 기구를 별도로 두는 이유는 바로 청소년이 우리 사회에서 권리를 제한받고 있기 때문이다. 선거권 연령 제한을 비롯하여 제도적·사회적으로 청소년의 참정권에는 많은 제약이 있다. 이러한 한계를 보완하고 '선거권 없는/빼앗긴 자', '정치적 목소리가 작은 이들'의 참여권을 보장하는 것이 청소년 참여 기구의 1차적 목적이다. 그간 우리 사회에서는 청소년 참여 기구의 목적이 청소년에 대한 교육, 연습 등이라고 여겼기에 많은 한계점과 문제를 낳았다. 청소년 참여권 보장이라는 목적을 분명히 하기 위해서라도 청소년 참여 기구의 연령 기준을 선거권 제한 연령 또는 피선거권 제한 연령 기준과 연동하는 것이 적절하다고 생각한다.

청소년 참여 기구가 목적을 달성하기 위해선 앞서 지적한 문제점들이 개선되어야 한다. 청소년 참여 기구의 구성원들은 청소년들을 정치적으로 실질적으로 대표할 수 있는 사람들이어야 한다. 이를 위해서는 청소년들이 직접 선거를 통해 의원을 선출한다거나, 학교·청소년 시설·지역 단위의 대표들로 구성하는 방식을 떠올려 볼 수 있다. 독일이나 영국 스코틀랜드에서는 이미 청소년들이 직접 청소년의회 의원을 선출하고 있으니 충분히 가능한 일이다. 청소년 참여 기구가 자율적으로 활동할 수 있도록 보장하고 충분한 예산이나 정책 연구 지원 등을 제공하는 것도 필수적이고, 상시적이고 지속적인 활동이 가능하도록 하는 것도 중요하다. 자율적 활동을 통해 청소년 참여 기구에서 여론 조사나 현장 조사를 실시하고, 당사자들의 참여 기회를 만들며 문제를 공론화할 수 있어야 한다.

　가장 도전적이고도 민감한 문제는 청소년 참여 기구의 권한을 얼마만큼 부여할 것이냐 하는 것이 될 것이다. 우선 청소년의 참여권 보장이라는 목적에 비추어 볼 때 청소년과 직접 관련된 정책만이 대상이 아니라 모든 정책이 청소년 참여 기구가 관여할 수 있는 대상이 되어야 할 것이다. 나아가서 논의되는 법안이나 정책에 대해 평가하고 의견을 제시하며 필요하다면 직접 의회나 연단에 서서 발언하여 정치적 압력을 행사할 수 있는 권리가 있어야 한다. 이는 정책 논의 과정에서 유의미한 주체로 서기 위한 최소한의 조건이다. 법안을 직접 발의할 수 있는 권리, 사안에 따라서는 법안에 대해 거부권을 행사하거나 통과 전 토론이나 재심의를 요청할 수 있는 권리 등 의사 결정 과정에 직접적 영향을 끼칠 수 있는 수단도 주어져야 한다.

　그동안 한계가 많은 청소년 참여 기구를 개선하기 위한 새로운 시도도 존재해 왔다. 예를 들어 2016년부터 서울시 금천구의 청소년의회는 청소년 정당을 등록하여 비례대표제 방식의 '금천구청소년총선거'를 통해 꾸려지고 있다. 서울시 성북구 등에서도 아동친화도시 정책을 추진하면서 청소년들의 참여 통로를 마련하려는 움직임이 있다. 그러나 2019년 울산, 대구에서 청소년의회가 무산된 것에서 알 수 있듯이 청소년의 권리 확대를 막으려 드는 세력과 목소리도 만만치 않다.

청소년 참여 기구가 제대로 세워지고 운영되기 위해서는 청소년들의 정치적 힘이 그 배경에 있어야 하며, 우리 사회의 청소년의 참여와 권리에 대한 인식도 개선되어야 한다. 가령 청소년 참여 기구가 실질적 권한을 가지게 되면 정당들이 의회에 들어가듯이 청소년 의원·위원들도 기존 정당과 관련을 맺고 활동하는 것이 자연스러운 일이다. 그러나 그러기 위해서는 청소년의 정당 가입을 막고 있는 법이 바뀌어야 한다. 따라서 선거권 제한 연령 기준 하향을 비롯해 청소년의 권리를 확대하는 것은 청소년 참여 기구를 개혁하기 위한 또 다른 선결 조건일 것이다. 이러한 변화 이후에야 청소년 참여 기구는 장식이나 들러리가 되지 않고, 청소년도 이 사회의 구성원으로서 참여할 권리를 보장받도록 하는 하나의 통로가 될 수 있을 것이다.

'성숙한 시민'을 넘어서

지금, 여기에서 시민으로 살아가기

시민을 정하는 선 긋기

우리는 민주주의를 이야기할 때 곧잘 '시민'이라는 개념을 언급한다. 그런데 '시민'은 우리 사회의 구성원 모두를 의미하는 것이 아니다. '시민'이라는 개념은 1차적으로는 고대 아테네의 정치적 공동체인 도시 국가 폴리스의 유권자에서 기원하며, 다른 한편으로는 경제적 의미에서 자산 계급, 부르주아지에도 기원을 두고 있다. 고전적 의미에서 시민이란 곧 합리적으로 이성을 쓸 수 있는 존재, 또는 경제적으로도 자본을 가지고 시장에서 주체가 될 수 있는, '독립적인 개인'이다. 그리고 이러한 시민 개념은 본래부터 차별과 배제를 품고 있다. 아테네의 시민에는 노예와 여성, 아이들은 포함되지 않았고, 근대 민주주의에서도 일정 이상의 재산이나 소득을 가진 성인 남성만이 참정권을 가질 수 있었다.

시민은 성숙하고 합리적이며 독립적인 개인을 전제한다. 이러한 개인의 개념은 계몽을 통해 '미성숙'을 부정하고 '자연'을 억압하는 과정을 거쳐 탄생했다. 아도르노와 호르크하이머는, 계몽이란 이성을 통해 인간이 자연을 지배하는 과정을 의미하는데, 그러면서 인간 내부에 있는 자연을 부인하고 지배하는 것으로 나아가게 된다고 지적한다.

> '자연에 대한 지배'는 인류 내부에서 재생산된다. (……) 복속당한 토착민들, 식민지의 원주민들, 아리아인들 밑에서 억압당한 유대인들, 여성의 방어 능력 부족은 억압을 위한 법적 명분이 된다.[*]

영국에서 있었던 노동자들의 차티스트 운동, 미국에서 일어난 흑인들의 민권운동, 여러 나라에서 벌어진 여성 참정권 운동 등은 이러한 시민의 구분선에 문제를 제기한 운동이었다. 그런데 이는 단지 시민의 범위를 양적으로 확대하는 데서 그치는 것이 아니다. 대표

---

[*] 테오도르 W. 아도르노, M. 호르크하이머 씀, 김유동 옮김(2001), 《계몽의 변증법》, 문학과지성사, 170쪽.

적인 예로 페미니즘의 비판을 소개하자면, 정치학자 캐롤 페이트먼은 민주주의 이론에서 '개인', '시민'은 남성으로 가정되며 공적 세계는 '남자들 혹은 개인들의 영역'으로 간주되고 사적 세계는 여성, 여자다움, 여자들의 신체로 대표되어 왔다고 지적한다. 따라서 여성이 참정권 등 시민으로서의 권리를 요구하는 것은 공적 영역과 사적 영역의 자유주의적-가부장적 분리를 비판하는 것이었으며, 기존의 시민 개념에 도전하는 것이었다.

> 지금 있는 그대로의 시민권이 여자들에게로 온전히 확대되어야 한다고 요구하는 것은 '시민'의 가부장적 의미를 받아들이는 것인데, 이는 남자들의 속성, 능력, 활동으로부터 구성된다. 여자들은 그 용어의 현 의미에서는 완전한 시민일 수 없다. 기껏해야 시민권은 다만 덜 남자인 바로서의 여자들에게 확대될 수 있다.[*]

시민의 개념은 이러한 도전들에 의해 질적으로 변화해 왔다. 독립적이고 합리적인 개인이란 생각이 전제하고 있는 모습 자체가 계급적이고 성별적인 것은 아니었는지, 누군가를 착취하거나 배제함으로써 가능한 것은 아니었는지 비판하는 논의가 여러 차원에서 제기되었다.

그러나 여전히 '성숙'과 '미성숙'의 잣대로 시민과 비시민을 나누

---

[*] 캐롤 페이트먼 씀, 이평화·이성민 옮김(2018), 《여자들의 무질서》, 도서출판b, 310쪽.

는 문제는 남아 있다. 잔존해 있는 편견들은 말할 것도 없고, 장애인은 독립적으로 생활하기 어렵다는 이유로 시민성을 부정당하기 일쑤이며, '미성년자', 곧 어린이·청소년의 시민성을 정면으로 부정하는 장벽도 강고하다. 청소년은 우리 사회의 자유롭고 평등한 구성원으로 대우받지 않고 장래에 어른이 되어서 시민이 되는 것을 준비해야 할 '예비 시민', 어른 — 특히 친권자와 교사 등 — 에게 보호받고 교육받는 대상으로 여겨진다. 청소년 참정권 운동을 포함한 청소년인권운동은, '성숙한 시민'이라는 믿음에 대한 비판이기도 하다.

성숙과 미성숙은 어떻게 나눌 수 있는가

청소년은 미성숙함을 대표하는 존재이며, 비청소년들의 성숙성은 '유치하지 않음', (청소년과 달리) '경제적으로 독립함' 등 청소년과 대비하여 규정된다. 청소년은 미성숙하기 때문에 차별을 받는다기보다는, 청소년의 특성이나 행동에 더 쉽게 미성숙이라는 이름이 붙는다. 과연 무엇이 미성숙이고 무엇이 성숙인지, 성숙하다고 불리는 것이 더 우월한 것인지 하나하나 살펴보면 그 경계선은 그리 명쾌하지 않고 상당 부분이 주관적 가치 판단에 달려 있다. 그러다 보니 사회적 기득권을 가진 비청소년들의 입장이 반영되어 정해진 질서에 맞지 않는 것에 미성숙의 딱지를 달곤 한다. 즉 기존의 사회에 충분히 동화되었는지, '사회화'되었는지 여부를 너무 간편하게 성숙과 미성숙이라는 우열의 틀에 넣고 있는 것이다. "아이들은 미숙한 게 아니라 예민할 뿐이고, 어른들의 규범이 지배하는 사회에서 힘들게 살아가는 외국인일 뿐이다."[*] 다음과 같은 주장은 미성숙성이나 청소년을 다른 의미에서 대상화할 수 있는 위험이 있긴 하지만, 성숙과 미성숙의 구분에 대한 신랄한 비판을 담고 있다.

> 정의롭지 않은 일에 대한 분노, 거짓말과 사기에 대한 혐오도 역시 '미성숙'에 속하는 표현입니다. 세상에서 '성숙한 사람'으로 인정을 받으려면 필요에 따라서는 부정행위에 동조하고 거짓에 눈을 감을 수 있어야 하기 때문이지요. 그러므로 우리 사회에서 성숙한 인간으로 간주되는 사람들은 흔히 생명력을 잃어버린 사람들입니다. 미성숙한 사람들만이 정말 살아 있는 것처럼 살 수 있습니다.[**]

참정권의 문제에서도 마찬가지다. 한국 사회에서 나타나는 지역주의나 비합리적인 투표 현상은 모두 일종의 '사회 문제'로 거론되지만 비청소년 시민들의 성숙성을 의심하는 증거로 쓰이진 않는다. 실제로 유명한 스포츠 스타나 연예인, 방송 앵커 등이 합리적인 이유 없이 높은 지지율을 얻기도 하고, 따져 보면 말도 안 되는 공약

---

[*] 양효실(2017), 《불구의 삶, 사랑의 말》, 현실문화, 23쪽.
[**] 귄터 아멘트 씀, 이용숙 옮김, 《섹스북》, 박영률출판사, 182쪽.

들이 득표에 기여하기도 한다. 유튜브 가짜 뉴스에 속거나 설득력 없는 음모론에 넘어가는 비청소년들도 많다. 그러나 청소년들에 대해서는 유명한 사람을 찍을 거라거나 아이돌에게 몰표를 줄 거라거나 환심성 공약에 혹할 거라거나 교사의 영향에 따라 투표할 거라는 우려가, 참정권을 보장해선 안 되는 이유로 곧잘 등장한다.

이미 참정권을 포함한 인권의 보장은 의무 수행의 대가나 특정 자격 소지에 따라 제한받는 것이 아니게 되었다. 비청소년들 중 소득이 적어서 사실상 소득세를 내지 않는 사람, 국가의 복지 제도에 의지하여 생활을 보장받는 사람들이 적지 않다. 그래도 그런 사람들의 참정권은 당연히 보장된다. 군대에 복무하지 않거나 면제를 받은 비청소년들도 참정권은 당연히 보장된다. 하지만 '성숙한 시민'을 따질 때만큼은 이와 같은 제한 사유들이 불려 나온다. 어떤 이들은 청소년은 돈을 벌지 않아서, 소득세를 내지 않아서(사실 '청소년이라는 이유로', 성년 나이를 기준으로 면제받는 세금은 거의 없다. 청소년도 소득이 있으면 세금을 낸다), 병역 의무가 부여되는 나이가 아니라서, 범죄를 저질러도 약하게 처벌받아서, 온전히 성숙한 시민이 아니므로 참정권을 주어서는 안 된다고 말한다. 성숙한 사람과 미성숙한 사람을 나누는 것이 아니라 청소년을 미성숙한 사람의 위치에 두고 그 이유를 갖다 붙이는 것이다.

'18세'의 벽

청소년 참정권 운동은 '18세면 이미 어른이나 다름없이 성숙하므로 선거권을 보장하라'라고 요구하는 운동이 아니다. 청소년 참정권 운동은 청소년도 선거와 정치에 참여할 수 있게 하라는 주장을 해 왔고 그 최소한의 방책으로 선거권 연령을 낮추는 것을 요구해 온 것이다. 청소년 참정권 운동은 '18세면 성숙하다'라고 주장했다기보다는, 과연 우리 사회가 정해 놓은 '성숙한 시민'이란 무엇인지 물음을 던지고, '미성숙한 청소년'이라고 해서 시민에서 배제당하고 정치에 참여할 수 없다는 것은 잘못이라고 주장한다. 우리가 고민해야 하는 문제는 '성숙해지는 나이'를 알아내는 일이 아니다. 청소년들의 삶이 민주주의의 예외 지대로 밀려나 있으며, 청소년의 삶이 미래를 준비하는 예비적인 것으로 규정당하고 있는 현실이 부당하다는 것이다.

2019년 12월, 선거권 제한 연령 기준을 19세에서 18세로 낮추는 법 개정안이 통과된 것은 물론 긍정적인 변화이다. 전 세계적으로 대부분의 나라들이 선거권 제한 연령 기준을 18세로 하고 있고 오스트리아 등의 나라들은 16세인 상황에서 한국이 그보다 더 높은 제한 기준을 가지고 있는 것은 직관적으로 불합리한 일이기도 했다. 게다가 이러한 변화가 청소년들이 함께한 촛불 집회와 청소년 참정권 운동에 힘입어 이루어졌단 점에서 그 역사적 의의는 충분히 크다.

앞으로도 선거권/피선거권은 더 확대되어야 할 것이다. 하지만 18세라는 기준이 전 세계적으로도 일반적이고 〈병역법〉 등에서도 사용되고 있다는 점 때문에, 18세 선거권이 실현된 이후에는 청소년 참정권 진전이 더 큰 어려움에 부딪힐 가능성도 있다. 18세 선거권 실현이 '선거(정치)에 참여하려면 19세까지 기다리라'고 하던 게 '18세까지 기다리라'로 변화한 것에 멈추지 않도록 하려면, 선거권 연령 논의 이상의 또 다른 노력이 있어야 한다.

우리는 몇 살이 되면 충분히 성숙해져서 자기 의사를 가질 수 있게 된다는 식으로 생각하는 데 익숙하다. 대의제에서는, (충분히 나이를 먹어서) 독립적이고 합리적이며 성숙한 개인들의 판단에 따라 정당·정치인을 선택하고 이러한 선택들이 투표라는 형태로 종합되는 선거를 통해 정치가 이루어진다고 전제한다. 그러나 이는 사실 그리 현실적이지는 않다. 대부분의 사람들은 주변 환경과 사회적 여건의 영향을 받으며 집단적인 문화나 논의 속에서 투표하고 정치적 권리를 행사한다.

정치 영역에서 성숙과 미성숙의 벽을 허무는 것은, 좀 더 집단적이고 조직적인 정치의 모델, 다 같이 미성숙하고 불완전한 사람들이 소통하고 참여하고 결정하는 민주주의 시스템을 모색해 보자는 의미도 담고 있다. 이는 근대적 시민의 개념을 재구성하자는 말이기도 하다.

학교는 청소년을 시민으로 만드는가

　청소년은 시민인가 묻는 질문은 교육과 관련해서는 자연스레 이런 익숙한 질문을 불러온다. '우리 교육은 청소년들을 (민주) 시민으로 만들고 있는가?' 현대 사회에서 청소년들은 교육의 대상, 교육받아야 할 존재로 규정되었고 그것은 구체적으로는 학교교육의 보편화로 나타났다. 이는 청소년의 정치는 물론이요 청소년의 삶과 관련하여 핵심적으로 고려해야 할 조건이다. 이 구도 속에서 청소년들은 국가가 정한 교육과정에 따라 비청소년에게 교육을 받아야 하며, 이러한 교육을 거쳐야만 시민이 될 수 있다. 교육을 받아야 할 청소년들이 평등한 시민으로서 정치를 한다는 것은 교육의 대상이 교육과정이나 교육 정책 등을 함께 정한다는 말과 다름없다. 그러므로 청소년 참정권은 청소년의 사회적 위치 자체를 바꾸는 것이다.

　오랫동안 청소년과 민주주의를 이야기하는 것은 종종 민주시민 교육, 즉 민주주의를 어떻게 가르쳐야 하는지, 청소년들을 미래에 시민으로 길러 낼 수 있는 교육은 어떤 것인지 찾고 실천하는 문제로 좁혀졌다. '민주 시민' 교과서가 개발되고, 사회적 이슈들에 대해 청소년들이 토론을 해 보도록 하는 것이 민주주의적 소질을 기르는 방법으로 도입되었다. 학생 자치나 학교 안의 민주주의 문제도 청소년들에게 민주주의를 '연습' 또는 '학습'시키는 차원으로 생각되었다.

　교육이 민주주의적 역량의 발달을 목표로 해야 한다는 것은 당연하다. 하지만 이런 식으로 청소년을 민주주의에서 따로 떨어진 존재로 만들려고 한다면 민주주의적 역량의 발달 또한 달성 불가능하다. 학교는 민주주의를 실현하는 곳이 아니라 민주주의를 가르치는 곳이라고만 생각할 때, 청소년의 당장의 삶의 문제는 후순위로 밀려나고 학교에서는 민주주의에 반하는 문화와 제도가 힘을 떨치게 된다. 그래서 학교교육의 확대, 취학률의 확대는 오히려 청소년의 시민성을 박탈하고 약화시키는 과정이기도 했다.

현재 한국의 초·중·고 교육 제도는 이런 측면이 두드러진다. 먼저 학교는 학생들의 삶을 과도하게 지배하고 있다. 한국의 학습 시간은 세계적으로 길다. 통계청의 〈2014년 생활시간조사〉에 따르면 고등학생의 학습 시간은 평일 기준 평균 10시간 13분에 이른다. 한때 '저녁이 있는 삶'이라는 표어가 회자되었지만, 청소년들은 '밤이 있는 삶'부터 챙겨야 할 판이다. 청소년들이 학교, 학원 등에서 장시간 학습에 묶여 있지 않아야지만 마을에서도 주민으로서 생활할 수 있고 문화 소비/생산자, 노동자 등 복합적인 삶을 살 수 있고 정치적 시민도 될 수 있다. 상당수의 청소년들은 미래의 행복을 위해서 공부만 하면서 현재의 삶을 유예해야 하는 존재로 살고 있다. 이 문제를 해결하기 위해 학습 시간을 줄이기 위한 종합적인 정책이 필요하다.

다른 문제는 학교교육이 내용과 방식 면에서 실제의 삶이나 사회와 괴리되고 있다는 것이다. 인지 교과 중심의 학교교육은 청소년들의 삶의 문제나 동시대의 문제보다도 학문 분과에 따라 설계된 지식의 전달을 중시한다. 2015년 독일의 학생 나이나가 트위터에 게시한 "나는 곧 18세가 되지만 세금, 집세, 보험 등에 대해 모른다. 그러나 시를 분석하는 데는 능하다. 그것도 4개국 언어로"라는 교육 비판은 한국에도 유효하다. 이 역시 청소년들의 현재의 삶에 주목하기보다는 미래의 진학이나 취업을 교육의 목표로 삼고 있기 때문에 나타나는 문제이다. 학교 건물 안에서 정해진 교육과정과 교과서에 따라 진행되는 교육 모델, 공부의 목표가 시험이 되는 현실을 바꿀 정책이 필요하다.

'지금, 여기'의 삶을 위해

시민성의 문제로 가장 중요한 것은 물론 참정권의 문제이겠지만, 시민으로 산다는 것은 단순히 정치적인 차원의 문제는 아니다. 가령 최소한의 여가 시간, 문화적 소양, 교육을 통해 얻은 교양, 그런 것들을 가능하게 할 소득 등 실질적으로 시민이 된다는 것, '시민적으로 산다는 것'은 우리가 '인간답게 사는 것'이라고 이야기하는 문제와 멀리 떨어져 있지 않은 것일 때가 많다.

청소년의 경우도 마찬가지다. 청소년이 시민으로 살기 위해서는 정치적 권리 말고도, 경제적·문화적 문제 등 다양한 영역들이 바뀌어야 한다. 가령 대부분의 법률적 행위나 경제적 거래를 친권자에 의존해서 처리해야만 하고, 친권자가 자의적으로 청소년들의 삶을 통제하더라도 이를 벗어날 방법이 사실상 없으며, 학대가 일어나더라도 제대로 대처할 기반이 취약한 현실은 청소년의 시민 되기를 방해하는 요소이다. 제도가 개혁되어 청소년의 참정권을 확대하는 것에 더해, 삶의 변화 속에서 청소년의 주체화·조직화가 진행되어야만 청소년의 시민으로서의 지위가 확보될 수 있다.

  미래의 시민으로 취급받는 것은 청소년들의 경우 명백하지만, 사실 '미래로 유예하는 삶'은 한국 사회에서 일반적인 삶의 방식이다. 현재의 행복이나 정당한 대우를 참고 미뤄야지만 미래의 성공이 보장된다는 사고방식이다. 물론 여기에는 능력주의로 정당화된 차별과 나이주의 등 위계적 관계와 사회 안전망의 부재 등이 중첩되어 있다. 어쩌면 청소년기에서부터 이러한 삶의 습속을 익히고 그러한 문화가 계속 재생산되고 있는 것은 아닐까. 청소년의 시민성을 이야기하는 것은 청소년의 삶보다는 어른들의 삶은 얼마나 시민다운지, 어떻게 다른지 따져 묻는 데서부터 출발하는 것일 수도 있다. 청소년들이 오늘의 시민으로 인정받게 하기 위한 운동이, '성숙하지 않은' 시민들의 민주주의를 만드는 계기, 우리 사회의 삶의 방식을 바꾸는 전환점이 되기를 바란다.

교육공동체 벗

교육공동체 벗은 협동조합을 모델로 하는 작은 지식공동체입니다.
협동조합은 공통의 목적을 가진 사람들이 모여서 만든
권력과 자본으로부터 독립된 경제조직입니다.
교육공동체 벗의 모든 사업은 조합원들이 내는 출자금과 조합비로 운영됩니다.
수익을 목적으로 하지 않기에 이윤을 좇기보다
조합원들의 삶과 성장에 필요한 일들과
교육운동에 보탬이 될 수 있는 사업들을 먼저 생각합니다.
정론직필의 교육전문지, 시류에 휩쓸리지 않는 정직한 책들,
함께 배우고 나누며 성장하는 배움 공간 등
우리 교육 현실에 필요한 것들을 우리 힘으로 만들고 함께 나누고 있습니다.

조합원 참여 안내

출자금(1구좌 일반 : 2만 원, 터잡기 : 50만 원)을 낸 후 조합비(월 1만 5천 원 이상)를 약정해 주시면 됩니다. 조합원으로 참여하시면 교육공동체 벗에서 내는 격월간 교육전문지 《오늘의 교육》과 조합 회지 〈벗마을 이야기〉를 받아 보실 수 있습니다. 출자금은 종잣돈으로 가입할 때 한 번만 내시면 됩니다. 조합을 탈퇴하거나 조합 해산 시 정관에 따라 반환합니다. 터잡기 조합원은 벗의 터전을 함께 다지는 데 의미와 보람을 두며 권리와 의무에서 일반 조합원과 차이는 없습니다. 아래 홈페이지나 카페에서 조합 가입 신청서를 내려받아 작성하신 후 메일이나 팩스로 보내 주세요.

홈페이지 communebut.com
카페 cafe.daum.net/communebut
이메일 communebut@hanmail.net
전화 02-332-0712
팩스 0505-115-0712

교육공동체 벗을 만드는 사람들

※ 하파타순

후쿠시마 미노리, 황지영, 황정일, 황정원, 황이경, 황윤호성, 황봉희, 황기철, 황규선, 황고운, 홍정인, 홍용덕, 홍순성, 홍세화, 홍성구, 홍식근, 현복실, 현미영, 허효인, 허창수, 허윤영, 허성균, 허보영, 허기영, 허광영, 함despite순, 함영기, 한학범, 한재민, 한지혜, 한은옥, 한영욱, 한소영, 한성찬, 한민혁, 한만중, 한날, 한길수, 한경희, 하효정, 하주련, 하정호, 하인호, 하유나, 하승우, 하승수, 하순배, 탁동철, 최희성, 최현숙, 최현미, 최진규, 최주연, 최정ўyn, 최정아, 최은희, 최은že, 최은숙, 최은경, 최유미, 최원혜, 최영식, 최연희, 최연정, 최승훈, 최승복, 최선영, 최선경, 최봉선, 최보람, 최병우, 최미영, 최류미, 최대현, 최기호, 최광용, 최경미, 최경련, 최강토, 채효정, 채종민, 채윤, 채옥엽, 채민정, 차종숙, 차용훈, 진현, 진주형, 진용용, 진영준, 진냥, 지정순, 지수연, 주윤아, 주순영, 조희정, 조형식, 조련민, 조향미, 조해수, 조진희, 조지연, 조준혁, 조주원, 조정희, 조응현, 조윤성, 조원희, 조원밖, 조용진, 조영현, 조영옥, 조영실, 조영연, 조여crush, 조여경, 조성희, 조성실, 조성배, 조성대, 조석현, 조석영, 조문경, 조남규, 조경애, 조경아, 조경삼, 조경미, 제남모, 정희영, 정희선, 정홍윤, 정혜령, 정현진, 정현주, 정현숙, 정혜레나, 정태희, 정춘수, 정진영a, 정진영b, 정진규, 정종현, 정종민, 정재학, 정이든, 정은희, 정은주, 정은균, 정유진a, 정유진b, 정유숙, 정유섭, 정원탁, 정원석, 정용주, 정예술, 정영현, 정애순, 정수연, 정보라, 정미형, 정미숙a, 정미숙b, 정명옥, 정명영, 정병년, 정민기, 정대수, 정남주, 정광옥, 정대기, 정립일, 정관모, 정경원, 전혜원a, 전혜원b, 전준한, 전정희, 전유미, 전세란, 전병기, 전민기, 전미영, 전명훈, 전난희, 장홍월, 장현주, 장인하, 장은하, 장은미, 장윤영, 장원영, 장시준, 장상욱, 장병훈, 장병학, 장병손, 장근영, 장군, 장경훈, 임혜경, 임향신, 임한철, 임지영, 임중혁, 임종길, 임정은, 임전수, 임은우, 임수진, 임성빈, 임성무, 임선영, 임상진, 임민자, 임동현, 임덕연, 이희옥, 이희연, 이효진, 이호진, 이혜정, 이혜린, 이현, 이혁규, 이향숙, 이한진, 이태영a, 이태영b, 이층근, 이진熙, 이진주, 이지희, 이지향, 이지영, 이지연, 이중석, 이주희, 이주영, 이종은, 이정희a, 이정희b, 이재형, 이재직, 이재문, 이이종, 이인사, 이은희a, 이은희b, 이은향, 이은진, 이은주, 이은영, 이은숙, 이윤정, 이윤엽, 이윤승, 이윤선, 이윤미, 이윤경, 이유진a, 이유진b, 이월녀, 이원님, 이용환, 이용석, 이용기, 이영화, 이영혜, 이영주, 이영아, 이연진, 이연주, 이연숙, 이연수, 이승헌, 이승태, 이승아, 이슬기a, 이슬기b, 이수정a, 이수정b, 이수연, 이수미, 이성희, 이성호, 이성숙, 이성수, 이설희, 이선표, 이선영a, 이선영b, 이선애, 이선애b, 이선미, 이상훈, 이상화, 이상직, 이상철, 이상미, 이상대, 이병곤, 이범희, 이민아, 이미옥, 이미숙, 이미라, 이문영, 이명훈, 이명형, 이동철, 이동준, 이덕후, 이남숙, 이난영, 이나경, 이기규, 이근희, 이근철, 이근영, 이광연, 이계삼, 이경화, 이경은, 이경욱, 이경언, 이경림, 이건진, 윤홍은, 윤지형, 윤종원, 윤우람, 윤영훈, 윤영백, 윤수진, 윤상혁, 윤병일, 윤규식, 유효성, 유재을, 유영길, 유수연, 유병준, 위양자, 원지영, 원윤희, 원성제, 우창숙, 우지영, 우수경, 우중근, 오중근, 오정요, 오재홍, 오은진, 오은경, 오유진, 오세정, 오세희, 오민식, 오명환, 오동석, 염정신, 여희영, 여태전, 엄창호, 엄지선, 엄재홍, 엄기호, 엄기욱, 양해준, 양지선, 양은주, 양은숙, 양영희, 양애정, 양선형, 양서영, 양상진, 안효빈, 안찬원, 안지현, 안지윤, 안준철, 안정선, 안용덕, 안옥수, 안영신, 안영빈a, 안영빈b, 안순억, 심함일, 심은보, 심승희, 심수환, 심동우, 심경일, 신혜선, 신충일, 신창호, 신창복, 신중휘, 신중식, 신은경, 신은경, 신유준, 신소희, 신미옥, 승혜란, 송영은, 송인혜, 송승은, 송명녀, 송명태, 송영훈, 송명별, 송영은, 송명태, 송민경, 손진근, 손정란, 손은경, 손성연, 손민정, 손미숙, 소수영, 성현식, 성유진, 성용혜, 성열관, 설은주, 설원민, 선휘성, 선미라, 석옥자, 석경순, 서혜진, 서태성, 서지연, 서정오, 서인선, 서이슬, 서은지, 서우철, 서예원, 서명숙, 서강선, 상형규, 변현숙, 백현희, 백영호, 백숭범, 배희철, 배주영, 배정현, 배정원, 배이상헌, 배영진, 배아영, 배경내, 방득일, 방경내, 반영진, 박희진, 박희영, 박효정, 박효수, 박환조, 박혜숙, 박혜린, 박형일, 박현숙, 박춘애, 박춘배, 박지영, 박진호, 박진현, 박진근, 박진교, 박지희, 박지혜, 박지인, 박지원, 박중구, 박정아, 박정미a, 박정미b, 박재선, 박은하, 박은아, 박은경, 박용빈, 박옥주, 박옥균, 박영실, 박연지, 박신자, 박숙현, 박우진, 박세영a, 박세영b, 박규선, 박복선, 박미희, 박명진, 박명숙, 박동혁, 박도정, 박도영, 박덕수, 박대성, 박노해, 박내현, 박나실, 박고명준, 박경화, 박경이, 박건형, 박건진, 민병성, 문용석, 문영주, 문순옥, 문수현, 문수영, 문수경, 문성철, 문명숙, 문덕순, 문경희, 모은정, 마승희, 류형우, 류창모, 류정희, 류재향, 류우종, 류미경, 국찬석, 루방주, 데와 타카유키, 노영현, 노상경, 노경미, 남효숙, 남정민, 남유희, 남유경, 남원호, 남예린, 남미자, 남궁역, 나규환, 김희경, 김희옥, 김홍규, 김홍태, 김환희, 김홍규, 김혜영, 김혜림, 김형렬, 김현진a, 김현진b, 김현주a, 김현주b, 김현영, 김현실, 김현경, 김현택, 김필임, 김태훈, 김태원, 김천영, 김찬우, 김찬영, 김진희, 김진숙, 김진명, 김진, 김지훈, 김지은, 김지연a, 김지연b, 김지안, 김지미a, 김지미b, 김지광, 김종미, 김종연, 김주영, 김종혁, 김종원, 김종숙, 김종성, 김종섭, 김정희, 김정화, 김정삼, 김재황, 김재민, 김인순, 김이은, 김이민경, 김은과, 김은영, 김은수, 김은식, 김은숙, 김윤주, 김윤우, 김원혜, 김원석, 김우희, 김우영, 김우, 김용훈, 김용양, 김용만, 김요한, 김영희, 김영진a, 김영진b, 김영진c, 김영주a, 김영주b, 김영아, 김영삼, 김연정a, 김연정b, 김연일, 김연오, 김연미, 김숙숙, 김아현, 김순herz, 김수현, 김수진a, 김수진b, 김수정a, 김수정b, 김수연, 김수정, 김소희, 김소혜, 김세호, 김성탁, 김성진, 김성탁, 김선찰, 김선미, 김선구, 김석규, 김서숙, 김상희, 김상정, 김봉석, 김보련, 김병희, 김병은, 김병기, 김범주, 김민희, 김민선, 김민곤, 김민결, 김미향, 김미진, 김미숙, 김미선, 김문옥, 김무영, 김묘선, 김명희, 김명섭, 김동현, 김동춘, 김동일, 김동원, 김도석, 김다희, 김다영, 김남철, 김나혜, 김기용, 김기언, 김규태, 김광민, 김교종호, 김경일, 김경미, 김가연, 기세라, 금현진, 금현숙, 금명순, 권혜영, 권혁천, 권태윤, 권자영, 권용희, 권미지, 국찬석, 구자혜, 구자욱, 구원회, 구수연, 구본희, 구미숙, 꽹이눈, 광효, 곽혜영, 곽현주, 곽진경, 곽노현, 곽노근, 곽경효, 공헌, 공영아, 고춘식, 고진선, 고온미, 고윤정, 고영주, 고영실, 고병헌, 고병연, 고민경, 강화정, 강현주, 강원영, 강한아, 강태식, 강준희, 강인성, 강이진, 강은영, 강윤진, 강영일, 강영구, 강순원, 강수미, 강수돌, 강성규, 강석도, 강서형, 강경모

※ 2022년 7월 25일 기준 762명